Der Autor

Reinhold Andert, geb. 1944, wuchs in Sömmerda auf. Mit der Absicht, katholischer Priester zu werden, besuchte er ein Bischöfliches Vorseminar. Danach erlernte er den Beruf eines Orgelbauers, studierte von 1964–1969 an der Berliner Humboldt-Universität Philosophie und Geschichte und lehrte an der Berliner Musikhochschule „Hanns Eisler" Philosophie.

Als politischer Liedermacher und Mitbegründer des Berliner Oktoberklubs wurde er für zwei Jahre FDJ-Kulturfunktionär. Sein Ausschluß aus der SED 1979 war verbunden mit einem Auftritts- und Publikationsverbot. In den folgenden zehn Jahren vertiefte er seine Geschichtskenntnisse, spezialisierte sich auf thüringische Ur- und Frühgeschichte und nahm an Ausgrabungen teil. Nach seinem Buch „Der Thüringer Königshort" ist „Der fränkische Reiter" ein weiteres Ergebnis dieser Zeit.

Reinhold Andert

Der fränkische Reiter

Dingsda-Verlag

Herausgegeben von Joachim Jahns

1. Auflage 2006

Chopinstraße 11a, 04103 Leipzig
Internet: www.dingsda-verlag.com

Lektorat: Peter Slama
Typografie und Umschlaggestaltung: Klaus Nitsch
Foto Seite 1: Siebenbürgen, Sommer 2003
Titelabbildung: Der Reiterstein von Hornhausen
Bildnachweis: Landesamt für Denkmalpflege und Archäologie Sachsen-Anhalt
Foto: Juraj Lipták
Abbildung auf der Rückseite: „Der fränkische Reiter“, farbige Graphik von Juliane Jahns, 2004
Schrift: Garamond
Druck und Binden: Ueberreuter
ISBN 3-928498-92-4

Inhalt

Vorwort 9

Thüringen und Sachsen unter den Merowingern

I. *„Als die Franken nun heranzogen ...“*
Die Eroberung des Thüringer Königreiches 15
Die Schlacht 15
Der Anmarsch 19
Mit dem Ochsenkarren durch Siebenbürgen 21
Die Landnahme 25
Die Heeresstärke 28
Der Brief des Theudebert 30

II. *„... wie die Nablis bezeugt“*
Die Errichtung der fränkischen Macht in Mitteldeutschland 33
Der Schweinezins 33
Der Aufstand der Sachsen und Thüringer 37
Die Thüringer Königshöfe 45
Der Haupthof 49
Der Ring um Herbsleben 51
Von Mainz nach Herbsleben 55

III. *„... wie sie die Frauen der Schwaben unter sich teilen wollten“*
Die Thüringer Sachsen 59
Die Sachsenhilfe 531 59
Der Ausflug der Sachsen nach Italien 60
Die sächsische Stammessage 67
Der Hassegau 68
Rudolf, der Fälscher 74

IV. *„... gebärdete sich als König von Thüringen“*
Die ersten zwei Jahrhunderte fränkischer Fremdherrschaft ... 81
Die Kämpfe mit den Awaren ... 81
Der Aufstand der Warnen ... 83
Herzog Radulf ... 85
Adel gegen König ... 90
Chlothar II. ... 92
Dagobert ... 92
Fara ... 96
V. *„... seit alters zum fränkischen Reich“*
Franken und Slawen ... 99
Radulfs Freundschaft mit den Slawen ... 99
Samo, König der Slawen ... 100
VI. *„In castello Virteburch“*
Das neue Machtzentrum im Süden ... 106
Thüringer Herzöge ... 106
Neue Wege ... 108
Die Heden-Urkunde ... 109

Thüringen und Sachsen unter den Karolingern

I. *„... unter unserem Schutz und Schirm“*
Frankenherrschaft und Kirche in Thüringen ... 116
Die erste Reise des Bonifatius nach Thüringen ... 116
Bonifatius in Hessen ... 122
„viri magnifici“ ... 126
Die Briefe des Bonifatius ... 129
Sagen über Bonifatius ... 133
II. *„... ließ er eine Kirche errichten“*
Die frühen Kirchen Thüringens ... 134
Das erste Kloster Mitteldeutschlands ... 134
Urkirchen in Thüringen ... 137
Das Bistum Erfurt ... 142

III. *„… so lieb dir unsere Gnade ist“*
Der fränkische Machtwechsel in Mitteldeutschland 146
Die Feldzüge Karlmanns und Pippins 146
Pippins Putsch 150
Fulda und Hersfeld 153
Der Aufstand des Hardrad 160
IV. *„… den Gott des Himmels und der Erde aber kannten sie nicht“*
Die geistigen Feldzüge der Karolinger 164
Die karolingische Geschichtsschreibung 164
Arbeo von Freising 166
Kilian 168
V. *„… aus den Grafschaften Alberichs und Markwards“*
Die karolingische Verwaltung in Thüringen 172
Kölleda 172
Gesetze der Thüringer und Sachsen 173
Das Hersfelder Zehntverzeichnis 177
VI. *„… der sterbe des Todes“*
Die karolingische Verwaltung in Sachsen-Anhalt 181
Das Land Sachsen-Anhalt 181
Die Bistumsgrenze an Elbe, Saale und Unstrut 182
Der Sachsgraben 187
Vom Harz zur Elbe 189
VII. *„… die zu der Kirche zu gehen haben“*
Die Urkirchen des Bistums Halberstadt 191
Die Geschichte des Bistums 191
Balsamgau und Derlingau 194
Harzgau 196
Nordthüringgau 200
Schwabengau 206
Hassegau und Friesenfeld 208

Das Ende der Frankenherrschaft

I. *„... jeder nach dem ihm beliebenden Gesetz"*
Der Machtwechsel in Thüringen und Sachsen 210
Die Nachfolger Karls des Großen 210
Die Markenherzöge 214
Die Liudolfinger 215

II. *„Von Winterbirnen habe man drei oder vier Arten ..."*
Der Alltag in Thüringen und Sachsen 217
Capitulare de villis 217
Emmeram 223

III. *„... eine klare Kenntnis des gesamten Reiches"*
Die Geographie Thüringens und Sachsens 228
Wege durchs Land 228
Pippins Zug 230
Die Hochseeburg 237

Der Reiterstein von Hornhausen 238
Grabstein oder Altarschranke? 238
Das Urteil der Geschichte 242

Literaturverzeichnis 243

Orts- und Burgnamen 245

Vorwort

Das Landesmuseum für Vorgeschichte Sachsen-Anhalt hat sich als Firmenzeichen einen Reiter auf einem Pferd gewählt. Es ist der berühmte Reiterstein von Hornhausen, der so zum Symbol für die mitteldeutsche Frühgeschichte geworden ist.

Der Reiter auf diesem Bildstein ist ein Franke. Stolz und selbstbewußt sitzt er auf seinem Pferd, bewaffnet mit einem Schwert und einem Speer, geschützt durch einen Schild und eine Maske. Dieser fränkische Krieger hat, so scheint es, Land und Leute fest im Griff. Aber von diesem Reiterstein fehlt das obere Stück, die Bruchkante ist alt und deutet auf Gewalteinwirkung hin. Der Bildstein wurde nicht lange nach seiner Erschaffung gewaltsam zerstört. So kündet dieser einfache Stein sinnfällig von den Auseinandersetzungen in einer Epoche, die man als fränkische Besatzungszeit Mitteldeutschlands bezeichnen kann. Sie dauerte knapp vierhundert Jahre, von der Eroberung des Thüringer Reiches im Jahre 531 bis zur Königswahl des Sachsenherzogs Heinrich im Jahre 919.

Dieser Teil der Geschichte wird oft als „dunkle Zeit“ bezeichnet. Es wurde sogar in einem aufsehenerregenden Buch geschrieben, diese Jahrhunderte hätten gar nicht existiert. Alle Zeugnisse aus dieser Zeit wären Erfindungen und Fälschungen. Diese Behauptung ist als Arbeitshypothese genial, weil sie die Historiker zu Beweisen nötigt. Im Grunde aber ist diese These unsinnig, da sie einen weltumspannenden Fälscherring im Mittelalter voraussetzt. In Wirklichkeit gibt es jedoch viele sichere Zeugnisse, die dieses Dunkel erhellen können. Außer den Schriftquellen, wie Kloster- und Reichsannalen, Chroniken, Briefe, Urkunden und Heiligenlegenden, gibt es archäologische Fundstücke, die mit Hilfe naturwissenschaftlicher Methoden in jene Zeit datiert werden können und die betreffenden Schriftquellen ergänzen und bestätigen. Es gibt Orts- und Flurnamen, die nur aus jener Epoche stammen können, sowie späteren Landbesitz, den man nur durch die Verhältnisse dieser Jahrhunderte erklären kann. Es existieren alte Verkehrswege, die nur Sinn in dieser Zeit hatten, weil sie damals wichtige Orte verbanden, und die später, als diese Orte bedeutungslos wurden oder verschwanden, nicht mehr benutzt und von der Natur zurückerobert wurden. Weiterhin gibt es Weihenamen von Kirchen sowie Sagen und Volksbräuche aus jener Zeit, die man später nie „von oben“ hätte erfinden und verordnen können.

Nichtsdestoweniger wurde die Behauptung, diese Jahrhunderte hätten nicht existiert, ernsthaft diskutiert – vor allem von solchen Historikern, die sich hauptsächlich mit den schriftlichen Quellen beschäftigen. Diese Wissenschaftler stehen nämlich immer wieder vor dem Problem echter und gefälschter Schriften. Vor allem für Mitteldeutschland sind die schriftlichen Nachrichten oft sehr unzuverlässig, weil sie zumeist von Fremden aus weit entfernten Klöstern stammen. Vieles erweist sich bei näherem Hinsehen als Ideologie, als Mißverständnis oder bewußte Fälschung. Letzteres betrifft vor allem Urkunden, in denen es um den Besitz der Klöster Hersfeld und Fulda geht. Das ist heute insofern wichtig, als die meisten Orte Thüringens und Sachsen-Anhalts diesen Urkunden ihre erste schriftliche Erwähnung verdanken. Durch sie treten diese Dörfer und Städte in das Licht der Geschichte, und folglich sind sie der Anlaß für zahlreiche Volks- und Heimatfeste. Daß manche Jubiläumszahlen nicht stimmen, weil die Urkunden gefälscht sind, sollte aber beim Feiern nicht stören.

Und noch einen Mangel besitzen diese Schriftquellen: Über das einfache Volk und das alltägliche Leben in Mitteldeutschland in dieser Zeit erfährt man fast nichts. Warum? Aufschreiben war Sache der Mönche. Die fränkischen Reichs- und Klosterannalen berichten über Könige, Herzöge und Grafen, über Kirchen und Klöster, Bischöfe und Äbte. Sie erzählen die Geschichte der Besatzungsmacht, der fränkischen Elite. Zudem war das Aufschreiben teuer. Das Pergament, ein aufwendig bearbeitetes Lammleder, kostete viel Geld. Oft beklagten sich die Mönche, daß ihr Abt geizig war, daß er ihnen nicht soviel Pergament gab, wie sie gern gehabt hätten. Was also auf diesem Pergament Platz finden wollte, mußte in den Augen der Schreiber oder ihrer Auftraggeber schon etwas Besonderes sein. Neben Heiligenlegenden, Wundergeschichten und christlicher Erbauung waren es nur solche weltlichen Ereignisse, die aus dem Alltag herausragten, wie etwa Thronwechsel und Kriege, Hagelschläge, Mißernten und Hungersnöte, auffällige Sternschnuppen, Mond- und Sonnenfinsternisse. Bei diesen weltlichen Dingen wägten die Schreiber sorgsam ihre Worte und Geschichten ab.

Mit der gleichen Sorgfalt muß man heute diese Schriften lesen. Oft verstecken sich in Nebensätzen Mitteilungen, die für uns bedeutsam sein können. Wenn man diese Eigenheit berücksichtigt und die schriftlichen mit den anderen Quellen verbindet, kann man doch einiges Licht in jene „dunkle Zeit" bringen. Unter diesen anderen Quellen nimmt der Reiterstein von Hornhausen einen hervorragenden Platz ein. Schon seine Entdeckungsgeschichte besitzt einen gewissen Reiz.

Im Jahre 1874 stieß ein Bauer aus Hornhausen, einem Dorf etwa zwanzig Kilometer südwestlich von Magdeburg, beim Pflügen seines Ackers auf einen Stein. Er holte ihn heraus und merkte, daß es eine große Platte war. Auf der einen Seite sah er ein Bild, einen Reiter auf einem Pferd. Diese Platte, dachte er, konnte er gut gebrauchen für das Pflaster in seinem Kuhstall. Er lud sie auf seinen Wagen und brachte sie nach Hause. Vierzig Jahre lang lag die Platte unbemerkt als Pflasterstein im Kuhstall, mit dem Bild nach oben. Eines Tages aber fiel einem Viehhändler dieser seltsame Stein auf. Sicher etwas Altertümliches, dachte er, vielleicht kann man damit Geld machen. Er einigte sich mit dem Sohn des Bauern, erzählte überall, wohin er kam, von diesem eigenartigen Bildstein, und so drang die Kunde auch nach Halle zum Museum für Volkheitskunde. Kurz darauf erschien der Leiter dieses Museums, Hans Hahne, in Hornhausen. Er sah den Stein und war höchst überrascht. Sofort kaufte er ihn und ließ ihn in das Museum nach Halle bringen. Das war im Jahre 1912.

Seitdem ist der „Reiterstein von Hornhausen“, wie er genannt wird, weltberühmt. Viele Forscher haben sich mit ihm beschäftigt und versucht, das Bild zu deuten. Dabei gaben sie ganz unterschiedliche Erklärungen. Die einen hielten den Reiter für den germanischen Gott Odin, den man an dem großen Auge erkennen soll. Er reite auf seinem Roß Sleipnir nach Walhall. Andere meinten, der Reiter sei ein christlicher Reiterheiliger, der heilige Georg etwa. Die mäanderartigen Ornamente unter den Pferdehufen sollen den besiegten Drachen, den Teufel, darstellen. Die einfachste Deutung aber stammt von Hans Hahne. Nachdem er den Stein gekauft hatte, erkundigte er sich bei den Leuten im Dorf nach der Stelle, an der dieser Stein einst ausgepflügt worden war. Zum Glück fand er noch einen alten Bauern, der ihm diesen Ort zeigen konnte. Er lag etwa vierhundert Meter vom Dorf entfernt auf einem Hügel, dem Salberg. Als Hans Hahne hier nachgrub, stieß er auf einen Friedhof. Direkt an der Stelle, an der der Stein gelegen haben soll, fand er ein Doppelgrab, die Skelette eines Mannes und einer Frau. Der Reiterstein wird deshalb, so meinte er, ein Grabstein gewesen sein und der Reiter das stilisierte Abbild des hier begrabenen Mannes.

Zwei Dinge aber fielen Hans Hahne an diesem Stein schon damals auf, die er sich nicht erklären konnte. Erstens bestand ein großer Unterschied zwischen dem Bild des Pferdes mit dem Reiter und dem darunter befindlichen mäanderartigen Ornament. Während der Reiter an eine Kinderzeichnung erinnert, scheint das komplizierte Ornament professionell gearbeitet zu sein. Waren hier vielleicht zwei Steinmetze am Werk? Oder verbirgt sich hinter dieser so kindlich scheinenden Darstellung des Reiters und des Pferdes eine Absicht? Und wenn ja, welche?

Die zweite Merkwürdigkeit bestand darin, daß der Stein an der Oberkante schräg abgetrennt war. Man sieht noch heute Reste eines anderen Bildes, paarweise Punkte. Es könnten, so wurde von einigen Forschern vermutet, die Füße von Menschen sein. Der Stein war jedenfalls ursprünglich viel höher. Von wem und warum wurde dieses Oberteil abgeschlagen? Waren es Einheimische, die sich gegen die fränkischen Herren wehrten? Waren es Sachsen auf einem ihrer Beutezüge? Waren es Slawen, die sich für einen der zahlreichen fränkischen Überfälle rächten? Oder wurde der Stein später nur zerschlagen, um ihn paßgerecht als Baustein für eine Scheune oder Kirche zu benutzen? Könnte das Oberteil des Reitersteins darüber Auskunft geben? Aber wo ist es geblieben? Hans Hahne hat damals fast das gesamte Gräberfeld auf dem Salberg nach ihm durchforscht und auch alle Häuser, Scheunen sowie die Ortskirche in Hornhausen gründlich untersucht – er fand den anderen Teil des Steines nicht. Bis heute ist also unklar, wie der Reiterstein ursprünglich ausgesehen hat.

Auch sein Alter haben alle Historiker, die sich mit ihm beschäftigten, zu bestimmen versucht. Sie verglichen ihn mit ähnlichen Steinen, deren Entstehungszeit bekannt ist. Für den Reiter und das Pferd gab es keine Parallelen, er ist in seiner Art einmalig. Das Ornament aber an der Unterkante, die in sich verschlungenen Tiere, erlaubt aufgrund der Darstellungsweise der Köpfe Vergleiche zu ähnlichen Abbildungen. Solche Tierköpfe sind in Europa etwa im 7./8. Jahrhundert üblich. In dieser Zeit könnte deshalb, so meinte man, der Reiterstein von Hornhausen entstanden sein. Ein Beweis ist das allerdings nicht, denn kunstgeschichtliche Parallelen können nur Indizien sein. Um ein modernes Beispiel anzuführen: Werner Tübke malte seinerzeit wie die Maler vor fünfhundert Jahren – sein Panoramabild in Bad Frankenhausen müßte demnach aus dem 16. Jahrhundert stammen.

Für die Entstehungszeit des Reiters von Hornhausen gibt es allerdings wenigstens einen halbwegs sicheren Beleg: Der Stein wurde auf einem Friedhof gefunden, und dessen Gräber enthielten keinerlei Beigaben. Die hier Beerdigten waren also Christen. Zur Zeit des Thüringer Reiches gab man den Toten ihre Ausstattung fürs Jenseits mit, dem Mann die Waffen und der Frau ihren Schmuck. Mit dem Übergang zum Christentum endete die Sitte der Grabbeigaben. Nach christlichem Glauben trennt sich im Tod die Seele vom Leib, der Leib wird wieder zu Erde, wartet bis zum Jüngsten Tag auf seine Auferstehung, und die Seele zieht in den Himmel. Dabei wäre ein Schwert oder eine Halskette hinderlich. Das Christentum aber kam erst durch die Franken nach Mitteldeutschland, erst nach der Eroberung des Thüringer Königreiches.

Wenn man die Geschichte der fränkischen Besatzung von der Zerschlagung des Thüringer Reiches an verfolgt, müßte man also irgendwann an dem Zeitpunkt anlangen, wo sich das Geheimnis dieses Hornhausener Reitersteins lüftet.

Thüringen und Sachsen unter den Merowingern

I.

„Als die Franken nun heranzogen ...“ Die Eroberung des Thüringer Königreiches

Die Schlacht

Im Jahre 531 zogen zwei fränkische Heere unter den Königen Theuderich und Chlothar nach Thüringen. In zwei Schlachten wurden die Thüringer besiegt, ihr Königshof zerstört und das Gebiet des Thüringer Königreiches in Besitz genommen.

Dieses Reich erstreckte sich von der Altmark im Norden bis zum Main im Süden. Die Westgrenze bildeten die Höhenzüge an der Werra, die Ostgrenze war die Elbe. Der größte Teil dieser Fläche war Wald und Sumpfgebiet, in dem über das ganze Land verstreut einzelne Siedlungskammern lagen. Sie waren trocken, fruchtbar und oft schon seit Jahrhunderten bewohnt. Die größten zusammenhängenden Siedlungsgefilde befanden sich den archäologischen Befunden nach im Thüringer Becken und im Ostharz, links und rechts der mittleren Saale. Im Thüringer Becken befand sich auch das politische Zentrum des Königreiches, dort lagen der Thingplatz der Thüringer und der Hof ihres Hauptkönigs.

Der Chronist der Schlacht von 531, der fränkische Bischof Gregor von Tours, berichtet:

„Als die Franken nun heranzogen, stellten die Thüringer ihnen eine Falle. Auf dem Felde nämlich, wo der Kampf entschieden werden mußte, gruben sie Löcher; deren Öffnungen wurden mit dichtem Rasen bedeckt, so daß es eine ebene Fläche zu sein schien. In diese Löcher nun stürzten viele der fränkischen Reiter, als es zum Kampf kam, und wurden stark behindert; nachdem man aber die List bemerkt hatte, fing

man an, achtsam zu sein. Als aber die Thüringer sahen, daß sie großen Verlust erlitten hatten, wandten sie, da auch ihr König Herminafrid schon die Flucht ergriffen hatte, den Rücken und kamen bis zum Fluß Unstrut. Dort wurden so viele Thüringer niedergemacht, daß das Bett des Flusses von der Masse der Leichname zugedämmt wurde und die Franken über sie, wie über eine Brücke, auf das jenseitige Ufer zogen. Nach diesem Siege nahmen diese sofort das Land in Besitz und brachten es unter ihre Herrschaft."

Mit dem letzten Satz ist für Gregor die Sache erledigt. Seine Zeitgenossen werden gewußt haben, wie solch eine Besitznahme vonstatten ging. Wir wissen es nicht und müssen daher versuchen, sie zu rekonstruieren, wenn wir etwas Genaueres über die spätere fränkische Herrschaft erfahren wollen.

Wenn Gregor schreibt: *„Auf dem Felde nämlich, wo der Kampf entschieden werden mußte ...",* so kann das nur bedeuten, daß der Kampfplatz vorher ausgesucht und zum Schlachtfeld bestimmt wurde. Die Franken und Thüringer hielten sich also an die altgermanische Sitte, daß nicht der Angreifer, sondern der Angegriffene den Kampfplatz bestimmen durfte. Das wußten die Thüringer und legten auf jenem Feld, das sie auswählen durften, die Fallgruben an.

Dieser Brauch, daß der Angegriffene den Kampfplatz wählen durfte, hatte einen religiösen Hintergrund. Über Sieg oder Niederlage entschied das Schicksal, der Wille der Götter. Wem sie gewogen waren, dem schenkten sie den Sieg. Deshalb wurde vor dem Kampf, wie der Römer Tacitus von den Germanen berichtet, von den Angreifern durch ihre Priester der Rat der Götter eingeholt. Es wurden Gestirne gedeutet, das Wiehern der Pferde beobachtet oder Losorakel mit Runenstäbchen geworfen. Natürlich hatten diese germanischen Priester auch militärische Erfahrung. Bei eindeutigen Kräfteverhältnissen werden sie die Vorzeichen entsprechend gedeutet haben. Wenn alle Zeichen günstig ausgelegt waren, begann der Überfall, die offene Schlacht. Sicher mußte man auch etwas dafür tun, das heißt gut bewaffnet sein, tapfer kämpfen oder eine List anwenden. Der Glaube jedoch, daß die Götter letztendlich die Schlacht entscheiden, schien sich bei den Franken und den Thüringern seit der Zeit des Tacitus über viele Jahrhunderte noch erhalten zu haben. Dabei spielte es keine Rolle, ob der Gott Donar/Thor, Wotan/Odin oder Christus hieß, dem die fränkische Oberschicht nach der Taufe Chlodwigs formal anhing.

Aber nicht nur die Schlacht selbst, sondern auch die anschließenden Beutezüge und die Landnahme geschahen nach göttlichem Willen. Er hatte die Sieger zu den neuen Herren des Landes gemacht. Formal wurde diese neue Herrschaft besiegelt durch die Einziehung des Königshortes sowie die Heirat des siegreichen Königs mit einer Prinzessin aus dem entmachteten Königsgeschlecht. Den Hort bekamen die Franken im Jahre 531 nicht, sonst hätte Gregor, wie bei anderen Schlachten, davon berichtet. Der Königsschatz war verschwunden. Ebenso war es der königlichen Familie gelungen, noch rechtzeitig vor den Franken in einen sicher weit entlegenen Teil des Reiches zu fliehen. Lediglich die Kinder des Thüringerkönigs Berthachar, die minderjährige Prinzessin Radegunde und ihr namentlich nicht bekannter Bruder, fielen in die Hände der Franken. Die Eheschließung des fränkischen Königs Chlothar mit Radegunde fand später, als sie erwachsen war, statt.

„Als aber die Thüringer sahen", schreibt Gregor, *„daß sie großen Verlust erlitten hatten, wandten sie … den Rücken und kamen bis zum Fluß Unstrut."*

Hier an der Unstrut hofften die Thüringer, Rettung zu finden. Hier war die Sammelstelle des Heeres, d. h. der Thingplatz. In der Nähe lag, wie in anderen germanischen Reichen, der Königshof. Es gibt an der Unstrut nur eine einzige Stelle, die für den Thingplatz in Frage kommt. Es ist die Gegend, in der die Gera in die Unstrut mündet. Hier befindet sich die Tretenburg, ein in Geschichte und Sage der Thüringer oft erwähnter zentraler Versammlungsort. Etwa zwei Kilometer entfernt davon liegt das Dorf Herbsleben. Es hieß ursprünglich Herminafridesleiban, das heißt Eigentum, Erbe des Herminafrid, des Thüringer Hauptkönigs. Um Herbsleben herum gruppieren sich Dörfer, deren Namen entweder mit der Tretenburg oder – in ihrer Funktion als „Hoflieferanten" – mit Herbsleben im Zusammenhang stehen. Es sind die Orte Gebesee (Handelsplatz),

Schwerstedt (Rinderweide), Tennstedt (Dreschplatz, Getreidelager), Vargula (Schweinewald), Döllstädt (Gestüt), Fahner (Webstätte), Gierstädt (Waffenschmiede) und Dachwig (Töpferwerkstatt).

Nicht weit entfernt von diesem Königsbezirk liegen jene von Gregor erwähnten Fallgruben. Am Nordhang des Hainich zwischen Bad Langensalza und Mühlhausen haben immer wieder vom Gebirge kommende unterirdische Wasseradern das Salz ausgewaschen und dadurch Erdfälle verursacht. Diese Löcher hatten die Thüringer vor der Schlacht mit Rasen bedeckt. Die List diente dazu, Zeit zu gewinnen. Die Boten des Königs mußten die Kunde von den herannahenden Franken bis in die entlegensten Teile des Reiches bringen. Bis sie von dort mit den Thüringer Bauernkriegern zum Sammelplatz des Heeres, der Tretenburg, zurückkamen, werden mehrere Tage vergangen sein. Wahrscheinlich hat die Zeit, die sie durch die List der Fallgruben gewonnen hatten, doch nicht gereicht, daß sich der Großteil der wehrfähigen Thüringer auf der Tretenburg einfinden konnte. Gregors Schilderung der schnellen und totalen Niederlage der Thüringer setzt jedenfalls eine große zahlenmäßige Überlegenheit der Franken voraus. Es kann aber auch sein, daß viele Thüringer dem Aufgebot zur Verteidigung nicht folgen *wollten*. Denn die Frau ihres Königs Herminafrid, die Ostgotin Amalaberga, war der Sage nach hinterlistig und herrschsüchtig. Aus einem Begleitbrief ihres Onkels, des Ostgotenkönigs Theoderich des Großen, weiß man zudem, daß sie Christin war und wohl auch vorhatte, zumindest ihre nähere Umgebung zum Christentum zu bekehren. Dadurch wird sie den Hof vom Volk entfremdet haben. Es ist anzunehmen, daß aus diesem Grund die Motivation der Thüringer Bauernkrieger, ihrem König zu Hilfe zu eilen, nicht sonderlich hoch gewesen ist. Letztlich wird es ihnen gleichgültig gewesen sein, welche Fremden nun an ihrem Königshof herrschen. Daß die Franken sich nicht mit dem Königshof und einer formalen Herrschaft begnügen würden, konnten sie nicht wissen. Hätten sie geahnt, was ihnen die fränkische Herrschaft bringen würde, wären sie wohl alle in Windeseile zur Tretenburg gezogen.

Der Anmarsch

Um zu erfahren, welche Gebiete von den Franken im Verlaufe des Jahres 531 erobert wurden, müßte man versuchen herauszufinden, wie lange sich die Franken in Thüringen aufgehalten haben und welche Wege sie in dieser Zeitspanne zurücklegen konnten oder mußten. Zunächst ihr Marsch vom Frankenreich nach Thüringen:

Im frühen Mittelalter wurden während des Winters gewöhnlich keine Kriege geführt, auch von den Franken nicht. Erst unter Karl dem Großen wird von Winterfeldzügen gegen die Sachsen berichtet. In der Merowingerzeit aber versammelten sich die wehrfähigen Franken jedes Jahr im März auf dem Campus Martius, dem „Märzfeld", hielten Heerschau und berieten über Krieg und Frieden. Später, im achten Jahrhundert, als das Heer zunehmend aus der Reiterei bestand, verlegte man diese erste Zusammenkunft in den Mai, da es im März noch nicht genügend Futter für die Pferde gab. Im Jahre 531 aber bestand der größte Teil des fränkischen Heeres noch aus Fußtruppen. Daher ist anzunehmen, daß die Franken im März losmarschierten.

Ihr Weg nach Thüringen folgte uralten Heer- und Handelsstraßen. Er führte zunächst von Soissons und Reims, den Pfalzen der beiden Könige Chlothar und Theuderich, auf einer alten Römerstraße nach Metz und anschließend nach Trier. Hier überschritt der Weg die Mosel, folgte noch eine Strecke deren Lauf, zog dann über den Hunsrück und bog schließlich über Bingen nach Mainz, dem alten Römerkastell Moguntiacum. In Mainz stand noch eine von den Römern erbaute steinerne Brücke über den Rhein. Am anderen Ufer war zur Sicherung ein Kastell errichtet – dieser Stadtteil heißt noch heute Kastel. Von dort führte der Weg nach Frankfurt. Hier vereinigte er sich mit einer anderen fränkischen Heer- und Handelsstraße, die, von Süden kommend, zunächst am rechten Rheinufer entlangführte und schließlich an einer Furt den Main überschritt. Diese Stelle am bewachten Mainübergang erhielt den Namen „Frankonofurt", Frankfurt. Weiter führte nun der gemeinsame Weg in Richtung Thüringen durch das Kinzigtal über Gelnhausen und Schlüchtern in das Tal der Fulda. Unweit der Stelle, an der dieser Weg den Fluß Fulda überquert, errichtete fast zweihundert Jahre später Sturm, der Schüler des Bonifatius, in dessen Auftrag das Kloster Fulda. In der Lebensbeschreibung Sturms wird bei seiner Suche nach einem geeigneten Ort für das Kloster Fulda auch von dieser Straße berichtet:

„Im weiteren Verlauf seiner Reise kam er (d. h. Sturm – R. A.) eines Tages an die Straße, auf welcher die Kaufleute von dem Gebiet der Thüringer bis nach Mainz ziehen ...“

Von Fulda aus durchquerte der „Ortisweg“ oder die „Antisavia“ (beides heißt „alte Straße“) die „Buchonia“, die hessische Rhön. Über Hünfeld, Rasdorf und Butlar gelangten die Franken nach Vacha, zum „locus piscatorum“, dem „Ort der Fischer“, wie es in einer Urkunde heißt. Von hier ab folgten sie dem Lauf der Werra nach Norden über Heringen und Berka, streiften die links des Flusses liegenden Orte Gerstungen und Herleshausen, die später karolingische Königshöfe wurden, und gelangten beim Ort Hörschel zur Einmündung der Hörsel in die Werra. Durch das Tal der Hörsel kamen die Franken bis nach Eisenach zur Einmündung der Nesse in die Hörsel. Hier erreichten die beiden fränkischen Heere im Jahre 531 das Kernland des Thüringer Reiches. An diesem Ort wird es auch gewesen sein, wo ihnen die Boten des Thüringer Königs entgegentraten, um ihnen die vorgesehene Stelle des Schlachtfeldes, auf der sie Fallgruben angelegt hatten, mitzuteilen.

Die Strecke von Reims nach Eisenach beträgt knapp 700 Kilometer. Bei der Bestimmung der Marschgeschwindigkeit des fränkischen Heeres muß man beachten, daß die fränkischen Soldaten Bauernkrieger waren und keine Berufssoldaten. Lange Märsche waren sie nicht gewohnt. Hinzu kam der Troß, der die Zelte, die Waffen, die verschiedenen technischen Geräte zum Brückenbau, zur Wege- und Lagersicherung sowie zur Versorgung mit sich führte. Dieser Troß des fränkischen Heeres bestand aus Ochsenkarren. Die Tagesleistung eines Ochsengespanns bestimmte also die Strecke, die das Heer an einem Tag zurücklegen konnte. Aber wieviel Kilometer schafft solch ein Ochsengespann am Tag? Weder in der historischen noch in der modernen Literatur gibt es Angaben dazu. Früher wird das allgemein bekannt gewesen sein, und deshalb hielt es niemand für nötig, es aufzuschreiben. Später geriet es in Vergessenheit, und seit dem 12. Jahrhundert, nachdem das Kummet in Europa bekannt geworden war, ersetzte das Pferd den Ochsen als Zugtier. Als Reisegespanne sind Ochsenkarren seither aus der Mode gekommen. Um also die Tagesleistung eines Ochsengespannes herauszufinden, war ein Experiment nötig.

Mit dem Ochsenkarren durch Siebenbürgen

Möglicherweise hätte es irgendwo in Deutschland noch ein Ochsengespann mit entsprechend altem Zuggeschirr und dem dazugehörigen Karren gegeben. Das herauszufinden, das Gespann zu mieten und damit eine Tour zu unternehmen, wäre aber sehr zeitraubend und teuer geworden. Ein Zufall bescherte mir im Sommer 2003 eine günstigere Variante. Im Internet fand ich eine rumänische Reiseagentur, die für Touristen Wanderungen quer durch Dörfer Siebenbürgens organisiert. Bei Bedarf stellt sie Esel, Reitpferde oder Pferdewagen zur Verfügung. Ich rief dort an und fragte, ob man in der Lage wäre, mir für eine Woche ein Ochsengespann zu beschaffen und eine Tour zu organisieren. Wenige Tage später erhielt ich die Nachricht, daß alles perfekt sei. Am verabredeten Tag traf ich in Izvoru Crisului, einem kleinen Dorf zwischen Oradea und Cluj, ein. Schon hinter der rumänischen Grenze hatte ich gemerkt, daß meine Wahl richtig war. Die Landschaft Siebenbürgens gleicht der zwischen Frankreich und Thüringen.

Der Chef der Agentur, ein junger Belgier namens Johann, sprach ausgezeichnet deutsch und rumänisch. Am nächsten Morgen fuhren wir mit seinem Jeep über viele kleine Dörfer tief ins Land. Auf der Fahrt erzählte er mir, daß es nicht einfach war, ein Ochsengespann aufzutreiben, denn auch in Rumänien hätten schon längst Pferde und Traktoren die Ochsen ersetzt. Am Ende eines winzigen Dorfes war das Gehöft, in dem man uns erwartete. Das Tor stand weit offen, und inmitten des Hofes stand bereits das

Gespann abfahrbereit. Zwei massige Ochsen drängelten ungeduldig im Geschirr. Sie glänzten vor Sauberkeit und waren festlich geschmückt, an den Hörnern hatten sie rote Bommeln und um den Hals ein Glöckchen. Der Bauer hieß Grigor und sprach nur rumänisch. So mußte Johann meine erste Frage übersetzen, ob er denn nicht einen anderen Wagen hätte? Grigor hatte für den Gast aus dem Westen seinen besten Wagen herausgeholt, einen Kastenwagen mit Gummireifen. Er schien enttäuscht zu sein, zuckte mit den Schultern und sagte, einen besseren Wagen hätte er leider nicht. Das war unser erstes Mißverständnis. Nachdem wir uns aber in seiner Scheune umgeschaut hatten und ich einen alten Leiterwagen mit Holzspeichenrädern entdeckt hatte und ihm bedeutete, mit diesem fahren zu wollen, hellte sich sein Gesicht wieder auf. Ich wollte also keinen besseren, sondern in seinen Augen einen schlechteren Wagen. Daß er für mich der bessere war, hat Grigor wohl bis zum Schluß nicht so richtig begriffen.

Diese Wagen mit Holzspeichenrädern haben sich seit 1500 Jahren nicht verändert. Beim Bau der Schnellstraße Erfurt – Nordhausen wurde 1975 ein Gräberfeld aus der Zeit des Thüringer Königreiches entdeckt. In einem Grab befanden sich Eisenreste, die von solch einem Wagen stammten. Dieser Fund war eine Sensation, es war das besterhaltene Wagengrab aus der Völkerwanderungszeit Mitteldeutschlands. Die hier Beerdigte war, so die Meinung der Ausgräber, eine Thüringer Königin. Weimarer Archäologen mußten lange nach einem Stellmacher suchen, der solch ein Gefährt rekonstruieren konnte. Heute befindet sich dieser Wagen als Glanzstück im dortigen Museum. In Rumänien stehen solche Wagen in der Scheune …

Wir zogen ihn also hervor, Grigor spannte die Ochsen um und lud zwei mächtige, in Planen gepackte Heuballen auf den Leiterwagen. Später erfuhr ich den Sinn der mitgeführten Heuballen: Am Ende einer Tagesreise sind die Ochsen zu erschöpft, um sich noch auf der Weide satt zu fressen und die verlorenen Kalorien wieder aufzufüllen. Weiden, das heißt Gras mit dem Maul aus der Erde zu reißen, strengt sie an. Man muß ihnen also gemähtes Gras oder

Heu vorsetzen, wenn sie am nächsten Tag eine ähnlich lange Strecke bewältigen sollen. In alten Kriegsberichten liest man bisweilen, daß ein Heer in der Nähe des Gegners ein Lager aufschlug, es befestigte und anschließend einige Soldaten und Knechte zum Futterholen aus dem Lager schickte. Die wurden dann oft, da sie nur mit Sicheln bewaffnet waren, von einer Truppe des Gegners gefangengenommen oder getötet.

Grigors Heuballen waren eine Art Reservekanister. Die Bauernhöfe, auf denen wir übernachten sollten, waren zwar so ausgewählt, daß sie auch einen Stall für die Ochsen hatten, ob sie aber auch genügend Heu haben würden, hatte Johann vergessen zu fragen. Als wir dann den Hof verließen, wunderte ich mich, daß Grigor vor den Ochsen herlief, anstatt es sich, wie ich, auf dem Wagen bequem zu machen. Auch noch nach einer Stunde, als es bergauf ging und der Weg schlammig wurde, lief er vornweg. So begriff ich dann, daß Ochsen nicht vom Wagen aus gelenkt werden können. Sie haben ja keine Trense im Maul wie die Pferde. Wenn sie in der Kolonne fahren, folgen sie wahrscheinlich dem vorderen Gespann, fahren sie aber allein, muß immer jemand vor ihnen hergehen, dem sie hinterherlaufen. Jetzt verstand ich auch die Stelle bei Einhard, dem Biographen Karls des Großen. Er schrieb, daß der letzte Merowingerkönig Childerich III. von seinem Landgut zur Pfalz auf einem Ochsenkarren fuhr, der von einem Bauernjungen *„nach Art der Bauern gelenkt wurde“*, das heißt, der Junge ging immer vor den Ochsen her.

Als wir durch das erste Dorf fuhren, traten viele Leute vor die Tore oder standen hinter dem Gartenzaun. Das Bimmeln der Ochsen hatte sie angelockt. Einige winkten, nickten freundlich, andere aber, bildete ich mir ein, schauten mich weniger begeistert an, wie ich da auf dem Leiterwagen thronte, während Grigor vornweg schritt. Durch die nächsten Dörfer ging ich dann auch zu Fuß. Einmal aber machten wir einer alten Frau mit unserem Ochsenkarren eine ganz besondere Freude. Es war die Mutter einer Wirtsfrau. Ihr Gehöft lag etwas abseits vom Ort, und die Mutter fragte uns, ob wir sie ins Dorf mitnehmen könnten. Als sie dann oben auf dem Wagen saß, strahlte sie. Ihre Tochter, die etwas Englisch konnte, erklärte es uns. Sie wäre das letzte Mal vor sechzig Jahren mit einem geschmückten Ochsenkarren gefahren, zur Kirche, wo ihr Bräutigam auf sie gewartet hatte. Allerdings hatte ihr Wagen damals vier Ochsen!

Eines Morgens goß es in Strömen. Ich wollte mich schon bei unseren Gastgebern nach einer Regenplane erkundigen, aber Grigor winkte ab. Er ging mit mir in die Scheune, wo unser Wagen stand und versuchte mir etwas zu erklären. Viel habe ich nicht verstanden, außer daß wir den Regen abwarten müßten. Später aber, als Johann dabei war, erfuhr ich, warum wir an jenem Morgen nicht losfahren konnten. Ochsen dürfen bei Regen keinen Wagen ziehen. Ihr Joch besteht aus zwei Querstangen, die an den Enden so zusammengebunden sind, daß sie fest den Nacken umschließen. Werden sie naß, scheuern sie, und die Ochsen reiben sich so wund, daß sie wochenlang nicht zu gebrauchen sind. Dieses Nackenjoch hat aber gegenüber dem Stirnjoch den Vorteil, daß die Ochsen, wenn es bergab geht, den Wagen besser bremsen können. Bei starkem Gefälle allerdings hilft auch das nicht mehr viel, dann bleibt nur, an der Bremse zu kurbeln oder in die Speichen zu greifen.

Als der Regen aufgehört hatte, fuhren wir weiter. Der Feldweg war aufgeweicht, und Grigor tat mir leid, wie er so durch den Schlamm stapfte. Einmal wollte er auf dem festen Rasenrand ein paar Pfützen umgehen, die Ochsen folgten ihm stur und hätten den Wagen fast in den Graben gefahren. Hinter dem Dorf ging es steil bergauf. Kein Jeep wäre da hochgekommen, den Ochsen aber schien das überhaupt nichts auszumachen. Sie wurden kaum langsamer. Bisher ging ich immer davon aus, daß die frühmittelalterlichen Wege Steigungen vermieden, da die Fortbewegung für Tier und Mensch zu anstrengend gewesen wäre. Dies trifft so wohl nicht zu, denn wenn man seine Waffen und sein Gepäck auflädt, sich beim Laufen am Wagen etwas festhält und mitziehen läßt, kann man jede Steigung ohne größere Mühe bewältigen.

Am Ende unserer siebentägigen Tour kam ich mittels Uhr und Landkarte zu folgendem Ergebnis: Ochsen legen in der ersten

Stunde fünf Kilometer zurück, in der zweiten vier, in der dritten drei. In jeder folgenden Stunde schaffen sie dann nur noch zwei Kilometer. In sieben Stunden bewältigen sie somit zwanzig Kilometer. Nach meiner Erfahrung auf dieser Reise sind Mensch und Tier nach diesen sieben Stunden so erschöpft, daß sie dringend eine längere Erholung brauchen. Zwei Kilometer in der Stunde wären auch wenig effektiv. Marschierte man also bei Sonnenaufgang los, legte noch hin und wieder eine Pause ein, mußte vielleicht einen Bach überqueren oder umgestürzte Bäume aus dem Weg räumen, so erreichte man am frühen Nachmittag sein Ziel. Hier begann für ein mittelalterliches Heer der zweite Teil der Arbeit. Der bestand darin, einen Lagerplatz zu sichern, Zelte aufzubauen oder aus Ästen und Laub Hütten herzurichten, Futter für das Vieh zu besorgen, das unterwegs requirierte Vieh zu schlachten, zuzubereiten, ein Lagerfeuer anzufachen und so weiter. Bis ein Schwein auf dem Spieß gar war, dauerte es vier bis fünf Stunden – und dann wurde es auch schon langsam dunkel ...

Für den Marsch des fränkischen Heeres im Jahre 531 heißt das: Mehr als zwanzig Kilometer am Tag werden die Frankenkrieger nicht zurückgelegt haben. Sie brauchten folglich für die gesamte Strecke der 700 Kilometer vom Frankenreich nach Thüringen etwa 35 Tage. Rechnet man noch ein paar Regentage hinzu, kommt man auf vierzig Tage. Wenn sie also Ende März losmarschierten, werden sie Mitte Mai in Thüringen angekommen sein.

Die Landnahme

Wie lange sich das fränkische Heer im Jahre 531 in Thüringen aufhielt, schreibt Gregor von Tours nicht. Es läßt sich aber aus einem Hinweis Gregors erschließen. In dem Kapitel, das in seiner Chronik auf die Eroberung Thüringens folgt, berichtet er:

„Als aber Theuderich noch in Thüringen war, verlautete zu Arvern, er sei getötet worden, und Arcadius, einer von den Senatoren zu Arvern, forderte deshalb Childebert auf, zu kommen und jene Gegend in Besitz zu nehmen. Dieser brach auch sogleich auf und kam nach

Arvern. Es war aber an jenem Tage gerade so ein dicker Nebel, daß man nicht fünfzig Schritte weit sehen konnte. ... Indessen aber kam die Nachricht, Theuderich sei am Leben und aus Thüringen zurückgekehrt."

Arvern, das heutige Clermont-Ferrand, liegt in der Mitte Frankreichs. Dicke Nebel gibt es dort frühestens im November. Wenn Theuderich Mitte November in Arvern ankam, muß er wenigstens vierzig Tage vorher in Thüringen aufgebrochen sein, das heißt Anfang Oktober. Folglich hielten sich die Franken von Mitte Mai bis Anfang Oktober, also mindestens fünf Monate, in Thüringen auf.

Welche Teile des Thüringer Reiches sie in dieser Zeit besetzten und auf welche Art und Weise diese Eroberung vor sich ging, wäre wichtig, um die Verhältnisse in der späteren „fränkischen Besatzungszone" verstehen zu können. Deshalb sollte man versuchen, diese beiden Fragen zu beantworten.

Das Fehlen exakter Quellen verleitete bisher viele Historiker dazu anzunehmen, damals sei nur das Kernland des Thüringer Reiches von den Franken erobert worden. Die anfänglichen Kämpfe wären zwar grausam, aber das Regime der Franken sei danach locker und moderat gewesen. Die Franken hätten von den Thüringern lediglich einen symbolischen Zins von fünfhundert Schweinen verlangt, sonst aber sie weitgehend in Ruhe gelassen. Es gibt jedoch genügend Hinweise, die gegen solch eine Auffassung sprechen.

Zunächst zur Art und Weise der Eroberung. Auf das fränkische Vorgehen gegen die Thüringer kann man ebenfalls aus Gregors Erzählungen schließen. Vor dem Feldzug hielt König Theuderich auf dem Märzfeld eine Ansprache an seine Krieger, die Gregor wörtlich wiedergibt. Diese Rede ist als historische Quelle wenig aussagekräftig und eigentlich nur dadurch interessant, daß man vor Augen geführt bekommt, wie schon damals vor einem Krieg gelogen wurde, was das Zeug hielt. Als Rechtfertigung führte Theuderich nämlich Kämpfe an, die schon lange zurücklagen und die mit „Thoringern" geführt wurden, die mit den mitteldeutschen Thüringern wenig gemein hatten. Theuderich forderte seine Krieger in dieser Ansprache auf, sich für die damaligen Grausamkeiten der „Thoringer" zu rächen. Das aber wäre kein Motiv gewesen, die Bauernkrieger zu veranlassen, Hof und Familie für ein dreiviertel Jahr im Stich zu lassen und die Strapazen eines so langen Marsches auf sich zu nehmen. Was Theuderich wirklich seinen Kriegern gesagt hat, um sie für solch einen langen und beschwerlichen Feldzug zu motivieren, kann man sich denken. Es ist ein glücklicher Umstand, daß wir es auch schriftlich haben. Gregor schreibt nämlich anläßlich eines späteren Feldzuges folgendes:

„Hierauf beschlossen Chlothachar (Chlothar – R. A.) und Childebert, gegen Burgund zu ziehen, aber Theuderich, den sie auch zur Hilfe aufgefordert hatten, wollte nicht mit ihnen ziehen. Die Franken jedoch, die unter seiner Herrschaft standen, sprachen: ‚Wenn du nicht mit deinen Brüdern nach Burgund ziehen willst, so verlassen wir dich und wollen lieber jenen folgen.' Er gedachte aber der ungetreuen Arverner und sprach: ‚Folget mir, und ich werde euch in ein Land führen, wo ihr Gold und Silber finden werdet, soviel euer Herz nur verlangen kann, da könnt ihr Herden und Sklaven und Kleider in Hülle und Fulle gewinnen; nur folget jenen nicht.' Durch diese Versprechungen verleitet versprachen sie, ihm seinen Willen zu tun. Er rüstete sich darauf, gegen Arvern zu ziehen, und versprach noch oftmals den Seinen, sie sollten alle Beute aus jener Gegend und die Leute selbst in ihr eigenes Land bringen können."

Gold, Silber, Herden, Kleider in Hülle und Fülle und vor allem Sklaven – genau das und nichts anderes wird Theuderich seinen Soldaten auch vor dem Feldzug gegen die Thüringer im März 531 versprochen haben. Und nachdem die Franken Mitte Mai bei der Tretenburg das Thüringer Heer vernichtend geschlagen und den Königshof des Herminafrid in Schutt und Asche gelegt hatten, begaben sie sich auf Beutezüge, die bis Anfang Oktober dauerten, also knapp fünf Monate.

Kommen wir zur Frage, welche Teile des Thüringer Reiches in diesen fünf Monaten von den Franken erobert wurden. Bevor man sie beantworten kann, muß folgendes bedacht werden: Solch ein riesiges Heer wie das der Franken mußte sich versorgen, es brauchte täglich Nahrungsmittel. Nehmen wir an, daß die beiden Könige ihrem Heer nach dem langen Marsch und der Schlacht an der Tretenburg ein paar Tage Ruhe gegönnt haben. Danach aber werden alle Schweine aus Vargula und alle Rinder aus Schwerstedt geschlachtet, das Getreide aus Tennstedt verbacken und die Vorräte des gesamten Thüringer Königsgutbezirkes aufgebraucht worden sein. Wie lange sie gereicht haben, das heißt, wie lange sich die Franken nach ihrem Sieg ausruhen konnten, wüßte man, wenn man die genaue Stärke des fränkischen Heeres kennen würde. Dann könnte man auch schätzen, wieviel Lebensmittel sie während ihres fünfmonatigen Aufenthaltes in Thüringen benötigten. Da sie ihnen ja nicht geliefert wurden, mußten sie umherziehen, um sie sich zu beschaffen. Daraus ließe sich dann entnehmen, welche Teile des Thüringer Reiches sie in diesen fünf Monaten eroberten. Zunächst also zur Stärke des fränkischen Heeres.

Die Heeresstärke

Zahlen aus dem Mittelalter sind mit Vorsicht zu behandeln. Geschichtsschreibung wurde damals nicht als exakte Wissenschaft verstanden. Das trifft auch für Gregors Geschichte der Franken zu. Zahlen müssen nicht stimmen, sie geben lediglich eine Tendenz wieder. Manchmal ist die Absicht klar, wenn es in Kriegsberichten um die feindliche Heeresstärke geht. Sie wird oft maßlos übertrieben, um die eigene Stärke und Tapferkeit herauszustellen. Nach einer Niederlage dient sie zur Entschuldigung. So viele Gegner hätte niemand besiegen können, heißt es dann indirekt. Gregor macht mehrmals Angaben zur fränkischen Heeresstärke. Hier einige Beispiele:

„Von seinem (d. h. Chlodwigs I. – R. A.) Heer wurden aber getauft mehr als dreitausend ...“

„die von Bourges sammelten sich, an 15 000 Mann stark ...“

„so daß auf beiden Seiten mehr als siebentausend fielen ...“

„und ließ über viertausend Mann als Wachmannschaft an den Grenzen anstellen ...“

„es fielen in diesem Kampfe ungefähr fünftausend Mann ...“
„und mehr als zweitausend gerieten in Gefangenschaft ...“
„in dieser Schlacht fielen von Mummolus' Heere fünftausend, von dem Heere des Desiderius aber vierundzwanzigtausend ...“

Vergleicht man diese Zahlen mit den Geschichten, die Gregor über das fränkische Heer erzählt, dann erscheinen die Angaben viel zu hoch. So berichtet er beispielsweise, daß König Chlodwig I. auf dem Märzfeld die Soldaten einzeln musterte, ihre Ausrüstung prüfte, Ansprachen hielt und sich auf Wortgefechte mit ihnen einließ. Das paßt schlecht zu Zahlen von mehreren tausend Soldaten. Vielleicht liegt die Erklärung in dem Wort „tausend“. Gregor schrieb Latein, und im Lateinischen bedeutet das Wort „mille“ tausend und „milia“ Tausende. Die Pluralform „milia“ wurde aber umgangssprachlich auch oft im Sinn von „sehr viele, eine unzählbare Menge“ gebraucht. Wenn man bei Gregors Zahlen eine Null wegstreicht, sind es immer noch „sehr viele“. Damit wird man der Wahrheit vielleicht etwas näher kommen.

Es gibt aber noch andere Möglichkeiten, die Stärke des fränkischen Heeres, das Thuringen eroberte, zu schätzen. Eine besteht darin, festzustellen, mit wieviel bewaffneten Thüringern die Franken rechnen mußten. Wenn sie siegen wollten, mußten sie den Thüringern zahlenmäßig mindestens ebenbürtig, besser noch überlegen sein.

Wieviel Einwohner aber hatte das Thüringer Reich? Der Historiker Schlüter hat einmal die Größe der Siedlungsflächen Mitteldeutschlands auf Grundlage der Ortsnamen und der archäologischen Funde geschätzt. Ausgehend von dieser Fläche errechnete er die möglichen landwirtschaftlichen Erträge und kam so auf etwa 100 000 Einwohner des Thüringer Reiches. Zieht man davon die Frauen, Kinder und alten Leute ab, kommt man auf etwa 15 000 bis 20 000 wehrfähige Männer. Das ist sicher ein Maximalwert. Geht man nur von den Ortschaften aus, die von den Namen her als altthüringisch gelten, sind es bedeutend weniger. Die Ortsnamenforschung meint, daß alle alten Orte mit den Endungen -a, -ari,

-aha, -o, -loh sowie die auf -stedt, -idi, -ingen und -leben schon zur Zeit der Thüringer bestanden haben. Einschließlich der heute bekannten Wüstungen sind das auf dem Gebiet des Thüringer Reiches etwa 750 Orte. Diese Ortschaften waren aber noch keine großen Dörfer, sondern meist nur Einzelgehöfte, auf denen je eine Großfamilie lebte. Jede Familie wird mindestens zwei wehrfähige Männer gehabt haben. Nach dieser Rechnung mußten die Franken mit anderthalbtausend Gegnern rechnen. Um eine Niederlage zu vermeiden, wird das fränkische Heer also mindestens zweitausend Krieger umfaßt haben. Das wäre zwar ein Minimalwert, aber trotzdem ergäbe sich folgendes Bild:

Herminafrids Königshof mit den Königsleutedörfern konnte das fränkische Heer nur zwei bis drei Tage lang ernähren. So lange konnte es sich ausruhen, danach mußte es weiter. Die Franken durften während ihres Zuges nicht zweimal an denselben Ort kommen, denn Tiere und Getreide wären noch nicht nachgewachsen. Ein Ort allein konnte die nötigen Mittel nicht aufbringen. Etwa fünf Bauerhöfe mit ihren gesamten Vorräten an Tieren und Getreide werden notwendig gewesen sein, um das fränkische Heer einen Tag lang zu versorgen. Wenn sie in fünf Monaten, also in 150 Tagen, jeden Tag fünf Weiler „abgegrast" hätten, dann käme man auf diese oben genannten 750 thüringischen Orte. Demnach hätten die Franken im Jahre 531 das gesamte uns bekannte Gebiet des Thüringer Reiches durchzogen. Da diese Rechnung von Minimalwerten ausgeht, könnten die Franken aber auch noch weitere Gebiete erobert haben. Das jedenfalls wird in einem späteren offiziellen Schriftstück, dem sogenannten Theudebertbrief, behauptet.

Der Brief des Theudebert

Über diesen Brief von Theudebert I. gibt es unter Historikern verschiedene Ansichten. Das schwer verständliche Merowinger-Latein und angebliche Fehler nach mehrmaligem Abschreiben führten dazu, diesen Brief verschieden zu übersetzen und danach unterschiedlich zu deuten. Zunächst zur Vorgeschichte dieses Briefes:

Die Franken zogen im Spätherbst des Jahres 531 aus Thüringen ab. Chlothar begab sich nach Soissons. Seine „Beute", die Kinder des Thüringer Königs Berthachar, ließ er in seiner Pfalz Athies erziehen. Als Radegunde erwachsen war, nahm er sie zur Frau. Er beanspruchte damit die Herrschaft über das einstige Thüringer Reich. Theuderich hielt sich etwa drei Jahre später mit seinem Sohn Theudebert in Zülpich bei Köln auf. Das römische Kastell Tolbiacum war seine am weitesten im Osten gelegene Pfalz. Hierhin lud er den Thüringer König Herminafrid ein, dem es, wie erwähnt, gelungen war, während der Kämpfe im Jahre 531 mit seiner Familie in einen entlegenen Teil seines Reiches zu fliehen und sich dort zu verstecken. Herminafrid hoffte nun, mit Theuderich verhandeln zu können und das Amt eines fränkischen Vasallenkönigs zu erhalten. Bei einem Spaziergang auf der Zülpicher Stadtmauer wurde er heruntergestürzt.

Gregor von Tours schreibt darüber:

„Als er (Theuderich) in seine Heimat zurückgekehrt war, ließ er Herminafrid zu sich kommen und gab ihm sein Wort zum Pfande, daß ihm nichts geschehen solle. Er überhäufte ihn auch mit Ehrengeschenken. Da sie aber eines Tags auf der Mauer der Stadt Zülpich dahingingen und miteinander sprachen, erhielt Herminafrid einen Stoß, man weiß nicht von wem, stürzte von der Mauer zur Erde und gab seinen Geist auf. Wer ihn von dort herabwarf, wissen wir nicht; man behauptet aber, daß ganz gewiß eine Hinterlist Theuderichs dabei im Spiele gewesen sei."

Kurz darauf starb auch Theuderich. Seinem Sohn Theudebert gelang es, gegen den Widerstand seines Onkels Chlothar das väterliche Erbe anzutreten. Kurz darauf erschienen bei Theudebert Gesandte des oströmischen Kaisers aus Byzanz. Sie überbrachten Grüße und Geschenke. In ihrem Begleitschreiben fragte der Kaiser Justinian an, welche Völker und Gebiete die fränkischen Könige beherrschten. Theudebert antwortete auch im Namen seiner Onkel und umschrieb die Grenzen ihres Reiches. Dieser Brief lautet in der wörtlichen Übersetzung:

„Durch die Gnade unseres Gottes sind glücklicherweise die Thü-

ringer unterworfen und ihre Provinzen erobert worden. Ihre Könige wurden jüngst ermordet. Ebenso hat der Stamm der Nordschwaben sich unserer Herrschaft gebeugt, mit Gottes Billigung auch die Westgoten, die Einwohner Frankiens, Norditaliens und Pannoniens. Die Sachsen und Jüten haben sich uns freiwillig ergeben. Die Grenzen unseres Reiches erstrecken sich unter Gottes Schutz von der Donau und der pannonischen Grenze bis zu den Ufern des Ozeans."

Viele Interpreten dieses Briefes sehen in den *„Ufern des Ozeans"* nicht die Nordsee, sondern die Atlantikküste des heutigen Frankreich. Deshalb möchten sie auch die Sachsen und Jüten streichen, sie sitzen ihnen zu weit nördlich. Im Original lautet die möglicherweise beide Völker benennende Stelle *„Saxones Eucii"*. Das könnten auch irgendwelche „eutische Sachsen" im Süden sein, von denen sonst nichts bekannt ist. Andere Historiker dagegen meinen, der Ozean sei zwar die Nordsee, an deren Küste die Sachsen und Jüten wohnten, aber Theudebert habe gelogen, aus Eitelkeit maßlos übertrieben. Dazu hatte er jedoch keinen Grund. Der Theudebertbrief könnte durchaus der Wahrheit entsprechen. Warum?

Die obigen Angaben über die Heeresstärken der Franken und Thüringer gehen, wie gesagt, von Minimalwerten aus. Wenn wir anstatt dieser Minimal- die Maximalwerte des Geographen Schlüter von etwa 15 – 20 000 waffenfähigen Thüringern und einer ähnlichen Anzahl fränkischer Krieger zugrunde legen, oder auch nur die Hälfte, also 10 000 Mann auf jeder Seite, dann hätte das Gebiet des Thüringer Reiches nicht ausgereicht, um das fränkische Heer fünf Monate lang zu versorgen. Selbst wenn man dabei berücksichtigt, daß die oben genannten 750 thüringischen Orte nur westlich der Saale lagen und sich das Thüringen des Jahres 531 noch bis zur Elbe erstreckte, wird es für die Versorgung der Franken nicht gereicht haben. Die Franken müßten in diesem Falle noch weitere Gegenden erobert haben.

Die Strecke von Eisenach über Magdeburg in die Gegend der Elbmündung bei Hamburg, wo die Sachsen saßen, beträgt etwa fünfhundert Kilometer, das sind dreißig Tagesmärsche. Nördlich von ihnen, im heutigen Schleswig-Holstein, befand sich das Gebiet der Jüten. Die Franken hätten also während dieser fünf Monate quer durch das Thüringer Reich bis an die Nordsee gelangen können, dort die freiwillige Unterwerfung der Sachsen und Jüten entgegennehmen und wieder den Rückmarsch antreten können.

Theudebert wird also wahrscheinlich seinem Schreiber die Wahrheit diktiert haben: Die Franken hatten im Jahre 531 nicht nur *„die Provinzen"* des ehemaligen Thüringer Königreiches erobert, sondern darüber hinaus weite Gebiete des späteren Norddeutschland. Daß sie sich in der Folgezeit nur im südlichen Teil des eroberten Gebietes festsetzten, hatte andere Gründe. Norddeutschland war dünn besiedelt. Die relativ unfruchtbaren Böden taugten nur für die Viehwirtschaft. Der Landhunger der Franken schien mit dem Gebiet des Thüringer Reiches westlich von Elbe und Saale zunächst gestillt gewesen zu sein.

II.

„... wie die Nablis bezeugt" Die Errichtung der fränkischen Macht in Mitteldeutschland

Der Schweinezins

Nach der Eroberung hatten die Thüringer den Franken einen Zins von fünfhundert Schweinen zu zahlen. In den schriftlichen Quellen taucht dieser Schweinezins allerdings erst Jahrhunderte später auf. Zum Jahre 1002 berichtet der Bischof Thietmar von Merseburg in seiner Chronik:

„Hier kam ihm (d. h. Heinrich II. – R. A.) Wilhelm, der mächtigste Mann in Thüringen, entgegen. Er empfing den neuen Herrscher mit vielen Glückwünschen und wurde Lehensmann des Königs. Der König wurde bei dieser Gelegenheit von diesem Grafen und den anderen Großen zum Herrn gewählt, wofür der dem ganzen Volk auf seine Bitten hin den Schweinezins erließ."

Den Ursprung dieses Schweinezinses erklärt der „Sächsische Annalist", ein Chronist aus dem 12. Jahrhundert, der ebenfalls von der Anerkennung Heinrichs II. durch die Thüringer Grafen berichtet:

„Der König wird vom Grafen Willehelm von Thüringen und von den Großen dieses Landes und von allem Volke gebeten, ihnen den Schweinezins zu erlassen, und das hat er auch getan. Dieser Zins wurde von der Zeit Theuderichs, des Sohnes des Chlodwigs, der auch Ludewig hieß, bis auf diesen König jedes Jahr in die königliche Kasse gezahlt ..."

Es ist erstaunlich, daß sich dieser Schweinezins von 531 bis in das Jahr 1002 erhalten hatte. In diesen 471 Jahren wechselten Grenzen, Herrscherhäuser, Staatsformen, aber dieser Zins blieb. Erst der Bayernherzog Heinrich, der sich als frisch gekrönter Nachfolger Ottos III. von den Thüringern die Anerkennung als König erkaufen wollte, erließ ihnen diesen Zins. Was aber bedeutete dieser Schweinezins im Jahre 531?

Neben der rein praktischen Bedeutung als Lebensmittel war er zunächst ein rechtlich-symbolischer Akt. Diese Schweine, eine Tierart zwischen heutigem Wild- und Hausschwein, wurden zur Mast in die Wälder getrieben. Dort fraßen sie Gräser, Wurzeln, Knollen und vor allem Eicheln und Bucheckern. Die Wälder waren jedoch nach der Eroberung fränkisches Staatseigentum geworden und gehörten dem fränkischen König, wie auch alles andere nicht bearbeitete Land, wohingegen den Thüringern nur diejenigen Ländereien als Eigentum erhalten blieben, die sie unmittelbar als Acker oder Weide nutzten. Der Schweinezins sollte also die Inbesitznahme des thüringischen Territoriums durch die neuen Herrscher dokumentieren.

Es ist nicht sicher überliefert, aus wie vielen Schweinen dieser Zins bestand. Allgemein ist von fünfhundert Stück die Rede. Diese Zahl entstand wohl in Anlehnung an die fünfhundert Rinder, die die Sachsen als Tribut zahlen mußten. Nach damaligen Wertvorstellungen, die aus den germanischen Volksrechten bekannt sind, war ein Rind dreimal mehr wert als ein Schwein. Warum aber sollten die Sachsen einen dreifach höheren Tribut gezahlt haben als die Thüringer? Aber ganz gleich, von welcher Zahl man ausgeht: Wenn man überlegt, wie diese Tributzahlungen technisch vonstatten gingen, kann man interessante Rückschlüsse auf die Verhältnisse im besetzten Thüringen ziehen.

Zunächst zur Frage, wer diese Schweine einsammelte. Tribute waren bringpflichtig. Blieben sie aus, wurden Beamte und Soldaten losgeschickt, um sie einzutreiben. Dabei war sicherlich, wie heute, eine zusätzliche „Mahngebühr" zu entrichten. Das wäre aber nur bei individuell zu entrichtenden Steuern möglich gewesen. Solche Abgaben, die auf genauen Steuerlisten vermerkt waren, wurden aber zu jener Zeit noch nicht erhoben. Sie entstanden erst später mit dem Lehnswesen. Die damaligen Stammestribute mußten von den Thüringern selbständig erbracht werden. Es muß also ein System gegeben haben, in dem von den Thüringern selbst festgelegt wurde, wer wann wieviel Schweine wo abzuliefern hatte. Die sogenannte untere Verwaltung der Thüringer muß also weiterhin funktioniert haben.

Die kleinste Einheit eines germanischen Stammes hieß huntari, die Hundertschaft. Sie umfaßte, wie der Name sagt, etwa hundert Personen. An ihrer Spitze stand der huntar oder hunto, der Hundertschaftsführer. Möglicherweise hieß er bei den Thüringern anders.

Vor einiger Zeit machte ich die Bekanntschaft eines jungen Mannes, eines Heimatfreundes, der mir die Bodendenkmale seines Dorfes Niederdorla in Thüringen zeigte. Sein Name war Hühnermund. Hühner haben keinen Mund, sondern einen Schnabel. Das althochdeutsche Wort „munt" heißt Schutz, Gewalt. „Hühner" könnte aus „huntar" entstanden sein, so daß „huntar-munt" derjenige wäre, der die Munt, die Gewalt über die Hundertschaft hatte, der Hundertschaftsführer. Der hunto (oder huntarmunt) führte in Kriegszeiten das Aufgebot der huntari an. Sein Hof war der Sammelplatz, das Zentrum der Hundertschaft. Von hier aus waren sie zur Thüringerzeit zum jährlichen Thing gezogen. Hier wurde auch das niedere Gericht abgehalten, bei dem weniger schwere Fälle verhandelt wurden. Der hunto war der Schlichter und, wenn man sich nicht einigen konnte, der Richter, der auch Polizeigewalt besaß. Später wurde daraus der „skuldheizo", der den Übeltäter „schuldig heißt", der Schultheiß. Dieser hunto mußte also dafür sorgen, daß der Anteil der Schweine, den seine Hundertschaft aufzubringen hatte, abgeliefert wurde.

Was geschah danach mit diesen Schweinen? Mehrere Hundertschaften bildeten einen Gau. Jeder Gau besaß eine Art Hauptstadt. Wurden die Schweine dort hingetrieben, um danach zu einem zentralen Sammelpunkt gebracht zu werden? Wurden sie dann, nachdem die geforderte Anzahl festgestellt worden war, ins Frankenreich, in die Pfalz des Theuderich nach Metz oder Zülpich, geschafft?

Als der Schweinezins im Jahre 1002 aufgehoben wurde, zahlte man ihn, wie der „Sächsische Annalist" berichtet, in die *„königliche Kasse"*. Er bestand also in einem Geldwert. Aber auch wenn er zur Zeit der sächsischen Könige und Kaiser in Form von Schweinen hätte bezahlt werden müssen, wäre das kein Problem gewesen. Die Ottonen besaßen im Osten zahlreiche Pfalzen, in denen sie sich mit ihrem Gefolge oft monatelang aufhielten. Hier waren sie auf die Servitien ihrer Tafelgüter, die Lieferungen der königlichen Wirtschaftshöfe, angewiesen. Die Thüringer Schweine wären eine willkommene Bereicherung ihrer Tafel gewesen. Fünfhundert Jahre früher aber gab es im Osten weder Pfalzen fränkischer Könige, noch besaßen die Thüringer Geld. Sie mußten den Tribut in Schweinen bezahlen. Diese Tiere aber beim Frankenkönig abzuliefern, hätte bedeutet, sie siebenhundert Kilometer weit in die Pfalz Metz oder „nur" vierhundert nach Zülpich zu treiben. Das ist kaum vorstellbar, denn nach solch einem Marsch wären sie wohl nur noch Haut und Knochen gewesen. Man könnte sich aber auch vorstellen, daß die Thüringer diese Schweine schlachten, räuchern oder einpökeln mußten, um sie für den Transport haltbar zu machen. Aus dem „Capitulare de villis", einer Güterordnung Karls des Großen, über die noch zu reden sein wird, geht hervor, daß etliche tierische Produkte, so oder ähnlich haltbar gemacht, von den

Staatsgütern an die Pfalz geliefert werden mußten. Was aber sollten die fränkischen Könige mit so viel Fleisch und Fett? Um ihre heimatlichen Pfalzen herum lagen genügend eigene Güter, von denen sie und ihr Hofstaat ausreichend versorgt wurden. Mehr als reichlich essen konnten auch sie nicht. Es bleibt also nur die Möglichkeit anzunehmen, daß diese Schweine der Versorgung derjenigen Franken dienten, die nach dem Jahre 531 in Thüringen als Besatzer zurückgeblieben waren.

Der Aufstand der Sachsen und Thüringer

Die fränkische Besatzungsmacht schien bei den Bewohnern des ehemaligen Thüringer Reiches nicht sonderlich beliebt gewesen zu sein. Es dauerte etwa zwanzig Jahre, da versuchten zunächst die Sachsen, später auch die Thüringer, sich dieser Fremdherrschaft zu entledigen. Gregor von Tours berichtet ziemlich ausführlich von zwei Aufständen in den Jahren 555 und 556. Über den ersten schreibt er:

„Als Chlothachar nach dem Tode des Theudebald das Frankenland übernommen hatte und in demselben den Umritt hielt, hörte er von den Seinigen, daß die Sachsen in ihrem Übermut sich wiederum erhöben, sich empörten und die Tribute, welche sie jährlich darzubringen pflegten, verweigerten. Hierüber ergrimmt, brach er gegen sie auf. Und als er schon ihrer Grenze nahe war, schickten die Sachsen Gesandte zu ihm und sprachen: ‚Wir haben ja nichts gegen dich im Sinn, und was wir deinen Brüdern und Neffen zu geben pflegten, enthalten wir auch dir nicht vor, ja mehr noch wollen wir dir entrichten, wenn du es verlangst. Nur um dies eine bitten wir dich, es sei Friede zwischen uns, dein Heer und unser Volk stoße nicht im Kampfe zusammen.' Da Chlothachar dies hörte, sagte er zu den Seinigen: ‚Diese Menschen haben recht. Laßt uns nicht über sie kommen, damit wir nicht etwa gegen Gott sündigen.' Aber jene sprachen: ‚Wir wissen ja, es sind Lügner, und sie werden nimmer erfüllen, was sie versprechen. Laßt uns hereinbrechen über sie.' Und abermals baten die Sachsen um

Frieden und boten von aller fahrenden Habe die Hälfte. Und der König Chlothachar sagte zu den Seinigen: ‚Stehet ab, ich bitte euch, von diesen Menschen, damit nicht der Zorn Gottes über uns komme.‘ Aber jene wollten sich nicht beruhigen. Und wiederum boten die Sachsen ihre Kleider, ihre Herden und ihre ganze fahrende Habe. ‚Dies alles‘, sagten sie, ‚nehmet mit der Hälfte unsres Landes, lasset uns nur unsere Weiber und unsere Kleinen, und lasset es nicht zum Kriege zwischen uns kommen.‘ Die Franken wollten sich aber auch hierbei nicht beruhigen. Da sagte der König Chlothachar zu ihnen: ‚Stehet ab, ich bitte euch, stehet ab von diesem Vorhaben. Denn wir haben keine gerechte Sache. Geht nicht in einen Krieg, in dem ihr euch nur zugrunde richtet. Wollt ihr aber doch in den Krieg ziehen, so werde ich euch freiwillig nicht folgen.‘ Darauf erhoben sich jene wütend gegen König Chlothachar, zerrissen sein Zelt, verfolgten ihn mit Schmähungen, ergriffen ihn mit Gewalt und wollten ihn töten, wenn er noch länger zögerte, mit ihnen zu ziehen. Da dies Chlothachar sah, zog er unwillig mit ihnen in den Krieg. Doch als es zur Schlacht kam, wurden sie von den Feinden unter gewaltigem Blutvergießen geschlagen, und eine so große Menge fiel auf beiden Seiten, daß niemand sie schätzen oder berechnen kann. Darauf bat Chlothachar sehr beschämt die Sachsen um Frieden, indem er versicherte, nicht mit seinem Willen sei er gegen sie in den Krieg gezogen. Und als er den Frieden erhalten hatte, zog er heim.“

Theudebald, auch Theudowald genannt, von dem hier zu Beginn die Rede ist, war der Sohn von Theudebert I., der den oben erwähnten Brief an den oströmischen Kaiser Justinian hatte schreiben lassen, und der Enkel jenes Theuderich, mit dem Chlothar gemeinsam im Jahre 531 das Thüringer Reich erobert hatte. Theudebald starb im Jahre 555 kinderlos. Chlothar, der ihn überlebte, konnte sich jetzt seinen früheren Wunsch erfüllen, die Herrschaft über das ehemalige Thüringer Königreich anzutreten. Um die Übernahme des Erbes zu dokumentieren, wollte er den üblichen Umritt durch die neugewonnenen Reichsteile unternehmen. Dabei wurde er von der Nachricht überrascht, daß die Sachsen sich „empört“ hätten. Sie hatten den Tod Theudebalds zum Anlaß genommen, den jährlichen Tribut zu verweigern. Für den fränkischen Bischof Gregor war das *„Übermut"*. Chlothar war seiner Meinung nach mit Recht *„ergrimmt"* darüber. Aber da er sich gerade auf dem Umritt befand, hatte er nicht das gesamte Heer bei sich, sondern nur eine Art Kerntruppe. Zweifellos war es leichtfertig, mit dieser geringen Zahl von Kriegern die Sachsen anzugreifen. Allerdings gibt Gregor nicht dem König die Schuld, sondern der Gier und der Selbstüberschätzung seiner Soldaten.

Diese Episode sagt auch etwas aus über die Stellung des fränkischen Königs in seinem Heer. Zwar ist die Darstellung Gregors wenig glaubhaft, daß Chlothar von dem Kampf abgeraten habe, weil er befürchtete, eine Sünde zu begehen. Dieser gewalttätige Mensch, der beispielsweise seine Neffen eigenhändig umbrachte, um in den Besitz des gesamten Reiches zu kommen, hatte mit Gott wenig im Sinn. Die Worte *„Gott"* und *„Sünde"* aus dem Munde Chlothars sind bischöfliche Erfindungen. Denkbar aber ist der andere Teil der Geschichte. Daß die Soldaten sich gegen ihren König auflehnten, sein Zelt demolierten und sogar drohten, ihn umzubringen, wenn er nicht tat, was sie wollten – das konnte Gregor nicht aus der Luft gegriffen haben ... Wie hat man sich demnach die damalige Stellung des fränkischen Königs vorzustellen?

Die Frankenkönige waren Erste unter Gleichen. Anders als bei den übrigen Germanenstämmen gab es bei den Franken keine „stirps regia", keine königliche Sippe, die ihren Ursprung auf alte germanische Götter zurückführte. Die fränkischen Könige waren aus dem Volk gewählt worden. Die Franken hatten einst, so schreibt Gregor von Tours, *„gelockte Könige über sich gesetzt"*. Diese Könige ließen sich als Herrschaftszeichen die Haare wachsen, so daß sie als Locken an ihnen herabhingen. Wurde ein männliches Mitglied der Königsfamilie von einem anderen entmachtet, was bisweilen geschah, so wurde der Entmachtete geschoren und in ein Kloster gesteckt. Das einzige, was die Königsfamilie der Merowinger von normalen Franken unterschied, war, wie man im Volke erzählte, daß sie Skrofeln, eine Art Pusteln, heilen konnten. Nachträglich wurde in die fränkische Stammessage aufgenommen, daß

Merowech, der namensgebende Stammvater ihres Geschlechts, von einem Meeresungeheuer gezeugt worden sein soll. Das aber empfand man schon damals als Fabel.

Die fränkischen Krieger waren ausnahmslos freie Bauern. Einen Geburtsadel, wie bei anderen Germanenvölkern, gab es bei ihnen nicht. Adlige hießen bei ihnen „viri nobilissimi", sehr vornehme Männer. Vornehm aber konnte man nur durch ein königliches Amt werden, und diese Ämter waren immer mit umfangreichen Land- und Sklavenschenkungen verbunden. Die verliehenen Güter im Frankenreich, dem ehemaligen Gallien, stammten meist noch aus dem römischen Erbe. Amt und Besitz konnten aber jederzeit vom König wieder eingezogen werden. Deshalb hatten die Merowingerkönige nur in der Adelsschicht willige Gefolgsleute. Die freien Bauernkrieger aber betrachteten ihren König nur als Ersten unter Gleichen. Daher konnte es schon vorkommen, daß sie ihn nach den Strapazen eines langen Marsches bedrängten und mit dem Tod bedrohten, wenn er ihnen nicht die erhoffte Beute gönnte. Chlothar wollte nachgeben, aber was sollten die Soldaten mit dem, was ihnen die Sachsen freiwillig anboten, den Kleidern, den Herden, der Hälfte des Landes und ihrer ganzen fahrenden Habe? Was sie begehrten, war das, was die Sachsen ihnen nicht geben wollten, nämlich ihre *„Weiber"* und ihre *„Kleinen"*. Die hätten die fränkischen Soldaten bei den stets mitreisenden Sklavenhändlern zu Geld machen können. Aber daraus wurde zunächst nichts, sie erlitten eine totale Niederlage. Im Jahr darauf erschien Chlothar wiederum in Sachsen, diesmal allerdings mit einem vollzähligen Heer. Auch darüber berichtet Gregor:

„In diesem Jahre erhoben sich wiederum die Sachsen, und der König Chlothachar führte sein Heer gegen sie und vernichtete sie zum größten Teil; er durchzog und verwüstete auch ganz Thüringen, weil es den Sachsen Beistand gewährt hatte."

Das Gebiet der Sachsen muß also an das der Thüringer gegrenzt haben, sonst wäre ein solches Beistandgewähren schwer möglich gewesen. Die Bewohner *beider* Landstriche haben sich gegen die Franken *„erhoben"*. Was heißt das? Zunächst bedeutet es, daß Sachsen und Thüringer in enger Verbindung standen. Sie hatten einen gemeinsamen Feind, die fränkische Besatzungsmacht. Sie werden sich abgesprochen und zum gleichen Zeitpunkt den fälligen Tribut verweigert haben. Aber sicherlich war das allein kein hinreichender Grund dafür, daß Chlothar *„ergrimmt"* war. Was also war noch im Jahre 555 geschehen, und was in den Jahren davor?

Antworten auf diese Fragen geben zum einen die Archäologen. Sie fanden heraus, daß die meisten Thüringer Friedhöfe östlich der Saale nach 531 nicht mehr belegt wurden. Die thüringische Bevölkerung hatte dieses Gebiet verlassen. Ob sie das freiwillig getan hatte oder von den Franken zwangsweise umgesiedelt worden war, können die Spatenforscher natürlich nicht sagen. Aber auch westlich der Saale endete nach 531 die Belegung einiger Grabfelder. Zahlreiche Weiler wurden wüst. Die Bewohner waren entweder umgebracht oder umgesiedelt worden. Am Rhein und an der Donau stieß man vor kurzem auf Gräber vornehmer Thüringer. Daneben waren schwerbewaffnete fränkische Krieger bestattet. Die Zeitspanne, in der diese Gräber angelegt wurden, läßt sich relativ genau bestimmen: Es sind die Jahre zwischen 530 und 550. Thüringer Adlige waren deportiert worden. Allerdings hatten die Franken ihnen ihre zum Teil kostbaren persönlichen Dinge belassen, die ihnen später mit ins Grab gegeben wurden.

In vielen Gräbern Mitteldeutschlands, die nach dem Jahre 531 angelegt wurden, veränderten sich die Beigaben. Den männlichen Toten wurden im Gegensatz zu früher kaum noch Schwerter mit ins Grab gelegt. Man muß daher annehmen, daß den Thüringern das Tragen von Waffen verboten war. Neue Schwerter wurden jedenfalls nicht mehr hergestellt. Diese Schwerter der Thüringer waren weithin berühmt wegen ihrer hohen Qualität. Sie waren damasziert, das heißt, mehrere unterschiedlich harte Eisenbänder waren ineinander geschmiedet worden. Dadurch wurden sie ungewöhnlich fest und gleichzeitig elastisch. Die wenigen in den Gräbern nach 531 gefundenen Waffen waren Altbestände. Wahrscheinlich mußten nicht nur die Thüringer Waffenschmiede, sondern auch die Goldschmiede ihre Arbeit einstellen, denn in den Frauengräbern nach 531 sucht man Thüringer Schmuck vergebens. Was man aber reichlich in diesen Gräbern findet, ist eine gleichförmige minderwertige Tonware, eine Art Massenproduktion. Solches Geschirr ist den Archäologen aus der Rheingegend jener Zeit bekannt. Wahrscheinlich stammt es von dort und wurde nach Thüringen eingeführt. Andererseits tauchen in einigen Frauengräbern des westlichen Frankenreiches wertvolle Schmucksachen auf, die eindeutig aus Thüringer Werkstätten stammen. Es sind entweder Beutestücke oder Arbeiten gefangener und ins Frankenreich verschleppter Thüringer Goldschmiede.

Aber auch die Geschichtsschreiber tragen zum Verständnis der damaligen Situation in Mitteldeutschland bei. Für das Jahr 555 wird sowohl von Gregor als auch von anderen ein wichtiges Ereignis erwähnt: Radegunde, die Thüringer Prinzessin und Frau König Chlothars, floh nach Noyon, nachdem sie erfahren hatte, daß ihr Bruder ermordet worden war. Chlothar hatte wohl befürchtet, daß der thüringische Prinz, nachdem er von dem Aufstand in der Heimat erfahren hatte, fliehen und sich an die Spitze des Aufstandes stellen könnte. Radegundes Maß war damit voll. Sie bat in Noyon Bischof Medard, ihre Ehe zu scheiden und sie zur Nonne zu weihen. Für eine Königin war das die einzige legale Möglichkeit, sich von ihrem Ehemann zu trennen. Chlothar reiste ihr nach und wollte sie von ihrem Entschluß abbringen. Als er aber ihre Beharrlichkeit bemerkte, gab er nach. Er hatte schließlich noch andere Frauen, und außerdem schien die Heirat mit Radegunde, die ihn in Thüringen als königlichen Nachfolger legitimieren sollte, keinen besonderen Eindruck auf die Thüringer gemacht zu haben, wie der Aufstand zeigte.

Kombiniert man die schriftlichen Nachrichten mit den Erkenntnissen der Archäologie, dann ergibt sich ein deutliches Bild: Vierundzwanzig Jahre waren seit der Eroberung des Thüringer Reiches vergangen. Eine neue Generation von Sachsen und Thüringern war herangewachsen. Die jungen Männer hörten von ihren Vätern Geschichten aus der „guten alten Zeit“. Es waren Erzählungen vom beeindruckenden Thing und vom Glanz ihres Königshofes. Sie zeigten ihr altes Geschirr, „Friedensware“. Es war etwas anderes, als dieser billige Ramsch, den man jetzt bekam. Vor allem aber schwärmten sie von ihren Schwertern, die mit einem Schlag selbst die härtesten Schilde spalten konnten. Aber wie alle Väter, die einen Krieg verloren hatten, mußten auch sie sich von ihren Söhnen Fragen gefallen lassen, auf die sie keine Antworten hatten. Und deshalb werden auch damals diese Söhne versucht haben, die Scharten ihrer Väter auszuwetzen. Sie werden nicht nur den Tribut verweigert haben. „Sich empören“ hieß mehr. Es bedeutete, daß sie die versteckten Waffen hervorholten und das fränkische Verbot, sich zu versammeln, mißachteten. Wahrscheinlich werden sie sich, wie einst ihre Väter, an der alten zentralen Thingstätte, der Tretenburg, getroffen haben. Sie wußten, wo die übers Land verstreuten fränkischen Militärstationen lagen, in deren Nähe fränkische Neusiedler das Land der Deportierten besetzt hatten. Gefangene wurden nicht gemacht. Die zahlreichen eingeschlagenen Schädel in den Gräbern fränkischer Krieger belegen das. Einigen Franken aber wird es wohl gelungen sein, rechtzeitig zu fliehen und Chlothar von diesem Aufstand zu unterrichten …

Daß Chlothars Heer die Sachsen *„zum größten Teil vernichtete“*, wie Gregor schrieb, ist sicherlich übertrieben, denn ein Großteil der Sachsen packte nämlich kurz nach dieser Niederlage im Jahre 556 seine Sachen und zog mit Weib und Kind zu den Langobarden nach Pannonien, in das Gebiet des heutigen Ungarn.

Und daß die Franken *„ganz Thüringen“* verwüsteten, weil es *„den Sachsen Beistand geleistet“* hätte, ist offenbar auch eine Übertreibung Gregors. Es ist anzunehmen, daß der Aufstand vor allem das Thüringer Kernland erfaßt hatte. Diesen Schluß läßt eine Bemerkung in einem Werk des Dichters Venantius Fortunatus zu, der sich eine Weile am Hofe Sigiberts I. aufgehalten hatte. Dieser Sigibert I. war der Sohn Chlothars, der nach dem Tode seines Vaters den Osten übernommen hatte. Als Sigibert heiratete, widmete ihm Venantius Fortunatus ein Lobgedicht. Darin erwähnt er die Kraft und Tapferkeit seines Vaters Chlothar und dessen unerbittliche Strenge gegen die Thüringer, wie sie die „Nablis“ im Jahre

556 bezeugen könne. Die sonst nirgends erwähnte „Nablis“ ist ein Rätsel, das bisher noch nicht gelöst wurde. Es gibt zwei Möglichkeiten, dieses Wort sprachlich zu erklären. Die eine besteht darin, dieses latinisierte „Nablis“ aus dem altgermanischen „naba“ oder „nabulo“ abzuleiten, was auf Deutsch „Mitte“ oder „Zentrum“ hieße. Dieser Sinn findet sich noch in unseren Wörtern Radnabe oder Bauchnabel. Dann könnte „Nablis“ bedeuten, daß diese Schlacht im Jahre 556 im „Nabel“, also im Zentrum des ehemaligen Thüringer Reiches, in der Gegend um die Tretenburg, stattgefunden hätte. Eine andere Interpretation gestatten Urkunden aus dem 8./9. Jahrhundert, in denen das Wort „Nablis“ – leicht abgewandelt – im Begriff „Nabelgau“ wieder auftaucht. Dieser bezeichnet ein Gebiet, das südlich den Kyffhäuser umschließt und sich die Wipper entlang bis zum Ort Wolkramshausen zieht. Es ist also durchaus nicht unwahrscheinlich, daß „Nablis“ einen Fluß bezeichnet und vom althochdeutschen „nebul“ hergeleitet werden muß, was soviel wie Feuchte oder Dunst bedeutet und noch im heutigen Wort Nebel steckt. Die thüringische Wipper, die am Rand des Eichsfeldes entspringt und über Wolkramshausen, Sondershausen, Göllingen und Kindelbrück fließt, um sich unterhalb der beiden Sachsenburgen in die Unstrut zu ergießen, hieß wahrscheinlich damals Nablis. In ihrer Nähe, im Nabelgau, wird nach diesen Überlegungen die Schlacht des Jahres 556 stattgefunden haben, die mit einer totalen Niederlage der Thüringer endete.

Spätestens nach diesem Sieg werden die Franken dafür gesorgt haben, daß sich solch ein Aufstand der Thüringer und Sachsen nicht wiederholt. Wie sie das durch ein noch dichteres Netz von Militärstationen ins Werk setzten, läßt sich ebenfalls rekonstruieren. Am Beispiel der ehemaligen Thüringer Königshöfe, vor allem des Haupthofes in Herbsleben, soll dieses fränkische Sicherungssystem erläutert werden.

Die Thüringer Königshöfe

Nachdem im Herbst 531 der Hauptteil der beiden fränkischen Heere das Gebiet des Thüringer Reiches verlassen hatte, begannen die zurückgebliebenen Franken sich hier einzurichten. Ihr erster unumstrittener Besitz waren die ehemaligen Thüringer Königshöfe. Von hier aus begann die planmäßige Landnahme. Dabei wurden die alten Hauptwege benutzt, die von den einzelnen Königshöfen und Adelszentren zum Haupthof und zentralen Thingplatz führten. Wie viele Königshöfe es gewesen sein müssen, läßt sich aus den schriftlichen Quellen erschließen. Als erster König der Thüringer wird um das Jahr 500 herum Bisinus oder Biso genannt. Er war mit Menia, einer langobardischen Prinzessin, verheiratet. Aus dieser Ehe gingen drei Söhne hervor, Baderich, Herminafrid und Berthachar. Nach dem Tod Bisins wurde das Thüringer Reich unter diesen drei Söhnen aufgeteilt, wie Gregor von Tours berichtet. Wenn man davon ausgeht, daß einer der Söhne Bisins Hof geerbt hat, muß es noch zwei weitere Thüringer Königshöfe gegeben haben.

Es war damals üblich, die Söhne dem Alter nach aufzuzählen. Demnach war Baderich der Älteste, er hätte den Hof seines Vaters Bisin erben und sein Nachfolger sein müssen. Der Name Baderich taucht aber nie wieder auf. Er muß vor dem Jahre 510 gestorben sein, denn in diesem Jahr sandte Theoderich der Große seine Nichte Amalaberga an den Thüringer Königshof, um durch eine Heirat ein Bündnis gegen die Franken zu besiegeln. Der Ehemann Amalabergas aber war nicht Baderich, sondern Herminafrid, Baderichs jüngerer Bruder. Er war inzwischen der Hauptkönig, er hatte den Hauptteil des Reiches, das Zentrum, geerbt. Der jüngste Sohn, Berthachar, findet in den Quellen nur dadurch Erwähnung, daß er der Vater Radegundes und ihres namentlich nicht genannten Bruders ist. Diese beiden Kinder wuchsen als Waisen am Hofe Herminafrids auf und fielen während der Eroberungsschlacht in die Hände der Franken. Berthachar und seine Frau müssen also schon vor dem Jahre 531 nicht mehr am Leben gewesen sein.

Wo aber lagen die Höfe dieser drei Thüringer Könige?

Unsicher ist die Lage des Hofes von Bisin. Er wurde lange Zeit im Mansfelder Land vermutet, wofür es etliche Hinweise gegeben haben soll: zunächst die Ortsnamen Bösenburg (Bisinburg) und Beesenstedt (Bisinstidi), zudem ein reich ausgestattetes Grab in der Nähe der beiden Orte, bei Großörner. Es enthielt unter anderem etliche Pferdegräber und eine ungewöhnlich kostbare goldene Pferdetrense. Schaut man sich die Karte der Archäologen an, auf der alle Funde aus dem Reich der alten Thüringer verzeichnet sind, so liegt die Gegend um Eisleben/Hettstedt tatsächlich geographisch in der Mitte des Reiches. Hinzu kommt ein Grab in Oßmannstedt, ein einzelnes Frauengrab an einer Furt über die Ilm. Die überaus wertvollen Beigaben charakterisieren die Tote als eine Adlige aus dem ostgotisch-langobardischen Raum. Der Ausgräber Prof. Behm-Blancke setzte das Grab an das Ende des 5. Jahrhunderts. Er vermutete, daß es sich bei der Toten um eine ostgotische oder langobardische Prinzessin handelte, die sich auf dem Weg zum Hofe Bisins befand. Die Nord-Süd-Straße, auf der diese Prinzessin kam und die bei Oßmannstedt die Ilm überquert, ist uralt. Noch im späten Mittelalter wurde sie benutzt, um das Mansfelder Kupfer nach Süddeutschland zu transportieren – sie hieß daher Kupferstraße. Zur Thüringer Königszeit kann sie den Haupthof mit dem Süden des Reiches verbunden haben. Schließlich gibt es noch einen weiteren Hinweis auf Altthüringer Königsgut in der Mansfelder Gegend: In Helfta, der ottonischen Königspfalz in der Nähe von Eisleben, stand eine der beiden einzigen Radegunde-Kapellen Mitteldeutschlands. Die andere befand sich auf der Mühlburg, einer der Drei Gleichen. Sowohl Helfta als auch die Mühlburg waren fränkisches Staatseigentum. Während die Mühlburg im Jahre 704 von Herzog Heden dem Missionsbischof Willibrord geschenkt wurde, kam Helfta als fränkisches Fiskalgut später in den Besitz der Ottonen. Otto I. ließ hier eine Kirche errichten und sie vom Halberstädter Bischof Bernhard auf den Namen Radegundes weihen. Damit könnte er einer lokalen Tradition Rechnung getragen haben. Mittlerweile sind sich die Historiker aber nicht mehr so sicher, ob der Hof Bisins im Mansfeldischen zu vermuten sei.

Erstens war Bisin ein häufiger Name, und zweitens schien das Grab in Großörner doch nicht so reich ausgestattet gewesen zu sein, um es als königlich bezeichnen zu können.

Unsicher ist ebenfalls, ob der wahrscheinlich früh gestorbene Baderich überhaupt einen eigenen Hof hatte. Der einzige Ort mit einem altthüringischen Namen, der mit Baderich in Zusammenhang stehen könnte, ist Badersleben nördlich von Halberstadt (1084 Badesleva). Etwa zehn Kilometer entfernt liegt ein überaus reich ausgestattetes Gräberfeld. Es wurde zwar schon früh ausgeraubt, man fand aber noch acht Pferdegräber, römische Münzen und Reste goldener Beigaben. Diese Funde könnten ein Hinweis auf dort vorhandenes Königsgut sein. Der Adels- oder Königshof, zu dem das Gräberfeld gehört, wurde bald nach dem Jahre 531 von fränkischen Kriegern unter ihrem Anführer Dagarich in Besitz genommen und in Dagarichsheim (heute Deersheim) umbenannt.

Mit Baderichs Hof wird aber auch eine andere Gegend in Zusammenhang gebracht. In Stößen bei Naumburg fand man auf einem Thüringer Friedhof ein ungewöhnlich großes und tiefes Grab eines jungen Mannes, das jedoch ebenfalls früh ausgeraubt wurde. Diesmal aber hatten die Grabräuber einen goldenen Spangenhelm übersehen. Diese Helme, von denen man bisher etwa zwanzig Stück in Deutschland entdeckt hat, waren die Vorläufer der späteren Königskronen. Sie wurden in einer Werkstatt am ostgotischen Königshof hergestellt. Da das Grab in der ersten Hälfte des sechsten Jahrhunderts angelegt wurde, könnte es das Grab des Baderich sein. Der Helm wäre dann wohl ein Geschenk von Theoderich dem Großen. Ein Bote des Ostgotenkönigs, der die Heirat mit dem Ältesten der Söhne Bisins einfädeln sollte, hätte ihn dem als Bräutigam vorgesehenen Baderich überbracht. Kurz danach muß Baderich gestorben sein, und sein jüngerer Bruder Herminafrid übernahm nun dessen Stelle als Bräutigam. Dieser ostgotische Spangenhelm muß jedenfalls in einer direkten Beziehung zum Thüringer Königshaus stehen.

Es gibt allerdings noch eine andere mögliche Erklärung, wie der Helm nach Stößen gelangt sein kann. Gregor von Tours berichtet, daß König Herminafrid mit seiner Familie vor den heranrückenden Franken geflohen war. Da die Franken vom Westen kamen, wird die Königsfamilie in die entgegengesetzte Richtung geflüchtet sein, nach Osten. Das Ziel der Flucht könnte Stößen gewesen sein. Der Ort lag jenseits der Saale, und da die Flüsse damals mehr Wasser führten als heute, war die Saale für ein Heer ein erhebliches Hindernis. Hier in Stößen hätte sich die Königsfamilie also relativ sicher fühlen können, hier lebte sie möglicherweise drei Jahre lang, bis Herminafrid nach Zülpich geladen und dort umgebracht wurde. Amalaberga verließ danach mit ihren Kindern ihren Zufluchtsort und ging nach Italien. In diesen drei Jahren kann einer ihrer Söhne gestorben und mit dem Spangenhelm beerdigt worden sein. Zwar wird dieser Sohn nirgends erwähnt, den Quellen nach hatten Amalaberga und Herminafrid nur eine Tochter und einen Sohn, aber bei dem damaligen Kinderreichtum ist es unwahrscheinlich, daß sie nach zwanzigjähriger Ehe nur zwei Kinder gehabt haben sollen.

Etwas sicherer kann man die Königshöfe von Berthachar und Herminafrid bestimmen. Wie bereits erwähnt, wurde im Jahre 1975 nördlich von Erfurt ein Thüringer Gräberfeld entdeckt. Auf der höchsten Stelle des Friedhofes befand sich ein Kammergrab. Die Tote, eine etwa 20–25jährige Frau, war auf einem einachsigen Wagen bestattet worden. Grabräuber hatten auch dieses Grab heimgesucht. Die wenigen Reste der goldenen Gegenstände lassen aber eine ehemals überaus reiche Grabausstattung vermuten. Zweifelsfrei handelt es sich bei der Toten um eine Angehörige des Thüringer Königshauses. Der Ausgräber Wolfgang Timpel vermutet in ihr die Mutter Radegundes, die namentlich nicht bekannte Frau des Königs Berthachar. Die Gräberfelder der Völkerwanderung liegen immer etwa einen halben Kilometer von der dazugehörigen Siedlung entfernt. Wenn die Tote die Frau Berthachars wäre, müßte nicht weit davon entfernt eine Siedlung Berthacharsleben oder Berthacharingen liegen. Das aber ist nicht der Fall. Der Ort, der in der Nähe des Friedhofs liegt, heißt Gispersleben. Gisbotisleyben, so die erste überlieferte Schreibweise, ist das Erbe eines

Gisbot. Die -leben-Orte sind mit einem Personennamen zusammengesetzt und waren der sicherste Weg, Eigentum festzulegen. Sollte Gispersleben der Hof Berthachars gewesen sein, so gibt es für diesen Ortsnamen nur eine Erklärung: Gisbot wäre der Sohn Berthachars, Radegundes namentlich nicht genannter Bruder. Nach Berthachars Tod war sein Sohn der rechtmäßige Erbe, und das wurde in der Ortsumbenennung manifestiert. Es ist kaum vorstellbar, daß Berthachar und seine Familie bei irgendeinem Thüringer Adligen namens Gisbot zur Untermiete wohnten …

Gispersleben liegt südöstlich des Gräberfeldes. Etwa genausoweit vom Friedhof entfernt liegt in nordwestlicher Richtung der Ort Kühnhausen. Die Bestattungen auf dem Kleinen Roten Berg könnten also auch zu diesem Ort gehört haben. Kühnhausen (1143 Chindeshusen) war der Besitz eines fränkischen Adligen namens Kindilo. Vielleicht läßt sich der Ortsname folgendermaßen erklären: Kindilo bekam nach 531 den Hof des Berthachar übereignet und hatte dafür den wichtigen Weg vom Süden nach Herbsleben an der schmalen und gut zu kontrollierenden Stelle zwischen der Gera und den Fahnerschen Höhen zu sichern. Den Hof nannte er um und gab ihm seinen eigenen Namen …

Zum Königshof Gispersleben/Kühnhausen gehörte das gesamte Gebiet um Erfurt, das später von den Franken konfisziert wurde. Ein Ring von fränkischen Siedlungen lag um Erfurt, neben Kühnhausen solche Orte wie Mittelhausen, Riethnordhausen, Stotternheim (Stutenheim), Molsen (Molinhusen), zwei Holzhausen und die durch fränkische Soldatengräber erwiesene Militärstation Alach. In Erfurt selbst befand sich die fränkische Königspfalz auf dem Petersberg. Die zentrale Bedeutung Erfurts in der Karolingerzeit hat im Thüringer Königsgut Gispersleben/Kühnhausen ihre Wurzeln.

Der Haupthof

Der zentrale Thüringer Königshof lag in Herbsleben. Im achten Jahrhundert trug der Ort den Namen Herfridesleiban, der aus einem mit der Zeit verkürzten Herminafridesleiban entstanden war. Es war der Besitz des Herminafrid, des Thüringer Hauptkönigs. Sowohl die örtliche sagenhafte Überlieferung als auch der Flurname Königsleuteweg scheinen das zu bestätigen. Zu Herbsleben gehörte, wie oben bereits ausgeführt, das Gebiet der Königsleutedörfer Gebesee, Schwerstedt, Tennstedt, Vargula, Fahner, Gierstädt, Döllstädt und Dachwig. Inmitten dieses Königsgutbezirkes lag die zentrale Altthüringer Thingstätte, die Tretenburg.

Dieses Königsgut wurde unmittelbar nach der Schlacht 531 fränkisches Staatseigentum. Die Königshalle war in Flammen aufgegangen, die Leibgarde des Thüringer Königs gefallen und die Familie Herminafrids geflohen. Nur Radegunde und ihr Bruder fielen in die Hände der Franken. Die Bediensteten des Königs, die Königsleute, wurden, soweit sie überlebt hatten, entweder zusammen mit Radegunde und ihrem Bruder ins Frankenreich verschleppt oder sie blieben im Dienst der neuen fränkischen Herren. In diesem Bezirk wurde die fränkische Zentrale errichtet, hier wohnte der fränkische Oberbefehlshaber. Von diesem Zentrum aus erfolgte die systematische Besetzung des ehemaligen Thüringer Reiches durch fränkische Soldaten und Siedler. Entlang der Hauptwege, die aus allen Teilen des Reiches hier zusammenführten, wurden befestigte fränkische Siedlungen angelegt. Dieser Vorgang läßt sich ziemlich genau rekonstruieren. Die Gräber bewaffneter Franken, die fränkischen Orts- und Kirchennamen sowie das spätere Reichsgut sind Anhaltspunkte. Schriftliche Quellen gibt es für die ersten zwei Jahrhunderte nicht. Weder Gregor von Tours noch der in seine Fußstapfen getretene fränkische Chronist Fredegar berichten von der Art der Landnahme. Sie hielten es nicht für notwendig, für die damalige Zeit normale Vorgänge zu erwähnen. Ebensowenig gibt es Urkunden aus jener Epoche, denn es wurden keine Landstücke und Höfe gekauft, getauscht oder verschenkt, wie es später der Fall war, sondern das Land wurde besetzt und Orte, die den Franken gefielen oder strategisch wichtig waren, wurden konfisziert und oft auch umbenannt. Es herrschte das Recht des Siegers, Faustrecht.

Bei den Aufständen von 555/556 werden aller Wahrscheinlichkeit nach die Tretenburg und Herbsleben eine zentrale Rolle gespielt haben. Spätestens danach wird ein Netz von fränkischen Wachstationen um den ehemaligen Königsgutbezirk angelegt worden sein.

Drei Kilometer südlich von Herbsleben liegt das Dorf Dachwig. Hier fand man am westlichen Ortsrand beim Neubau von Einfamilienhäusern Gräber bewaffneter fränkischer Soldaten. Sie kontrollierten den südlichen Zugang nach Herbsleben und der Tretenburg. Dachwig lag an einem Weg, der aus einem der Altthüringer Zentren, nämlich dem in der Gegend um Weimar und Erfurt, zum Königsgutbezirk führte. Dieser Weg verlief, von Weimar/Erfurt kommend, hinter Gispersleben eine kurze Strecke entlang der Gera, umging dann die Fahnerschen Höhen im Osten und führte über Dachwig nach Herbsleben bzw. zur Tretenburg. In Dachwig bog von diesem Weg noch ein Strang nach Westen in Richtung Mühlhausen ab. Zwei Kilometer südlich von Gräfentonna berührte dieser Weg die heutige Wüstung Reifenheim. Der -heim-Name und die alte Bezeichnung „Heergebreite", die sich auf ein Flurstück in der Nähe dieser Wüstung bezieht, kennzeichnen Reifenheim als Militärsiedlung. Die Tonna, die durch Reifenheim floß, gab den drei in der Nähe liegenden Siedlungen Gräfentonna, das früher nur Tonna hieß, Burgtonna und dem wüsten Ostertonna ihre Namen. Diese vier Orte sicherten den Hauptanmarschweg der Franken aus dem Südwesten.

Von Reifenheim ging der Weg weiter nach Westen und endete in dem Altthüringer Adelszentrum Mühlhausen/Ammern. Bis ins späte Mittelalter hinein wurde er benutzt, er war die wichtigste Handelsstraße zwischen den freien Reichsstädten Erfurt und Mühlhausen. Kurz vor Bad Langensalza erreichte dieser Weg das altthüringische Dorf Merxleben, Maraghisleiban. Hier befindet sich unmittelbar an der Unstrut ein weithin sichtbarer Hügel mit einer alten Martinskirche. Der heilige Martin war der Staatsheilige der Merowinger, nach ihm benannte Kapellen oder Kirchen wurden innerhalb fränkischer Militärstationen errichtet. Bei gutem Wetter sieht man von der Merxlebener Martinskirche aus die Kirchtürme Mühlhausens, und im Südosten kann man den am Fuß der Fahnerschen Höhen entlanglaufenden Weg verfolgen. Der gesamte Süden des ehemaligen Königsbezirkes war so von der Martinskirche aus gut zu übersehen.

Auch der Osten des Herbslebener Bezirkes war von Wachstationen umgeben. Der Altthüringer Handelsplatz Gebesee war ganz und gar fränkischer Staatsbesitz. Karl der Große schenkte dem Kloster Hersfeld die „villa gebise“ mit 70 Hufen und 44 Bauernhöfen. Ebenso fränkisch war der nordöstlich von Gebesee liegende Hof des Adligen Wuremger, Wuremgershusen, das heutige Werningshausen. Einen Kilometer weiter nördlich überquerte ein uralter Weg, von Erfurt kommend, die Unstrut. Die beiden Ortsnamen Vehra und Straußfurt, die sich an dieser Stelle gegenüberliegen, bezeichnen die unterschiedliche Art der Flußüberquerung, Fähre und Furt. Von hier aus führte der Weg zwischen der Unstrut und einem Höhenrücken entlang, von dem noch heute eine markante Stelle die Flurbezeichnung „Ole Burch“ trägt. Nach etwa vier Kilometern erreicht dieser Weg zwischen der Schalken- und der Weißenburg das Dorf Tunzenhausen. Neben dem fränkischen -hausen-Namen weisen drei burgartig befestigte frühe fränkische Höfe auf den außerordentlich hohen Wehrcharakter dieses Ortes. Wiederum etwa drei Kilometer östlich davon befand sich der wichtige Unstrutübergang in Sömmerda. In den dreißiger Jahren des letzten Jahrhunderts wurde hier ein großer fränkischer Soldatenfriedhof entdeckt. Durch diese Kette fränkischer Wachstationen war auch der Osten des Herbslebener Bezirks gut gesichert.

Die Reihe der im Norden liegenden Militärsiedlungen reicht – im Nordosten von Herbsleben beginnend – von Gangloffsömmern über Ballhausen, Tennstedt, Mittelsömmern, Sundhausen bis nach Thamsbrück im Westen von Herbsleben.

Gangloffsömmern ist ein Ort aus dem Sömmern-Nest, das aus Haussömmern, Mittelsömmern, Hornsömmern, Lützensömmern und Gangloffsömmern besteht. Diese Sömmern-Orte liegen etwa zehn Kilometer nördlich der Tretenburg und wurden deshalb schon früh mit fränkischen Ansiedlungen durchsetzt. Gangloffsömmern ist nach dem Kirchenheiligen Gangolf benannt, eine ihm geweihte alte Wehrkirche steht noch heute hoch über dem Ort. Gangolf war ein fränkischer Adliger, ein Heerführer und Jäger im Dienste König Pippins. Er gehört zu jenen Adligen, die von den Karolingern zu Heiligen erklärt wurden. Über die Gründe dafür, daß Heilige von den Karolingern sozusagen erfunden wurden, wird später zu reden sein. Jedenfalls zeigt diese Gangolfkirche, daß der Ort und der Berg, auf dem sie steht, fränkisches Eigentum waren. Bevor die Kirche erbaut wurde, befand sich an dieser Stelle eine fränkische Militärstation. Von der alten Wehrkirche aus konnte man weite Strecken eines alten Heer- und Handelsweges überblicken. Dieser Weg hieß noch im hohen Mittelalter „Landgrafenweg“. Er kam vom Südwesten aus Bad Tennstedt, ging an Gangloffsömmern vorüber und führte ostwärts über Schilfa nach Weißensee. Er verband später die Wartburg und die Neuenburg, die beiden Grenzburgen der Thüringer Landgrafen.

Zwischen Gangloffsömmern und der Tretenburg liegt der Ort Ballhausen. Im 9. Jahrhundert erscheint er als Ballenhusen, eine Gründung des Franken Baldo oder Ballio. Der Ursprung des Ortes liegt am Ostrand, es ist der Rote Hof. Hier saß ein Adelsgeschlecht, das auch in Hessen begütert war. Spätere Vertreter werden als Grafen bezeichnet; sie spielten in der Reichspolitik der Staufferkaiser eine Rolle. Von diesem Roten Hof führt noch heute ein Feldweg direkt zur Tretenburg. Es ist also anzunehmen, daß auch dieser Rote Hof einst eine fränkische Wachstation war, die den Weg von der Tretenburg nach Norden sicherte.

Bad Tennstedt war ein Verkehrsknotenpunkt. Der Weg, der vom Süden aus Herbsleben kam, traf hier auf den schon erwähnten Landgrafenweg. Im Norden Tennstedts stand im Mittelalter eine Burganlage, von der heute nur noch ein Geländename übrig ist. Es ist die fränkische „villa dannistath“, die Karl der Große im Jahre 775 dem Kloster Hersfeld schenkte. An der Burgstelle vorbei zogen außer der Hauptstraße nach Gangloffsömmern noch zwei andere wichtige Straßen in nördliche Richtung. Direkt nach Norden führte ein Weg zum Hainleitepaß nach Sondershausen, der andere zog nordwestlich in Richtung Schlotheim und Mühlhausen.

An diesem Weg von der Tretenburg über Tennstedt in Richtung Sondershausen – Nordhausen befand sich eine Wachstation der Franken in Mittelsömmern. Der dortige Edelhof steht, ähnlich dem Roten Hof in Ballhausen, am Rande des Ortes. Zu diesem Hof gehört das Gräberfeld fränkischer Krieger, das im Jahre 1963 zwischen Haus- und Mittelsömmern entdeckt wurde.

Ein weiterer Ort, an dem man im Norden des Herbslebener Königsbezirkes eine fränkische Wachstation vermuten könnte, ist Sundhausen. Die auf -hausen und -heim auslautenden Ortsnamen, deren vorderer Bestandteil eine Himmelsrichtung bezeichnet, wie in Nordhausen oder Ost(er)hausen, ein Geländemerkmal, wie in Hornhausen (aus Hor-, d. h. Sumpf), oder eine Nutzungsbezeichnung, wie in Mühlhausen oder Stotternheim (Stuten-heim), sind fränkische Staatsgründungen. Sie wurden im Auftrag des Königs von fränkischen Vasallen, sogenannten Königsfreien, gegründet und bewohnt. Manchmal werden sie ausdrücklich als solche bezeichnet, wie in Großmölsen, wo es heißt: *„mulinhuso, ubi franci homines commanent“*, d. h. Mölsen, wo Franken wohnen. Diese staatlichen Siedlungen liegen ausnahmslos an strategisch wichtigen Punkten in fruchtbarem Altsiedelland. Die *„franci homines“* sind fränkische Bauernkrieger, die als Besatzungsmacht wichtige Wege kontrollierten. Im Kriegsfall bildeten sie die Kerntruppe des thüringisch-sächsischen Heeresaufgebotes. Im Falle Sundhausens, d. h. Süd-hausens, muß es entweder ein noch unbekanntes wüstes Nordhausen geben, oder der Bezugsort, von dem aus Sundhausen im Süden liegt, ist Kirchheilingen.

Dieser Ort war, das legt der Name nahe, das kirchliche und damit wohl auch das staatliche Zentrum der Heilingen-Orte. Ursprünglich gab es nur einen Heilingen-Ort, wahrscheinlich das später wüst gewordene Appen- oder Altenheilingen. Der altthüringische Ortsname bedeutet Wohnstätte der Leute des Heilo. Die

Franken haben diesen für sie strategisch wichtigen Ort konfisziert, seine Flur erweitert und eine Staatssiedlung mit den Orten Bothen-, Issers-, Neun-, Kirch- und dem heute wüsten Ottenheilingen gegründet.

Südlich dieser Heilingen-Siedlungen liegt an der Unstrut der Ort Thamsbrück. Im 8. Jahrhundert hieß er Tungesbrucgen, das bedeutet Brücke beim thunginus, dem Richter, dem Gericht. Noch zur Landgrafenzeit war hier das Gaugericht für den Altgau. Der Ort steht, vom Hochwasser geschützt, auf einem Hügelzug. Am Ortseingang befand sich die Burg der Thüringer Landgrafen. Ein Rest vom Bergfried steht noch heute. Von hier aus überblickt man das Tal der Unstrut, es war eine ideale Stelle für einen Kontrollposten. Daß in Thamsbrück eine fränkische Militäranlage war, ist sogar erwiesen. Mitten im Ort wurden Gräber fränkischer Soldaten mit eingeschlagenen Schädeln gefunden. Sie zeigen anschaulich, wie wichtig es für die Franken war, diesen ehemaligen Thüringer Königsbezirk mit einem dichten Netz von Wachstationen abzusichern.

Von Mainz nach Herbsleben

Der Weg, den das fränkische Heer im Jahre 531 genommen hatte, blieb während der gesamten Zeit der fränkischen Besatzung der wichtigste Verbindungsweg zwischen dem Frankenreich und Mitteldeutschland. Auch er wurde gesichert, im Abstand von höchstens einem Tagesmarsch wurden von den Franken entlang dieser Heerstraße Militärstationen angelegt.

In Hessen deckt sich die Straße mit der späteren „via regia“, der Königsstraße des hohen Mittelalters. An der Stelle, an der später Sturm das Kloster Fulda errichten ließ, stand, wie erst jüngste Ausgrabungen ergeben haben, zuvor ein merowingischer Königshof.

Besonders wichtige Stationen auf dem bereits im Kapitel „Der Anmarsch“ beschriebenen weiteren Weg in den früheren Thüringer Königsgutbezirk waren Gerstungen und Herleshausen. Das altthüringische Gerstungen war bis zum Jahre 744 fränkischer Reichsbesitz. Karlmann schenkte es damals dem gerade erst entstandenen

Kloster Fulda. Der Klosterhof Gerstungen übernahm nun, wie alle Höfe der Reichsklöster, die Aufgabe, den König, seinen Hofstaat oder seine Gesandten mit ihrer zahlreichen Begleitung zu beherbergen und zu beköstigen. Noch im 11. Jahrhundert war Gerstungen für Heinrich IV. auf seinen Kriegszügen gegen die Thüringer und Sachsen Herbergs- und Verhandlungsort. Herleshausen, der Hof „Herleicheshuson", war ebenfalls Reichsbesitz; er wurde von Heinrich II. im Jahre 1019 dem Kloster Kaufungen geschenkt.

An der Stelle, an der die Hörsel in die Werra mündet, lag der Ort Hursilagemundi, das heutige Hörschel. Auch dieses Dorf gehörte dem Reich. In einer Urkunde vom Jahre 932 tauschte es König Heinrich I. gegen Hersfelder Besitz im Hassegau.

Von Hörschel aus folgte der Weg dem Lauf der Hörsel nach Osten bis nach Eisenach. Dieses Gebiet gehörte zum Lupnitzgau, oder, wie es später hieß, zur Mark Lupnitz. Hauptort der Mark war das Dorf (Großen-)Lupnitz.

Das gesamte Tal der unteren Hörsel war von den Franken konfisziert worden. Möglicherweise war es damals noch Wildnis, die erst von den Franken erschlossen wurde, denn bisher wurden dort keine Altthüringer Funde entdeckt. Karl der Große schenkte die Lupnitzmark den beiden Klöstern Fulda und Hersfeld. Für sie war das Hörseltal wichtig, denn auf diesem Fluß wurden die Zinserträge aus ihren umfangreichen Besitzungen in Thüringen und Sachsen transportiert. Im Jahre 979 mußte Otto II. einen Streit um die Schiffahrt auf der Hörsel schlichten. Hersfeld hatte auf seinem Abschnitt des Flusses ein Fischwehr errichtet und damit die Durchfahrt für die Fuldaer Kähne verhindert. Ständig kam es deshalb zwischen den Knechten beider Klöster zu Schlägereien. Eine von Otto einberufene Kommission aus zwei Bischöfen und zwei Grafen nahm eine Untersuchung an Ort und Stelle vor. Otto entschied, daß das Wehr so verkleinert werden müsse, daß die Fuldaer Lastkähne ungehindert passieren konnten.

Nördlich von Eisenach, an der Einmündung der Nesse in die Hörsel, bog der Weg ab und folgte dem Lauf der Nesse nach Stockhausen. Da Stockhausen (Stochusen, von stoc – Wurzel, Stamm) einen Rodungsvorgang bezeichnet, wird dieser Teil des Weges von den Franken neu angelegt worden sein.

Der Ort (Großen-)Lupnitz, auf den der Weg hinter Stockhausen trifft, ist sehr alt. Der Name Lupnitz stammt von Lupence, der älteren Bezeichnung für die Nesse. Lupentia, wie das Dorf in Urkunden heißt, war fränkisches Königsgut. Es besaß eine königliche Eigenkirche St. Peter. Sie war die Urkirche des Lupnitzgaues, der ebenfalls als Ganzes dem König gehörte. Die Zehnteinkünfte des Ortes Lupnitz und auch des gesamten Lupnitzgaues wurden im Jahre 778 von Karl dem Großen den Klöstern Hersfeld und Fulda geschenkt.

Von Lupnitz aus führte der Weg entlang der Nesse nach Haina. Auf einem Bergsporn über der Nesse befand sich wiederum eine merowingische Wachstation. Die Stelle trägt heute die Flurbezeichnung „Schlößchen". Man sieht noch Wallanlagen und Andeutungen eines Hohlweges, der nach Süden führt. Bei früheren Grabungen kamen Reste einer Trockenmauer zutage. Auch das Dorf Haina muß ursprünglich fränkisches Reichsgut gewesen sein. Allerdings ist die Urkunde, die das bestätigt, eine Fälschung des Fuldaer Mönches Eberhard. Wie das Kloster Fulda zu dem Besitz Hainas kam, ist heute noch unklar. Am südlichen Dorfrand von Haina liegt über der Nesse eine noch gut erkennbare Wallanlage, die „Burg". Sie ähnelt, so sagen Pfalzenforscher, der ottonischen Kaiserpfalz Werla. Ein ovaler Ringwall umschließt eine Kernburg und zwei Vorburgen. Bei Grabungen fand man allerdings weder Steine noch Mörtelreste. Man könnte vermuten, daß die karolingischen oder ottonischen Herrscher hier eine Pfalz bauen lassen wollten, den Bau aber abbrechen ließen, weil sie das Gelände verschenkten. Das Kloster Fulda nutzte die angefangene Anlage und errichtete innerhalb dieser Befestigung einen Fronhof. Er diente später als Herberge für die Könige und deren Hofstaat. Dieser Fuldaer Gutshof muß eine imposante Anlage gewesen sein, denn in einer Urkunde werden neben Fischern auch verschiedene Handwerker erwähnt, so Maurer, Köche, „fullones", d. h. Walker, die Stoffe bearbeiteten, und auch „scutatores", Schildmacher.

Von Haina führte der Weg nach Friedrichswerth, dem früheren Erffa. Im Jahre 1677 erwarb Herzog Friedrich von Gotha Erffa und ließ aus der Wasserburg ein Lustschloß bauen. Er nannte es Friedrichs Insel, Friedrichswerth. Der Name Erffa erinnert an Erfurt, Erphesfurt. Erph ist eine altgermanische Bezeichnung für dunkles Wasser. Ähnlich wie in der Gegend von Erfurt die Gera als „Erf" bezeichnet wurde, so muß die Nesse hier ebenfalls dunkel gewesen und „Erf" genannt worden sein.

Der weitere Weg von Erffa/Friedrichswerth nach Wangenheim ist auf dem Urmeßtischblatt noch als Feldweg zu erkennen. Er führte in nordöstlicher Richtung über den Leichberg, nördlich an Brüheim vorbei, überquerte den Lohberg und streifte kurz vor Wangenheim einen See. Hier in Wangenheim war eine Wege- und Wachstation. Uang ist das altdeutsche Wiese, Wangenheim heißt Wiesenheim. Als -heim-Ort mit einer dinglichen Wortwurzel statt eines Personennamens ist auch er ein Fiskalgut der Franken. Bei der Wangenheimer Mühle fand man Siedlungsspuren aus mehreren frühgeschichtlichen Epochen, darunter auch solche der alten Thüringer. Es ist deshalb anzunehmen, daß der Ort Wangenheim früher einen thüringischen Namen hatte und von den Franken umbenannt wurde. Diese Vermutung wird durch eine Sage gestützt. Nach ihr sollen im Jahre 455 zwei Adlige die Orte Erffa und Wangenheim gegründet haben. Als Kern enthält diese Sage, daß „in grauer Vorzeit" zwei Ortsfremde kamen und beide Orte besetzten. Es waren fränkische Offiziere, die mit ihren Kriegern diesen wichtigen Weg zu schützen hatten. Er verlief mitten durch Wangenheim und führte weiter nach Nordosten zum Dorf Aschara. Die gesamte Strecke von Erffa über Wangenheim nach Aschara heißt heute noch „Heerweg".

Der Ort Aschara erscheint im 9. Jahrhundert als Asgori. Ask bedeutet Esche und gor Sumpf. Aschara liegt im Tal, es war früher ein Sumpf, an dem Eschen wuchsen. Es ist eine altgermanische Ortsbezeichnung. Aschara erscheint im Güterverzeichnis Lulls; dem Kloster Hersfeld gehörten dort vier Hufen und ebenso viele Gehöfte. Der Rest des Ortes wurde Hersfeld von Heinrich I. im

Jahre 931 übertragen. Also muß auch Aschara einst fränkischer Reichsbesitz gewesen sein.

Aus dem Tal in Aschara zieht der Weg weiter in nordöstliche Richtung zur Wüstung Reifenheim (1162 Rifenheim). Rif oder rip kann Ufer oder Berg heißen. Es ist also entweder ein „Heim“ am Ufer der Tonna oder ein „Heim“ zwischen den Bergen des Hainich und den Fahnerschen Höhen. Am „Heergebreite“ südlich des Ortes Gräfentonna endete der „Heerweg“ – der Königsbezirk Herbsleben war erreicht.

III.

„… wie sie die Frauen der Schwaben unter sich teilen wollten“ Die Thüringer Sachsen

Die Sachsenhilfe 531

In vielen Geschichtsbüchern, in denen die Eroberung des Thüringer Reiches erwähnt wird, ist von einer Sachsenhilfe die Rede. Angeblich fühlten sich die Franken bei den Kämpfen im Jahre 531 zu schwach, um allein gegen die Thüringer vorzugehen und baten deshalb die Sachsen um Hilfe. Diese folgten der Bitte, besiegten gemeinsam mit den Franken die Thüringer und bekamen zum Lohn die Gegend nördlich der Unstrut übereignet. Von dieser Sachsenhilfe berichten allerdings die zeitgenössischen fränkischen Quellen kein Wort. Erst über 300 Jahre nach dem Ereignis tauchen solche Nachrichten in sächsischen Überlieferungen auf. Trotz dieser großen Zeitspanne wurde und wird die Hilfe der Sachsen von vielen Historikern als glaubwürdig angesehen. Andere Geschichtsforscher aber widersprechen dieser Theorie und halten sich streng an die Aussagen der Zeitgenossen. Demgemäß haben allein die Franken die Thüringer und Sachsen besiegt. Eines der Hauptargumente zugunsten dieser These besteht im gemeinsamen Aufstand der

Sachsen und Thüringer in den Jahren 555/556. Er lege nahe, daß Thüringer und Sachsen verbündet waren und gleichermaßen unter der fränkischen Fremdherrschaft zu leiden hatten.

Von dieser angeblichen Sachsenhilfe hängt die Beantwortung vieler Fragen sowohl zu den Anfängen des Thüringer Reiches als auch zur späteren fränkischen Besatzung ab. Deshalb hier der Versuch, das Problem der Sachsenhilfe zu klären.

Der Ausflug der Sachsen nach Italien

Nach ihrer Niederlage im Jahre 556 fürchteten die Sachsen eine Verschärfung des fränkischen Regimes. Sie packten ihre fahrende Habe zusammen und wanderten mit Weib und Kind aus.

Neben Gregor von Tours berichtet auch der Geschichtsschreiber der Langobarden, Paulus Diaconus, daß die Sachsen damals zu den Langobarden, ihren „amici vetuli", ihren alten Freunden, nach Pannonien zogen. Wenige Jahre nach den Sachsen kamen die Awaren ebenfalls dort an, allerdings nicht als Freunde, sondern als Eroberer. Die Langobarden scheuten die Auseinandersetzung mit ihnen, sie fühlten sich ihnen wohl nicht gewachsen. Deshalb machten sie sich gemeinsam mit den Sachsen im Jahre 568 auf und zogen nach Südwesten. Sie eroberten den Norden Italiens, ließen sich dort nieder und gründeten unter ihrem König Alboin in der Region der heutigen Lombardei ein Reich mit der Hauptstadt Pavia. Vier Jahre danach, im Jahre 572, wurde König Alboin von Mitgliedern des eigenen Adels getötet. Sein Nachfolger Cleph und die langobardischen Herzöge änderten die bisherige Politik. Sie zwangen alle Einwohner Norditaliens unter langobardisches Recht, enteigneten die italischen Grundbesitzer und erhoben ein Drittel aller Erträge als Steuern. Unter dieses Tyrannenregime fielen auch die sächsischen „alten Freunde". Die wollten sich dem entziehen und erschienen wieder im Gesichtskreis der Franken und ihrer Chronisten. Ihren weiteren Weg kann man dank Gregor von Tours verfolgen:

„Hierauf brachen aber die Sachsen, die mit den Langobarden nach Italien gezogen waren, wiederum in Gallien ein, und in dem

Gebiet von Riez, bei dem Hofe Estoublon, schlugen sie ihr Lager auf, verheerten alle Höfe der umliegenden Städte, plünderten, führten Gefangene fort und zerstörten alles. Als dies Mummolus erfahren hatte, brach er mit seinem Heere auf; er überfiel sie, tötete viele Tausende von ihnen, und bis zum Abend hin ließ er vom Blutvergießen nicht ab, bis endlich die Nacht dem Morden ein Ende machte … Am Morgen aber stellten sich die Sachsen in Schlachtordnung auf und rüsteten sich zum Kampfe. Da gingen aber Boten hin und her, und man machte Frieden. Nachdem sie dem Mummolus Geschenke gegeben und alle Beute, die von ihnen aus der Gegend eingetrieben war, mit den Gefangenen zurückgelassen hatten, zogen sie ab, leisteten aber zuvor noch einen Eid, sie würden nach Gallien zurückkommen, um sich den Königen zu unterwerfen und den Franken Beistand zu leisten. Die Sachsen kehrten nach Italien zurück, nahmen ihre Weiber und Kinder und alle ihre fahrende Habe und beschlossen, nach Gallien zu ziehen, um sich König Sigibert (Sigibert I. – R. A.) zu unterwerfen und von ihm wieder in die Gegenden zurückgeführt zu werden, von denen sie ausgezogen waren. Sie bildeten aber zwei Heerkeile, wie man sagt, der eine zog durch Nizza, der andere durch Embrun, auf demselben Wege, den sie im Jahre zuvor genommen hatten, und sie verbanden sich dann wieder im Gebiete von Avignon. Es war aber gerade die Zeit der Ernte, und man hatte dort größtenteils die Ernte noch auf dem Felde unter freiem Himmel, die Einwohner hatten noch nichts unter Dach und Fach gebracht. Da die Sachsen nun hierher kamen, teilten sie die Saaten unter sich, mähten und droschen sie und verzehrten das Getreide, und sie ließen nichts davon denen übrig, welche die Äcker bestellt hatten. Als aber die Früchte verzehrt waren und sie an das Ufer der Rhône kamen, um über den Fluß zu setzen und sich in das Reich König Sigiberts zu begeben, trafen sie auf Mummolus. Und er sprach zu ihnen: ‚Ihr sollt mir nicht über diesen Fluß gehen. Sehet, ihr habt das Land meines Königs und Herrn verwüstet, die Saaten abgemäht, die Herden geraubt, die Häuser mit Feuer zerstört, die Weinberge und Ölberge vernichtet. Ihr dürft mir nicht herüberkommen, ehe ihr nicht denen Ersatz leistet, die ihr arm gemacht habt. Tut ihr dies nicht, so sollt ihr meinen Händen nicht entrinnen, bis ich mein Schwert über euch, eure Weiber und

Kinder geschwungen und Rache genommen habe für das Unrecht, das meinem Könige Gunthram widerfahren ist.' Da ergriff jene gewaltige Furcht, und sie gaben viele tausend Goldstücke, um sich loszukaufen. Darauf wurde ihnen erlaubt, über den Fluß zu gehen, und sie kamen nach Arvern. Es war dies gerade in der Frühlingszeit. Sie gaben aber dort gestempelte Bronzebarren für Gold aus, und wer diese sah, glaubte nicht anders, als daß es geprüftes und vollwichtiges Gold sei. Denn es hatte dieselbe Farbe, ich weiß nicht auf welche Weise, erhalten. Viele wurden durch diesen Betrug arm, indem sie ihr Gold für Bronze umtauschten. Die Sachsen aber zogen zum König Sigibert und erhielten in der Gegend, aus der sie früher ausgezogen waren, Wohnsitze."

Die „Gegend, aus der sie früher ausgezogen waren" ist, wiederum dank Gregor, bekannt:

„Und da zu jener Zeit, als Alboin nach Italien gezogen war, Chlothar und Sigibert Schwaben und andere Völker in die Gegend versetzt hatten, welche die Sachsen zuvor bewohnt hatten, die mit Alboin ausgezogen waren, so wollten diese, als sie zur Zeit Sigiberts zurückkehrten, jene aus dem Lande treiben und sie vernichten."

Die *„Schwaben und andere Völker"* bewohnten demnach das Land, das vorher den Sachsen gehört hatte. Bei den Schwaben handelt es sich um jene Nordschwaben, die Theudebert in seinem Brief an den oströmischen Kaiser Justinian erwähnt: *„Ebenso hat der Stamm der Nordschwaben sich unserer Herrschaft gebeugt …"*

Diese Nordschwaben stammen aus einer Gegend im heutigen Land Brandenburg. Sie werden ihre Wohnsitze nicht ungern verlassen haben, denn durch die fetten, fruchtbaren Böden ihrer neuen Heimat wurden sie reichlich für die Mühen des Umzuges entschädigt. Ihr Gebiet wurde eingegrenzt und hieß Schwabengau. Die neugezogenen Grenzen dieses Gaues sind typisch fränkische Verwaltungslinien, sie haben nichts mit alten Gaugrenzen gemein. Die alten Grenzen waren meist natürliche Hindernisse wie Sümpfe, Gebirgszüge, unbesiedelte Waldstreifen oder breite, schwer überwindbare Flüsse wie Rhein und Elbe gewesen. Die neuen fränkischen Grenzen dagegen waren Markierungslinien. Das Wort „Markierung" verrät noch den Zweck: Eine Mark wird begrenzt. Aus späteren Urkunden sind solche Markierungen bekannt. Es sind Bergkämme, sogenannte Rennwege, auffällig große Bäume, manchmal mit einem Zeichen versehen, auch Bachläufe, Quellen und alte bekannte Wege. Bei Verleihungen oder Schenkungen wurden solche Grenzverläufe aufgeschrieben, sie mußten bei den häufigen Grenzstreitigkeiten für jedermann genau erkennbar sein.

Die Grenzen des Schwabengaues waren die Saale im Osten und der Lauf der Bösen Sieben beziehungsweise Salzke im Süden. Im Norden waren es die Bode und das Große Bruch. Dieser stellenweise zehn Kilometer breite, unpassierbare Sumpf zog sich damals noch von der Gegend südlich Hannovers nach Osten über Oschersleben und Staßfurt bis zur Einmündung der Bode in die Elbe bei Nienburg. Das Zentrum des Schwabengaues war die Burg Aschersleben. Dort befand sich das oberste Gaugericht und die zentrale fränkische Verwaltung, später war es der Sitz der Gaugrafen.

Aschersleben, Ascgaresleiban, war das Erbe eines A(n)scgar. Die -leben-Orte aber sind Gründungen Thüringer Adliger. Waren also Reste der einheimischen Thüringer in diesem Gebiet geblieben, als es einst von Sachsen besiedelt wurde? Haben die Sachsen diese thüringischen Ortsnamen belassen und übernommen? Oder gehörten die Sachsen zum Volk der Thüringer, waren es sächsische Thüringer oder thüringische Sachsen? Bemerkenswert ist jedenfalls, daß die Ortsnamen des Schwabengaues keine Besonderheiten gegenüber denen des übrigen Thüringen aufweisen. Auch die Gräber des Schwabengaues aus der ehemals sächsischen Zeit lassen keinen Unterschied zu anderen Gräbern des Thüringer Reiches erkennen. Die Sprachforscher haben ebenfalls keine Differenz zwischen dem Dialekt dieser Sachsen und dem der Thüringer entdecken können. Wer also sind diese sogenannten Sachsen, die im Jahre 575 in ihre alte Heimat zurückkamen?

Von den „anderen Völkern", die außer den Schwaben laut Gregor von den Frankenkönigen in der von den Sachsen verlassenen Gegend angesiedelt wurden, sind nur die Friesen bekannt. Friesland wurde von Chlothar I. zwischen den Jahren 555 und 561 erobert. Von dort müssen Volksteile umgesiedelt worden sein, und nach ihnen wurde das Friesenfeld benannt. Es ist ein Gau, der sich zwischen dem Schwabengau und der Unstrut befindet. Wo aber blieben die zurückgekehrten Sachsen?

Dazu wiederum Gregor von Tours:

„Die Schwaben boten ihnen (d. h. den Sachsen – R. A.) den dritten Teil des Landes an und sprachen: ‚Auch ohne Kampf können wir zusammenleben.' Jene aber waren voll Erbitterung gegen sie, weil sie selbst dies alles zuvor gehabt hatten, und wollten keinen Frieden. Danach boten die Schwaben ihnen die Hälfte, dann zwei Drittel des Landes an, nur ein Drittel wollten sie für sich behalten. Als jene auch dies nicht annehmen wollten, boten sie ihnen mit dem Lande auch noch alles Vieh an, nur sollten sie vom Kriege abstehen. Aber auch darauf wollten jene nicht eingehen und verlangten den Kampf. Und schon vor Kampfbeginn machten sie miteinander ab, wie sie die Frauen der Schwaben unter sich teilen wollten, und welche nach dem Tode ihrer Männer ein jeder erhalten solle; denn sie meinten, sie hätten diese schon erschlagen. Aber die Barmherzigkeit des Herrn, die Gerechtigkeit übt, verkehrte ihre Absichten in das Gegenteil. Denn da es zum Kampfe kam, waren es sechsundzwanzigtausend Sachsen, und von denen fielen zwanzigtausend, und sechstausend Schwaben, von denen nur vierhundertundachtzig fielen, und die andern behaupteten den Sieg. Die von den Sachsen aber am Leben geblieben waren, schworen, keiner wolle sich den Bart oder das Haupthaar scheren, ehe sie sich nicht an ihren Feinden gerächt hätten. Und da es abermals zum Kampfe kam, erlitten die Sachsen eine noch größere Niederlage. So standen sie endlich vom Kriege ab."

Dieser Bericht Gregors mutet seltsam an. Das einzige, was an ihm zu stimmen scheint, ist die Tatsache, daß es den Sachsen im Jahre 575 nicht gelang, die Schwaben zu vertreiben. Alles andere klingt erdichtet, es erinnert an eine Ballade oder ein Lied. Das Werk muß kurz nach diesem Ereignis im Frankenreich die Runde gemacht haben. Gregor hat nur wenige Jahre nach diesem Ereignis seine fränkische Geschichte aufgeschrieben – er muß das Lied also kurz zuvor gehört haben. Die Tendenz dieser Dichtung ist offensichtlich.

Die Sachsen hatten auf ihrem Weg durchs Frankenreich die gesamte Ernte der Anwohner gestohlen und mit gefälschtem Gold viele um ihr Vermögen gebracht. Die Franken waren wütend auf die Sachsen. Und jene Entschädigung von mehreren tausend echten Goldstücken, von der Gregor von Tours berichtet, hatten sie an Mummolus, den Heerführer der Franken, gezahlt, also in die Staatskasse König Gunthrams. Die fränkischen Bauern bekamen davon nichts zu sehen, und so wird sie wenigstens die Ballade von der vernichtenden Niederlage dieser sächsischen Diebe und Betrüger erfreut und ihre Gemüter etwas beruhigt haben.

Auch die Form der Erzählung läßt ein Lied erkennen. Zunächst das dreimalige Betteln der Schwaben um Frieden sowie das jeweils gesteigerte Angebot ihrer Habe. Gregor beschrieb ähnliches bereits in seinem Bericht für das Jahr 555, als die Sachsen die Franken besiegten. Es scheint ein beliebtes Stilmittel gewesen zu sein, ein dramaturgisches Element der damaligen Poeten. Auffällig aber sind in der Erzählung vom Kampf der Schwaben gegen die Sachsen die Zahlen, vor allem ihre Genauigkeit. Das betrifft besonders die Anzahl der gefallenen Schwaben, die Zahl 480. Solch eine genaue Zahlenangabe ist in der Geschichtsschreibung sehr selten. Wie kommt Gregor auf diese Zahl? Dahinter muß sich ein Geheimnis verbergen.

Vielleicht kommt man ihm auf die Spur, wenn man, wie bereits oben getan, die „milia“ Gregors nicht wörtlich als „tausend“ nimmt, sondern als Synonym für „sehr viele“. Die Germanen zählten sowohl ihre Einwohner als auch ihre Heere nach Hundertschaften. Faßt man also die „milia“ Gregors als Hundertschaft auf, dann ergeben sich aus allen Zahlen Reimpaare. Gregor schreibt, daß von 6 000 Schwaben 480 fielen. 480 sind genau acht Prozent von 6 000. Von jeder Hundertschaft Schwaben fielen also acht. Von den 26 000 Sachsen fielen 20 000, das sind, allerdings aufgerundet, achtzig Prozent. Von jeder Hundertschaft Sachsen fielen demnach rund achtzig. Sowohl die Anzahl der Kämpfer (26 000 Sachsen und 6 000 Schwaben) als auch die Zahl der Gefallenen (80 und 8) sind Reimpaare des bei den Germanen üblichen Stabreims.

Gregor, der diese Ballade ins Lateinische übersetzte, aus den germanischen Hundertschaften „milia" machte und sie wörtlich als tausend nahm, mußte demnach bei der Umrechnung von acht Prozent von 6000 auf 480 kommen. Vielleicht ist damit das Geheimnis dieser ungewöhnlichen Zahl gelüftet.

Natürlich können all diese Zahlenangaben nicht stimmen, sie sind reine poetische Fiktion. Möglicherweise war die Motivation der angegriffenen Schwaben höher als die der angreifenden Sachsen, aber bei einem Verhältnis Schwaben – Sachsen von 6 zu 26, also etwa ein Schwabe gegen vier Sachsen, wäre der Ausgang des Kampfes leicht zu erraten. Tatsächlich aber wird die Zahl der Kämpfenden etwa gleich gewesen und der Kampf mit erheblichen Verlusten auf beiden Seiten unentschieden ausgegangen sein. Beide Stämme einigten sich nämlich danach über die Aufteilung des Gebietes, wie die weitere Geschichte zeigen wird. Ein solcher Verlauf aber wäre für ein Lied, bei dem die geschädigten Franken Genugtuung empfinden konnten, wenig geeignet gewesen.

Der Ort jener Schlacht des Jahres 575 soll sich nach einer örtlichen Überlieferung zwischen Merseburg und Querfurt befinden. Ein Flurstück bei dem Dorf Schafstädt in der Nähe der Langeneichstädter Warte heißt „Bataille", was auf französisch Schlacht bedeutet. Man könnte zunächst annehmen, daß dieser Name aus den Feldzügen Napoleons stammt. Im Zusammenhang mit der Leipziger Völkerschlacht hat ein Teil seines Heeres auf dem Rückmarsch diese Gegend berührt und wurde dabei ständig in irgendwelche Gefechte verwickelt. Sonst sind aus der dortigen Geschichte keine anderen Schlachten bekannt. Aber auf dem Urmeßtischblatt von 1852, aufgenommen von einem Leutnant der preußischen Armee – nur etwa vierzig Jahre nach der Völkerschlacht –, ist diese Stelle mit zwei gekreuzten Schwertern und der Jahreszahl 575 eingezeichnet. Preußische Offiziere aber kannten sich einigermaßen in der Militärgeschichte aus, und so ist eine Verwechslung mit einem napoleonischen Feldzug schwer vorstellbar. Im französischen „Bataille" steckt das lateinische Verb „batuere", d. h. sich mit jemandem schlagen, und da die Franken damals bereits viele lateinische Wörter benutzten, könnte in diesem Ort „Bataille“ durchaus die fränkische Bezeichnung für Schlachtfeld stecken, die dann irgendwann französisiert wurde. Die geographische Lage dieses Flurstücks spräche jedenfalls nicht dagegen, denn es befindet sich nur etwa zehn Kilometer südlich der Grenze des einstigen Schwabengaues.

Die sächsische Stammessage

Den Kern der sächsischen Überlieferung, in der von der Sachsenhilfe im Jahre 531 die Rede ist, bildet eine Sage. Im neunten Jahrhundert soll sie, so heißt es, in sächsischen Bauernstuben die Runde gemacht haben. Sie soll von Generation zu Generation weitergegeben und von Mal zu Mal ergänzt worden sein. Zum Schluß hätte sie wohl lange Winterabende ausfüllen können. Tatsächlich haben über dreißig mittelalterliche Chronisten Teile dieser Sage in ihren Werken verwendet. Dadurch kann man heute das Gerüst dieser „sächsischen Stammessage“ rekonstruieren:

Die Sachsen landeten einst mit ihren Schiffen an der Küste des Meeres in einem Ort namens Hadeln. Auf der Suche nach Land stießen sie auf die Thüringer, die ihnen nicht wohlgesonnen waren und sie am liebsten vertrieben hätten. Da verfiel ein listiger junger Sachse auf einen Trick. Er kaufte von den Thüringern für viel Gold ein Stück Land, nahm Erde davon, verstreute sie über ein riesiges Gelände und nahm es so für die Sachsen in Besitz. Als die Thüringer sahen, daß man sie überlistet hatte, wollten sie die Sachsen umbringen. Die aber zogen ihre Messer, die Saxe, töteten damit viele Thüringer und blieben seitdem unbehelligt auf ihrem Land sitzen. Als zu dieser Zeit die Franken die Thüringer mit Krieg überzogen und in zwei Schlachten bei den Orten Runibergun und Ohrum sahen, daß sie die Thüringer nicht besiegen konnten, baten sie die Sachsen um Hilfe. Die Franken versprachen den Sachsen, ihnen im Falle eines Sieges einen Teil des Thüringer Landes zu geben. Daraufhin kamen sächsische Krieger und verfolgten gemeinsam mit den Franken die Thüringer, die sich in ihrer Königsburg Scheidungen verschanzt hatten. Während der Belagerung erfuhren die

Sachsen durch einen Zufall, daß die Franken sich mit den Thüringern hinter ihrem Rücken friedlich einigen wollten. Daraufhin griffen sie die Thüringer allein an, vernichteten ihr Heer und zerstörten die Königsburg Scheidungen. Zum Lohn erhielten die Sachsen, wie versprochen, von den Franken das Land nördlich der Unstrut. Da sie aber zu wenige waren, dieses Land zu bebauen, gaben sie Teile davon den überlebenden Thüringern und machten sie zinspflichtig.

Soweit die Kurzfassung dieser sogenannten sächsischen Stammessage. Vergleicht man sie mit anderen germanischen Heldensagen, etwa der burgundischen oder langobardischen, so fällt auf, daß diese sächsische im wesentlichen auf ein einziges Ereignis hinausläuft. Es ist die Überlassung des Landes nördlich der Unstrut an die Sachsen. Alle anderen Elemente der Sage dienen dazu, diese Landschenkung vorzubereiten. Außerdem geht es in dieser Geschichte auch nur um diejenigen Sachsen, die nördlich der Unstrut wohnen. Von den anderen Sachsen, den West- und Ostphalen sowie den Engern, dem weitaus größten Teil dieses Stammes, ist in dieser Sage keine Rede. Selbst andere wichtige Ereignisse aus der Geschichte dieser Unstrut-Sachsen, wie ihr Zug nach Italien, ihre dramatische Rückkehr durch das Frankenreich und ihr Kampf gegen die Schwaben, werden nicht erwähnt. Was also ist das für eine eigenartige Stammessage? Bevor man diese Frage beantworten kann, muß man zunächst klären, was es mit diesem Gebiet nördlich der unteren Unstrut auf sich hat.

Der Hassegau

In den Urkunden der Klöster Hersfeld und Fulda kommen viele Orte aus Thüringen und Sachsen vor, von denen manchmal auch angegeben wird, in welchem Gau sie liegen. Dadurch lassen sich die alten Gaue in etwa rekonstruieren. Zwischen der Unstrut im Süden und der Bode im Norden befanden sich drei Gaue: der Schwabengau, das Friesenfeld und der Hassegau. Es ist die Gegend, um die es bei dem Kampf zwischen Schwaben und Sachsen im Jahre 575 ging. Und genau um dieses Gebiet handelt es sich auch in jener sächsischen Stammessage.

Als die Sachsen aus Italien in ihre alte Heimat zurückkehren wollten, holten sie sich die Erlaubnis des fränkischen Königs Sigibert I. Von ihm müßten sie auch erfahren haben, daß sie sich dieses Land mit den inzwischen dort wohnenden Schwaben und Friesen zu teilen hätten. Mit den Schwaben kam es zur Schlacht. Mit den Friesen dagegen müssen sich die Sachsen irgendwie geeinigt haben, denn ein Kampf mit ihnen ist nicht überliefert. Sachsen und Friesen teilten sich dasjenige Land, das die fränkischen Könige den Friesen zugewiesen hatten. Es ist ein Gebiet, das zwischen fünf Flüssen liegt und zwar der Wipper und Schlenze im Norden, der Unstrut im Süden, der Helme im Westen und der Saale im Osten. Der von den Friesen bewohnte östliche Teil hieß Friesenfeld und der westliche, von den Sachsen in Besitz genommene, Hassegau. Da im Thüringisch-Sächsischen das „a" fast wie „o" ausgesprochen wird, nannten die hessischen Mönche in ihren Urkunden den Hassegau auch Hossegau oder Hosgau. Hassegau und Friesenfeld sind schwer auseinanderzuhalten, denn in den Urkunden liegt bisweilen ein und derselbe Ort einmal im Friesenfeld, ein anderes Mal im Hassegau. Die Urkundenschreiber aus Fulda und Hersfeld sowie aus der königlichen Kanzlei waren mit dieser Gegend wenig vertraut.

Der Name Hassegau ist bis heute nicht befriedigend erklärt. Mit ihm verbinden einige Historiker die Hessen – sie wären neben den Friesen der zweite Stamm der „aliae gentes", der von Gregor von Tours als Nachfolger der Sachsen erwähnten „anderen Völker". Dagegen spricht zum einen, daß Gregor die Leute, die im späteren Hessen wohnen, noch als Chatten bezeichnet. Erst im 8. Jahrhundert heißen die Chatten Hessen und ihr Gebiet Hessengau. Zum anderen ist eine Umwandlung von Hessengau in Hassegau/ Hosgau sprachlich schwer zu erklären. Ebenfalls schwer verständlich ist, warum die Franken aus dem ohnehin dünn besiedelten Land der Chatten/Hessen Einwohner nach Thüringen verpflanzt haben sollen.

Eine andere Erklärung für den Hassegau/Hosgau wurde darin gesucht, ihn als ursprünglichen Hochsee-burg-gau zu deuten. Die

Hochseeburg soll, wie noch zu erörtern sein wird, das Gauzentrum des Hassegaus/Hosgaus gewesen sein. Hier residierte im 8. Jahrhundert ein sächsischer Graf namens Theoderich/Dietrich. Die Hochseeburg soll die heutige Seeburg am Süßen See sein. Diese Burg wird aber zur gleichen Zeit, als in den fränkischen Reichsannalen die Hochseeburg als Grafensitz genannt wird, im Hersfelder Zehntverzeichnis als Seoburg bezeichnet. Deshalb hat diese Theorie, den Hassegau als Hochseeburggau zu erklären, wenig Zustimmung unter den Historikern gefunden.

Am besten erklärt sich wohl der Name Hassegau durch den Volksstamm der Hassi. Die ursprüngliche Heimat der Hassi lag an der Hase, einem Nebenfluß der Ems. Geschichtsschreiber wie Plinius der Ältere, Tacitus oder der Geograph Ptolemäus bezeichnen diese Hassi auch als „kleine Chauken". Im Laufe des dritten Jahrhunderts gingen sie mit ihren Nachbarn, den laut Tacitus zwischen Weser und Elbe siedelnden „großen Chauken", in den Stammesverband der Sachsen ein. Seitdem hießen die kleinen Chauken Sachsen, sie selbst aber haben sich weiter als Hassi bezeichnet und ihr Gebiet später Hassegau genannt. Wann und wie aber kamen diese „Hassi-Sachsen" von der Hase nach Thüringen? Eine Antwort darauf scheint die sächsische Stammessage zu geben.

Von den germanischen Stammessagen ist bekannt, daß sie historische Ereignisse, die weit auseinander lagen, in der Sage zu einer zeitlich zusammenhängenden Geschichte verwoben. So ist es auch in dieser sächsischen Sage. Welche frühen historischen Tatsachen aber sind von den Chauken/Sachsen überliefert?

Archäologen und Klimaforscher haben festgestellt, daß im vierten Jahrhundert der Meeresspiegel der Nordsee erheblich anstieg. Verheerende Sturmfluten überschwemmten die Küstengegend auch um das Emsgebiet, das Land der Chauken/Sachsen. Diese verließen ihr Land, zogen nordostwärts und wurden Nachbarn der Angeln. Gemeinsam mit ihnen eroberten sie später, gegen Mitte des fünften Jahrhunderts, die britische Insel. Der englische Mönch Beda (672–731) schreibt in seiner Kirchengeschichte:

„Im 449. Jahr nach der Fleischwerdung des Herrn … fuhr der

Stamm der Angeln oder Sachsen, vom oben genannten König eingeladen, in drei Langschiffen nach Britannien und ließ sich auf Befehl dieses Königs im östlichen Teil der Insel nieder, dem Anschein nach, um für das Land zu kämpfen, in Wahrheit aber, um es zu erobern. Nachdem sie mit den Feinden, die von Norden her angriffen, den Kampf begonnen hatten, errangen die Sachsen den Sieg. Als dies und auch die Fruchtbarkeit der Insel und die Trägheit der Briten zu Hause berichtet wurde, schickte man sofort eine größere Flotte herüber, mit einer stärkeren Abteilung von Kriegern an Bord, die zusammen mit der vorher gesandten Gruppe ein unbesiegbares Heer bildete. Die Ankömmlinge erhielten dann als Geschenk der Britannier eine Wohnstätte bei ihnen, unter der Bedingung, daß diese für Frieden und Heil des Landes gegen die Feinde kämpften und jene den Kämpfern die entsprechende Belohnung gaben. Sie kamen von drei starken Völkern Germaniens, nämlich von den Sachsen, Angeln und Jüten. Von den Jüten stammen die Kenter und die Victuarier, das heißt jener Stamm, der die Insel Wight bewohnt, und derjenige, der gegenüber dieser Insel Wight lebt und bis heute im Land der Westsachsen das Volk der Jüten genannt wird. Von den Sachsen, das heißt aus dem Gebiet, das jetzt auch das der Altsachsen genannt wird, kamen die Ostsachsen, Südsachsen, Westsachsen. Von den Angeln aber, nämlich von dem Land, das Angeln heißt und von jener Zeit bis heute verlassen zwischen den Ländern der Jüten und Sachsen geblieben sein soll, stammen die Ostangeln, Mittelangeln, Mercier, das ganze Geschlecht der Nordhumbrier, das heißt jener Völker, die nördlich des Flusses Humber leben, und die übrigen Völker der Engländer ab …"

Aus Bedas Bericht geht hervor, daß zwischen den benachbarten Sachsen und Angeln eine enge Beziehung bestand, ein Kampfbündnis bei der Eroberung fremden Gebietes und gegenseitiges Einvernehmen bei der fairen Aufteilung des besetzten Landes. So jedenfalls zeigen es die Umstände der Eroberung der britischen Insel.

Die Angeln aber sind auch schon an einer anderen Eroberung beteiligt gewesen. Etwa einhundert Jahre vor ihrer Fahrt nach Britannien hatten Teile der Angeln gemeinsam mit Volksteilen der Warnen das Gebiet der Hermunduren erobert und das Thüringer

Königreich errichtet. Das läßt sich durch das später aufgezeichnete Volksrecht der Thüringer, die „lex Angliorum et Werinorum hoc est Thuringorum“, das „Gesetz der Angeln und Warnen, das heißt der Thüringer“, erschließen. Auch die thüringischen Gaue Engilin und Werinofeld sowie Ortsnamen des Engilingaues wie Kirch-, Feld-, Holz- und Westerengel weisen darauf hin. Angeln und Warnen bildeten die gesetzgebende Kraft der Thüringer. Sie stellten die Herrscherschicht, den Adel. Sie nahmen sich die Orte mit den besten Böden und gründeten dort ihre -leben- und -ingen-Orte. Man kann daraus schließen, daß die Eroberung hermundurischen Landes in der Mitte des vierten Jahrhunderts mit blutigen Kämpfen verbunden gewesen sein muß.

Die Angeln werden zunächst ihre Nachbarn, die Sachsen, um Hilfe gebeten haben. Auf ihrem Zug nach Süden stießen Angeln und Sachsen dann auf die Warnen, die sich ihnen anschlossen. Ein Großteil der Warnen blieb im nördlichen Thüringen, im Werinofeld, dem Winkel zwischen Saale und Elbe. Die Angeln und Sachsen zogen weiter. Die Angeln nahmen sich den fruchtbarsten Landstrich, den größten Teil des Thüringer Beckens, und nannten ihn Engilingau, Angelgau. Die Sachsen bekamen den sich daran anschließenden Teil zwischen der Helme im Westen, dem Harz und der Bode im Norden, der Saale im Osten und der Unstrut im Süden. Es ist jenes Gebiet, das später als Schwabengau, Friesenfeld und Hassegau überliefert ist. Hier unterwarfen sie die einheimischen Hermunduren und machten sie zinspflichtig. Die Grenze zwischen Angeln und Sachsen, d. h. dem Engilingau und dem Hassegau, war die untere Unstrut zwischen der Helmemündung bei Ritteburg/Kalbsrieth und der Einmündung in die Saale bei Naumburg. Sachsen und Angeln waren also wie in ihrer nördlichen Heimat, so auch in Thüringen Nachbarn. Diese Sachsen gehörten zum Thüringer Königreich, es waren Thüringer Sachsen oder sächsische Thüringer. Sie bewahrten allerdings ihren alten Volksnamen Hassi und gewisse Eigenheiten ihrer alten Gesetze, die sich Jahrhunderte später noch in ihrer Rechtsaufzeichnung, dem „Sachsenspiegel“, wiederfinden.

Die sächsische Stammessage spricht also zu Recht davon, daß die Sachsen bei der Eroberung Thüringens zu Hilfe gerufen wurden. Allerdings geschah das nicht im Jahre 531, wie die Sage berichtet, sondern etwa zweihundert Jahre früher. Und: Die sie um Hilfe baten, waren nicht die Franken, sondern die Angeln.

Diese Sage enthält in ihren zahlreichen später aufgeschriebenen Varianten aber auch noch andere Ereignisse und Orte, die sich mit historisch Nachweisbarem erklären lassen. So steckt hinter der angeblichen Landung der Sachsen in dem Ort Hadeln die Ankunft der Angeln und Sachsen in Britannien. Aus dem angelsächsischen Sagenkreis stammt auch jene Geschichte vom listigen Jüngling und von der über das Land verstreuten Erde. Der Ortsname Hadeln (Haduloh, d. h. Streitwald) ist den fränkischen Reichsannalen entnommen. Dort heißt es zum Jahre 797: *„Und nach der Rückkehr von Hadeln – so heißt das Land, wo Sachsen ans Meer reicht – nahm er (d. h. Karl der Große – R. A.) die Unterwerfung des ganzen Sachsenvolkes durch Geiseln an ...“*

Die Schlachtorte der Sage Runibergun, Ohrum und (Burg-) Scheidungen kommen erst in relativ späten Aufzeichnungen der Sage vor. Sie sind Zusätze der Klosterschreiber. Runibergun ist nicht genau zu lokalisieren, es ist entweder Ronneburg bei Hannover, die Runneburg in Weißensee oder es sind die Ronneberge bei Nebra. Ohrum, ein Ort an einer Furt durch die Oker, ist sowohl durch einen Kampf Pippins gegen seinen Halbbruder Gripho im Jahre 747 als auch durch die Sachsenzüge Karls des Großen bekannt. (Burg-)Scheidungen, angeblich der Sitz des Thüringer Königs, war fränkischer Reichsbesitz. Hier befand sich eine der Burgen des Hersfelder Zehntverzeichnisses. Später wurde sie Eigentum der Ottonen. Als die Sage aufgeschrieben wurde, suchte gerade Prinz Heinrich in Burgscheidungen Zuflucht, als er gegen seinen Bruder Otto I. rebellierte. Dadurch war damals diese Burg in aller Munde. Zur Zeit der Thüringer Könige hat Burgscheidungen noch nicht existiert. Das jedenfalls ergaben Ausgrabungen, die in der letzten Zeit dort vorgenommen wurden.

Der erste, der Teile dieser sächsischen Stammessage aufschrieb, war der Mönch Rudolf von Fulda (um 800–865). Er war jahrelang Leiter der Fuldaer Klosterschule. Unter ihm entwickelte sich die Schreibstube des Klosters zu einer exzellenten Fälscherwerkstatt. Viele Fuldaer Urkunden, die Privilegien und Landschenkungen aus der Zeit Karls des Großen betreffen, sind erst nachträglich unter Rudolf verfaßt worden. Sie sind allerdings so geschickt gefälscht, daß Urkundenforscher heute noch Schwierigkeiten haben, echte Schriftstücke von unechten zu unterscheiden. Auch in den Annalen, die Rudolf für das Kloster Fulda verfaßt hat, nahm er es mit der Wahrheit nicht so genau. Allein das wäre ein Grund, Rudolfs Wiedergabe der sächsischen Stammessage zu mißtrauen.

Es kommen aber noch andere Gründe hinzu. Rudolf erzählt seine Sachsensage zu Beginn seiner Schrift „Translatio sancti Alexandri", „Überführung (der Gebeine) des heiligen Alexander". Es war ein Auftragswerk des sächsischen Grafen Walperth, eines Enkels des berühmten sächsischen Rebellen Widukind. Walperth war im Jahre 850 mit einem Empfehlungsschreiben Kaiser Lothars nach Rom gepilgert und hatte dort vom Papst Leo IV. die Reliquien des heiligen Alexander, eines Märtyrers aus dem zweiten Jahrhundert, erhalten. Ein Jahr später kam der festliche Zug mit den Reliquien in Wildeshausen an. Schon auf dem Weg, so die „Translatio", sollen viele Wunder geschehen sein.

Rudolf brachte sein Werk nicht zu Ende, er starb darüber. Von ihm selbst stammt lediglich der Anfang, die Sachsensage und ein paar Bemerkungen über die heidnischen Sachsen, die er zum Teil wörtlich aus der „Germania" des Tacitus und Einhards „Leben Karls des Großen" abgeschrieben hatte. Den Hauptteil, die Geschichte von der Überführung Alexanders sowie von den Wundern auf dem Weg und an seinem Grab, schrieb Rudolfs Schüler Meginhard. Die Absicht dieses Auftragswerkes ist klar: Die Wunder sollten Pilger anlocken. Wallfahrten waren schon damals ein lohnendes Geschäft. Graf Walperth ließ nach der Überführung der Gebeine des heiligen Alexander in Wildeshausen eine große Kirche bauen, gründete daneben ein Kloster, stattete es reichlich mit Landbesitz aus und verlieh ihm die Gerichtsbarkeit. Kirchenpatron, Klostervogt und oberster Richter war natürlich er selbst. Als guter Geschäftsmann mußte Walperth auch für Reklame sorgen, und deshalb beauftragte er die Schreibstube des Fuldaer Klosters mit der Abfassung einer Werbeschrift. Warum aber stellte Rudolf an den Beginn dieser Broschüre die Sachsengeschichte?

Wildeshausen liegt südlich von Bremen an der Grenze zwischen Westphalen, Engern und Friesland und war der Hauptort des westphälischen Lerigaues. Die dortigen westphälisch-engrischen Sachsen haben mit den Unstrut-Sachsen der Sage außer dem Namen Sachsen nicht das geringste zu tun. Rudolf wußte aber, wenn er seine Sachsengeschichte in dieser Schrift unterbringen würde, hätte sie für die damaligen Verhältnisse eine außerordentlich große Wirkung. Wundergeschichten waren Bestseller, und die „Translatio Alexandri" fand tatsächlich eine weite Verbreitung. In fast allen Bibliotheken der ostfränkischen Klöster und Bischofssitze befand sich eine Kopie. Auch in der Büchersammlung des Mainzer Erzbistums lag eine Abschrift, denn Meginhard hatte die Schrift dem Priester Sundrolt, dem späteren Erzbischof von Mainz, gewidmet. Die Mainzer Erzbischöfe aber waren nach dem König die mächtigsten Männer in Ostfranken.

Wie bei vielen mittelalterlichen Fälschungen ging es auch in der Sachsensage um materielle Vorteile, um Zehntrechte. Der Hassegau war Zankapfel zwischen dem Kloster Hersfeld und dem Bistum Halberstadt. Als Rudolf im Jahre 865 seine Sachsengeschichte aufschrieb, gab es bereits seit etwa fünfzig Jahren einen erbitterten Streit um diesen Zehnt im Hassegau. Es ist heute schwierig, all diese Zehntkämpfe nachzuvollziehen, denn die mittelalterlichen Quellen verschleiern oft bewußt den wahren Charakter des Zehnten. Man weiß nicht, ob es sich um den zehnten Teil aller Produkte handelte oder nur um den zehnten Teil vom Zehnt, ob es ein Kirchenzehnt war oder ein fiskalischer Zehnt. Beim Streit zwischen Hersfeld und Halberstadt aber scheint die Sache eindeutig zu sein.

Karl der Große hatte im Jahre 780 dem Kloster Hersfeld den Zehnt im gesamten Hassegau, d. h. *„in der Grafschaft Alberichs und Markwards"*, geschenkt. Die Urkunde darüber ist eine der wenigen echten. Dieser Hassegau-Zehnt war aber kein Kirchenzehnt, sondern ein staatlicher Tribut, eine Art Grundsteuer. Er hat eine lange Geschichte, die mit dem Jahre 556 beginnt. Nach dem Abzug der Sachsen war dieses Gebiet nördlich der Unstrut zum „desertum" geworden, zur „Einöde". Nach fränkischem Recht gehörte alles unbebaute Land dem König. Die neuangesiedelten Schwaben und Friesen bekamen dieses Land zur Pacht und mußten dafür eine Grundsteuer, den zehnten Teil aller Erträge, zahlen. Das betraf dann auch die Sachsen, als sie im Jahre 575 in einen Teil ihrer alten Heimat, den Hassegau, zurückkehrten. Seit dieser Zeit entrichteten die Sachsen diesen Zehnt, der von den fränkischen Grafen und ihren Beamten eingefordert wurde. Im Jahre 780 waren dafür die beiden Grafen Alberich und Markward zuständig.

Diese Pacht war eine individuell zu entrichtende Abgabe. Da sie zu Ostern fällig war, hieß sie auch „osterstoupha", Ostersteuer. Die Grafen hatten genaue Listen darüber, wer wieviel abzuliefern hatte. Die Abschrift einer solchen Liste, in der die zinspflichtigen Gehöfte und Hofgruppen aufgezählt werden, ist im sogenannten Hersfelder Zehntverzeichnis erhalten geblieben. Neben etwa dreihundert zinspflichtigen Orten sind darin auch neunzehn über den gesamten Hassegau verstreute Burgen aufgezählt. Dorthin waren die Abgaben zu liefern. Die erhobene Pacht, der individuelle Tribut, hieß „decem", Zehnt. Es war der zehnte Teil aller landwirtschaftlichen Produkte. Nur ein Teil dieses Tributes, nämlich wiederum der zehnte, wurde dem zentralen Fiskus überwiesen. Er hieß „decem tributi", der zehnte Teil des Tributes. Die übrigen neun Teile waren zum Unterhalt der örtlichen fränkischen Verwaltung und des Militärs bestimmt. Nur diesen zehnten Teil des Tributes hatte Karl der Große im Jahre 780 dem Kloster Hersfeld geschenkt.

Warum aber wurde die Rechtmäßigkeit dieses Zehnten bezweifelt, warum gab es deswegen Streit zwischen dem Kloster Hersfeld und dem Bistum Halberstadt? Die Antwort liegt im Charakter des Zehnten, der schon damals nicht immer eindeutig war.

Die Kirchensteuer hieß nämlich ebenso „decem", Zehnt. Es war gleichfalls der zehnte Teil aller Produkte. Im westfränkischen Reich hatte Karl Martell (Hausmeier von 714 bis 741) diese Steuer eingeführt. In seinem Kampf gegen die Araber hatte er das fränkische Heer reformiert. Aus den Fußtruppen wurde eine Reiterei, aus dem Volksheer eine Vasallenarmee. Um diesen Vasallen die teure Ausrüstung zu ermöglichen, hatte er Kirchengüter enteignet und sie den Vasallen als Benefizium gegeben. Als Entschädigung für die Kirche führte er den Kirchenzehnt ein. Nachdem Karl der Große 779 auf dem Reichstag in Paderborn auch in Ostfranken und Sachsen die Gründung von Bistümern befohlen hatte, wurde dieser Kirchenzehnt auch im Osten zum Gesetz.

Um das Jahr 800 herum war das Bistum Halberstadt gegründet worden. Zum Gebiet des Bistums Halberstadt aber gehörte der Hassegau. Den Hassi-Sachsen konnte man jedoch nicht gleichzeitig drei Steuern, die staatliche Pacht, den Kirchenzehnt und vielleicht noch den Stammestribut von 500 Rindern aus dem Jahre 531, abverlangen. Hungersnöte und Rebellionen wären die Folge gewesen. Aus diesem Grunde versuchte das Kloster Hersfeld seit Beginn des 9. Jahrhunderts mittels gefälschter Urkunden immer wieder, diesen staatlichen Zehnt auch als einen ihm verliehenen Kirchenzehnt zu deklarieren. Die Hersfelder behaupteten, den Hassegau und das Friesenfeld missioniert zu haben. Dafür hätten sie beispielsweise die Einkünfte solcher königlicher Eigenkirchen wie der in Allstedt, Riestedt und Osterhausen von Karl dem Großen geschenkt bekommen. Die betreffende falsche Urkunde stammt aus dem 11. Jahrhundert und zeigt, daß dieser Streit sich noch über Jahrhunderte hinzog. Die Halberstädter Bischöfe wehrten sich ständig gegen die Hersfelder Ansprüche und erhielten dabei Unterstützung sowohl vom Erzbistum Mainz als auch vom Kloster Fulda. Mainz und Fulda waren nicht nur Konkurrenten Hersfelds, sondern, wie noch zu zeigen sein wird, dessen erbitterte Feinde.

In der langen Reihe dieser Versuche, den Zehnt im Hassegau

Hersfeld zu entziehen und an das Bistum Halberstadt zu übertragen, steht Rudolfs Sachsengeschichte. Rudolf begnügte sich allerdings nicht mit kleinen Fälschungen, sondern packte die Sache an der Wurzel. Nach seiner Darstellung mußten die Sachsen den Franken überhaupt keinen Zins zahlen. Sie seien Bundesgenossen der Franken bei der Eroberung des Thüringer Reiches gewesen und hätten zum Lohn dafür das Land nördlich der Unstrut zugesprochen bekommen. Karl der Große hätte demnach überhaupt kein Recht, irgendeinen Zehnt aus dem Hassegau an Hersfeld zu verleihen. Die Sachsen hätten nach Rudolf nur den Kirchenzehnt zu entrichten, und der stünde üblicherweise demjenigen Bischof zu, in dessen Amtsbereich der Hassegau lag, also dem Bischof von Halberstadt.

Diese Frechheit Rudolfs verwundert, da doch die fränkischen Quellen, wie Gregor von Tours und Fredegar, übereinstimmend von der Zinspflicht der Hassegau-Sachsen berichten. Diese Quellen standen in allen Klosterbibliotheken, auch in der Fuldaer. Sie erwähnen eine Sachsenhilfe mit keinem Wort. Auch der Stammeszins, den die Sachsen an die Franken zu zahlen hatten, müßte Rudolf bekannt gewesen sein, denn bei dem Chronisten Fredegar heißt es zum Jahre 633:

„Im 10. Jahre seiner Herrschaft ward dem Dagobert (Dagobert I. – R. A.) gemeldet, daß ein Heer der Wenden (andere Bezeichnung für ‚Slawen' – R. A.) in Thüringen eingefallen sei. Er brach also mit Heeresmacht aus der Stadt Metz auf und zog über die Ardennen nach Mainz, um hier über den Rhein zu setzen. Außer den Herzogen und Grafen hatte er eine auserlesene Schar tapferer Männer aus Neustrien und Burgund um sich. Es erschienen nun Abgesandte der Sachsen vor Dagobert und ersuchten ihn, die Steuern, welche sie an die Staatskasse entrichteten, ihnen zu erlassen; dafür versprachen sie, den Wenden mit Eifer und Erfolg Widerstand zu leisten und das fränkische Gebiet an der wendischen Grenze zu schützen. Dagobert erfüllte nach dem Rat der Neustrasier ihre Bitte, und die sächsischen Abgesandten legten nun für das gesamte Sachsenvolk ihren Schwur ab, indem sie, wie es ihre Sitte ist, an die Waffen schlugen. Indes hatte dieses Versprechen wenig

Erfolg; dennoch blieben den Sachsen die Steuern, die sie zu entrichten gewohnt waren, nach Dagoberts Befehl erlassen. Chlothar der Ältere hatte ihnen einen jährlichen Zins von 500 Kühen auferlegt, welchen Dagobert jetzt nachließ.“

Bei den hier genannten Sachsen kann es sich nur um die Sachsen des Hassegaues gehandelt haben, denn nur sie und nicht die fernab wohnenden Westphalen oder Engern konnten in Thüringen einfallende Wenden bekämpfen. Von der Zinspflicht dieser Hassi-Sachsen berichten viele bekannte Geschichtsbücher. Rudolf mußte also, wenn er eine Chance haben wollte, die Ansprüche Hersfelds in Frage zu stellen, ebenfalls Geschichte schreiben.

Warum aber setzte sich Rudolf als Fuldaer Mönch für das Bistum Halberstadt ein? Das hängt zunächst mit dem Verhältnis der beiden Klöster Fulda und Hersfeld zusammen. Beide waren Gründungen des Bonifatius. Nach dessen Tod begann zwischen ihnen ein erbitterter Konkurrenzkampf. Beide Reichsklöster buhlten um die Gunst von Adel, König, Kaiser und Papst. Dabei ging es ausschließlich um Privilegien sowie Land- und Zehntschenkungen. Oft lagen ihre umfangreichen Ländereien in Nachbarschaft, so daß es zu Grenzstreitigkeiten, ja sogar zu Schlägereien zwischen den jeweiligen Vögten und Knechten kam. Ständig standen beide Klöster vor Gericht und verklagten sich gegenseitig. Ihre Schreibstuben übertrafen sich vor den Richtern und Königen mit „urkundlichen Beweisen“. Wenn also Fulda eine Gelegenheit hatte, Hersfeld zu schaden, wurde sie genutzt. Dabei war es sogar egal, ob Fulda davon einen direkten oder nur einen indirekten Nutzen hatte. Letzteres war bei den Halberstädter Zehntansprüchen der Fall, denn Fulda hatte, soweit aus den erhaltenen Urkunden ersichtlich, im Friesenfeld und Hassegau weder Besitz noch Zehntrechte.

Das Kloster Hersfeld aber überspannte schließlich den Bogen: In einer Urkunde, angeblich ebenfalls von 780, behauptete es, daß König Karl ihm den gesamten Zehnt in Thüringen geschenkt habe. Dadurch legte Hersfeld sich nicht nur mit Fulda an, das umfangreichen Besitz und Zehntrechte in Thüringen besaß, sondern vor allem mit dem Erzbischof von Mainz, zu dessen Bistum Thüringen gehörte. Zwischen dem Bischofsstuhl in Mainz und dem Kloster Fulda gab es zudem viele persönliche Verbindungen, auch Rudolf vertrat Fulda und Mainz gleichermaßen. Er war viele Jahre lang Sekretär des Mainzer Erzbischofs Hraban, der vorher Abt in Fulda gewesen war. Auch zu Halberstadt bestanden enge persönliche Beziehungen. So war beispielsweise Haimo, von 840 bis 853 Bischof in Halberstadt, einst Leiter der Fuldaer Klosterschule. In Halberstadt gründete er eine Domschule und holte sich dafür Bücher und Mönche aus Fulda. Unter seinem Nachfolger, dem Halberstädter Bischof Hildegrim II. (853–886) erreichte der Zehntstreit einen Höhepunkt. Hildegrim brauchte für die Vollendung des Halberstädter Domes und andere Kirchenbauten in seinem Bistum viel Geld. Und genau in diese Zeit fällt Rudolfs Sachsengeschichte.

Es gibt Historiker, die meinen, alles an Rudolfs Geschichte sei reine Erfindung, das Produkt seiner Phantasie. Er hätte damit ausschließlich Hersfelder Zehntansprüche bekämpfen wollen. Diese Historiker sind allerdings in der Minderheit. Die Mehrzahl hält dagegen, daß den etwa dreißig mittelalterlichen Autoren, die Rudolfs Sachsengeschichte später in ihre Werke übernommen haben, dieser Zehntstreit völlig gleichgültig war. So etwa dem Mönch Widukind aus dem Kloster Corvey, der als erster nach Rudolf diese Sage in seine Sachsengeschichte aufnahm. Widukind von Corvey schmückte Rudolfs Vorlage nicht nur mit vielen konkreten Angaben aus, sondern er erwähnte auch, daß er sein Wissen einer Sage entnommen hätte, die im Volk erzählt würde. Er stellte es aber dem Leser anheim, dieser Sage zu glauben oder nicht. Er war damit klüger als viele heutige Historiker, die in ihren Abhandlungen über sächsisch-thüringische Geschichte die Sage von der Sachsenhilfe als historisch verbürgte Wahrheit darstellen.

IV.

„… gebärdete sich als König von Thüringen“

Die ersten zwei Jahrhunderte fränkischer Fremdherrschaft

Die Kämpfe mit den Awaren

Nach dem Aufstand der Sachsen und Thüringer in den Jahren 555/556 erfährt man längere Zeit sehr wenig über das ehemalige Thüringer Reich. Das andauernde Schweigen der Quellen über den Osten ist verständlich. Im Westen, wo Geschichte aufgeschrieben wurde, hatte man andere Sorgen. Gregor von Tours berichtet, daß nach dem Tod König Chlothars I. im Jahre 561 der Westen des Frankenreiches im Chaos versank. Das Gesamtreich war unter die vier Söhne Chlothars aufgeteilt worden, aber keiner dieser Söhne gab sich mit seinem Teilreich zufrieden. Ständig versuchten sie, ihren eigenen Anteil zu vergrößern. Ihre Heere überzogen sich mit Krieg, verwüsteten ganze Landstriche und stürzten die Bauern Westfrankens in großes Elend. Gregor spricht von einem Bürgerkrieg. Hinzu kamen Mißernten durch schlechtes Wetter und eine bis dahin unbekannte Krankheit, die Pest. Ihr fiel fast die Hälfte der Bevölkerung Westfrankens zum Opfer.

Im Osten dagegen passierte in dieser Zeit scheinbar wenig Aufregendes. Zu diesem wenigen gehörten die Einfälle der Awaren, die vom Osten her das fränkische Reich bedrängten. Im Verlauf dieser Kämpfe bildete sich die Saale als endgültige Ostgrenze des fränkischen Reiches heraus.

Die Awaren, in chinesischen Chroniken „war“ genannt, kamen, wie einst die Hunnen, aus den Steppen Zentralasiens. Auf ihrem Weg waren sie über Afghanistan und die Gegend am Schwarzen Meer zum Kaukasus gelangt. Unter dem Druck der Türken zogen sie von dort in Richtung Westen und erschienen im Jahre 561 an der Elbe.

Über dieses Auftauchen der Awaren an den Grenzen des Frankenreiches berichtete Gregor von Tours:

„Nach dem Tode König Chlothachars brachen aber die Hunnen (Gregor, Fredegar und andere Chronisten setzen Hunnen und Awaren gleich. – R. A.) in Gallien ein, und Sigibert zog mit seinem Heere gegen sie aus, und als es zum Kampfe kam, wurden sie besiegt und in die Flucht geschlagen."

Der Tod eines Königs wurde häufig zum Anlaß genommen, um bestehende Machtverhältnisse und Grenzen zu ändern. Während Gregor schrieb, daß die *„Hunnen in Gallien"* einbrachen, berichtete der langobardische Geschichtsschreiber Paulus Diaconus, daß diese in Thüringen einfielen:

„Zu der Zeit fielen die Hunnen oder Awaren bei der Nachricht von Chlothars Tod über dessen Sohn Sigibert her. Dieser stieß in Thüringen auf sie und schlug sie an der Elbe mit Macht und bewilligte ihnen dann einen Frieden, um den sie baten."

Thüringen wurde von Gregor zu *„Gallien"* gezählt, es war also in seinen Augen bereits ein fester Bestandteil des fränkischen Reiches. Im Jahre 561 reichte es noch bis etwa zum Unterlauf der Elbe. Die Karte der Archäologen verzeichnet allerdings nur eine einzige Stelle in diesem Elbegebiet mit Thüringer Funden. Es ist die Gegend um Riesa. Hier müßten demnach die Kämpfe mit den Awaren stattgefunden haben, denn es ergäbe wenig Sinn, unbesiedeltes Land, etwa Sümpfe oder dichte Wälder, anzugreifen oder zu verteidigen.

Lange dauerte der Frieden mit den Awaren nicht, wie aus den Aufzeichnungen Gregors zum Jahr 566 zu entnehmen ist:

„Die Hunnen versuchten wiederum nach Gallien zu kommen. Gegen sie zog Sigibert zu Felde, und es folgte ihm eine große Schar tapferer Männer. Da es aber zum Kampf kommen sollte, zeigten ihnen jene, die in Zauberkünsten wohl bewandert sind, allerlei Spukgestalten und besiegten sie dadurch. Als nun das Heer Sigiberts floh, wurde er selbst von den Hunnen umzingelt. Und er würde in ihrer Gewalt geblieben sein, wenn er nicht danach, fein und verschlagen wie er war, die durch Geschenke überwunden hätte, die er sich durch Waffen-

gewalt nicht hatte unterwerfen können. Denn als er dem König Geschenke gemacht hatte, schloß dieser einen Vertrag mit ihm, daß sie zeit ihres Lebens keinen Krieg mehr miteinander führen wollten. Das wird ihm aber gerechterweise eher zum Ruhme als zur Schmach angerechnet werden. Auch der Hunnenkönig gab König Sigibert viele Geschenke. Gagan wurde derselbe genannt. Denn alle Könige dieses Volkes werden mit diesem Namen bezeichnet."

Sigiberts Niederlage ist verständlich. Er verfügte nur über ein Viertel des fränkischen Reiches, das heißt auch nur über ein Viertel des gesamten Heeres. Und während er gegen die Awaren kämpfte, besetzte sein Bruder Teile seines Reiches. Er mußte also diesen Kampf im Osten schnell zu Ende bringen, um seine westlichen Reichsteile zurückzuerobern. Trotzdem ist es auffällig, daß König Sigibert angesichts der ständigen Machtkämpfe zu Hause zweimal den weiten Weg zur Elbe unternahm, um Thüringen und Sachsen zu schützen. Sein Besitz im Osten mußte ihm demnach viel bedeutet haben.

Die Awaren zogen anschließend nach Süden und gelangten in das Karpatenbecken, das die Langobarden und ihre sächsischen Gäste bewohnten. Ihre Ankunft war, wie berichtet, der Anlaß, daß Langobarden und Sachsen diese Gegend räumten und nach Italien zogen.

Der Aufstand der Warnen

Ein anderes wichtiges Ereignis dieser Zeit wird allerdings von den fränkischen Chronisten nur beiläufig erwähnt. Es ist der Aufstand der Thüringer Warnen in den Jahren 594/95:

„*Im dritten Jahre, seitdem Childebert (gemeint ist hier Childebert II. – R. A.) in Burgund herrschte, erschienen viele Zeichen am Himmel, und ein Komet war zu sehen. In demselben Jahre kämpfte sein Heer tapfer gegen die Warner, die sich empört hatten, und besiegte sie vollständig, daß nur wenige von ihnen übrigblieben.*"

Der Chronist Fredegar, der nach Gregor von Tours die fränkische Geschichte aufschrieb und von dem diese Nachricht stammt, hält diesen Aufstand der „Warner" für genauso wichtig wie eine

Sternschnuppe. Die „Warner“ waren jene Warnen, die einst mit den Angeln und Sachsen das Thüringer Reich gegründet hatten. Ein Großteil der Warnen war bei der Landnahme im Norden des Reiches hängengeblieben. Da ihr Gebiet noch zweihundert Jahre später als Warnenfeld (805 Hwerenofelda) bezeichnet wurde, kann ihre damalige Niederlage nicht so total gewesen sein, wie Fredegar sie schildert. Das Warnenfeld befand sich im Winkel zwischen Saale, Elbe und Mulde, also etwa zwischen den heutigen Städten Bernburg, Dessau und Bitterfeld. Nach der Niederlage der Warnen siedelten sich Slawen in diesem Gebiet an und nannten ihre Gaue Colodici, Zitici und Serimunt. Dieser slawische Zuzug geschah mit fränkischer Erlaubnis. Die Neuankömmlinge mußten Zins zahlen, und die Franken betrachteten dieses Gebiet auch weiterhin als Teil ihres Reiches. Das geht aus einer Bemerkung Fredegars hervor, denn als diese Slawen siebenunddreißig Jahre später (631/32) unter ihrem Führer Derwan sich mit anderen Slawen zusammenschlossen, vermerkte er:

„Ja sogar Dervanus, der Herzog der Sorbier, eines Volkes von sklavischem Stamme, welches seit alters zum fränkischen Reich gehört hatte, fiel zu Samo ab.“

Mit diesem *„seit alters“* kann nur die slawische Besiedlung des Warnenfeldes vom Jahre 595 gemeint sein. Auch die folgende Nachricht Fredegars kann sich nur auf diese Slawen beziehen:

„Im 10. Jahre seiner Herrschaft (um 633 – R. A.) ward dem Dagobert gemeldet, daß ein Heer der Wenden in Thüringen eingefallen sei. Er brach also mit Heeresmacht aus der Stadt Metz auf und zog über die Ardennen nach Mainz, um hier über den Rhein zu setzen …“

Die Slawen der Gaue Colodici, Zitici und Serimunt hatten also nicht nur ihre Zinszahlungen eingestellt, sondern fühlten sich jetzt auch stark genug, das Land westlich der Saale zu erobern. Dagobert unterließ aber diesen Zug gegen sie, weil ihm Sachsen entgegengezogen waren. Sie erboten sich, den Schutz der Grenze zu übernehmen, wenn ihnen der Tribut von 500 Kühen, den sie seit 531 zu entrichten hatten, erlassen werden würde. Dagobert verzichtete auf diesen Tribut, und die Sachsen zogen wieder nach Hause. Ihr

Versprechen aber, so Fredegar weiter, die Grenzen gegen die Slawen zu schützen, erfüllten sie nicht. Das war auch nicht mehr nötig, denn, wie gleich zu zeigen sein wird, herrschte bald danach Ruhe an der Ostgrenze. Bei dem Gebiet, in das die Slawen um 633 eingedrungen waren, kann es sich nur um den Teil Thüringens handeln, der von Sachsen bewohnt war, also den Hasse- und den Schwabengau. Die Schwaben wurden von den späteren fränkischen Geschichtsschreibern meist auch als Sachsen bezeichnet. An diese beiden Gaue grenzte im Nordosten, durch die Saale getrennt, das ehemalige Werinofeld. Nördlich des Schwabengaus, bereits im Nordthüringgau, befand sich der Ort Hornhausen. Bei den hier erwähnten slawischen Überfällen könnte also auch Hornhausen überfallen, der Friedhof verwüstet und der Reiterstein zerschlagen worden sein.

Herzog Radulf

Daß an der Ostgrenze schließlich Ruhe einkehrte, verdankten die Franken einem energischen jungen Mann, den ihr König Dagobert I. im Jahre 634 als Herzog von Thüringen eingesetzt hatte. Fredegar berichtet über ihn:

„Der Herzog Radulf, der Sohn Chamars, den Dagobert zum Herzog von Thüringen gemacht hatte, stritt zu wiederholten Malen gegen die Wenden, besiegte und verjagte sie. Das machte ihn übermütig; er benahm sich bei verschiedenen Gelegenheiten feindselig gegen den Herzog Adalgisel, und schon damals bereitete er sich zur Empörung gegen König Sigibert (Sigibert III. – R. A.) vor. Er tat nach dem Spruch: ‚Wer Streit liebt, der sinnt auf Zwietracht.'"

Erstmalig ist hier von einem Thüringer Herzog die Rede. Daraus haben Historiker bisweilen den Schluß gezogen, daß es vor Radulf keine Herzöge in Thüringen und Sachsen gegeben hätte. Für diese Annahme besteht aber kein Anlaß. Sowohl das Kernland der Franken als auch alle anderen von ihnen eroberten Gebiete waren von Anfang an in Herzogtümer und Grafschaften eingeteilt. Man erfährt davon allerdings nur dann etwas, wenn die Gebiete oder die dort Regierenden im Streit der Könige eine besondere Rolle spielten. Thüringen und Sachsen aber waren in diese innerfränkischen Machtkämpfe nicht einbezogen, sie lagen zu weit entfernt. Nur ein einziges Mal, zum Jahre 612, ist kurz von Thüringern die Rede. Sie mußten im Heer Theudeberts II. kämpfen. Königin Brunichild hatte damals eine Abordnung nach Thüringen geschickt, um das dortige Heereskontingent ausheben zu lassen. Diese Gesandtschaft wurde von ihrem Hausmeier Warnachar und ihrem Urenkel, dem Prinzen Sigibert, geleitet. Solch eine hochkarätige Abordnung wäre unnötig gewesen, wenn es in Thüringen und Sachsen lediglich irgendwelche drittrangigen Beamten und Militärführer gegeben hätte. Es muß also jemand im Jahre 612 über Thüringen und Sachsen geherrscht haben, der nur von einem Hausmeier und einem Prinzen zur Heeresfolge veranlaßt werden konnte. In der Ämterhierarchie war das ein „dux", ein Herzog. Da dieser Herzog ohne Widerspruch den Wünschen des Hausmeiers und des Prinzen nachkam, wurde er nicht erwähnt. Über Herzog Radulf aber wird ausführlich berichtet, weil es seinetwegen zu Auseinandersetzungen kam.

Die obige Darstellung Fredegars kann aber so nicht stimmen. Die Erfolge Radulfs bei der Abwehr der Wenden wären kein hinreichender Grund gewesen, sich gegenüber dem Herzog Adalgisel feindselig zu benehmen und sich gegen König Sigibert zu „empören". In Wahrheit ging es hier, wie sich noch herausstellen wird, um etwas anderes, es ging um einen Machtkampf verschiedener Adelssippen. Der Chronist Fredegar gehörte zu den Gegnern der Gruppe um Radulf. Seine Abneigung gegen ihn ist unverkennbar. Radulf war der Sohn Chamars, schreibt Fredegar. Chamar ist kein Name, sondern ein Amt. Der Chamar war der Kämmerer, der Aufseher des königlichen Schatzes. Als Verwalter der Reichsfinanzen hatte er eines der wichtigsten Hofämter inne. Dieser Chamar, der Vaters Radulfs, hieß Rado und lebte am Pariser Hof des Königs Dagobert. Daß Fredegar Radulfs Vater nicht mit Namen, sondern nur mit seinem Amt nennt, drückt seine Geringschätzung gegen Vater und Sohn aus. Radulf und sein Vater Rado stammten aus einer vornehmen und mächtigen Adelssippe. Rados Bruder Ado, also Radulfs Onkel, war Bischof von Rouen und Metropolit Neustriens. Er war der oberste Kirchenfürst Westfrankens. Die Eltern Rados und Ados, also Radulfs Großeltern, werden in der „Vita Columbani“ als Gastgeber des iroschottischen Missionars Columban erwähnt. Der Großvater Radulfs war der „vir illuster“ (*etwa:* der „bedeutende Mann“) Authari, seine Frau hieß Aiga. Daß diese Namen überliefert sind, spricht schon für die Berühmtheit dieser Sippe, die eine der reichsten und mächtigsten Großfamilien Westfrankens war. Durch eine Heirat war sie sogar mit dem merowingischen Königshaus verwandt. Radulf selbst war am Pariser Hof aufgewachsen. Mit anderen Sprößlingen vornehmer Familien Westfrankens hatte er die „scola palatii“, die Hofschule, besucht. Unter den Schülern dieser Schule waren einige Freundschaften entstanden, die den Verlauf des nun folgenden Kampfes gegen Radulf erklären.

Darüber berichtet Fredegar verhältnismäßig ausführlich. Seine Schilderung enthält einige sehr interessante Nachrichten:

„Als Sigibert im 8. Jahre König war (Das war um 641/42 – Sigibert III., geb. 630, wurde bereits mit drei Jahren zum König gekrönt. – R. A.), empörte sich der Herzog Radulf von Thüringen mit Macht gegen ihn. Da entbot Sigibert alle seine austrasischen Mannen ins Feld und zog mit ihnen über den Rhein: Hier scharten sich die Völkerschaften aus allen überrheinischen Gauen seines Reichs um ihn. Zuerst stieß nun Sigiberts Heer auf den Fara, Chrodoalds Sohn, der mit Radulf im Einverständnis war. Er wurde getötet; was von seinem Volk dem Schwert entrann, gefangengenommen. Die Großen und alle Leute des Heeres gaben sich einander die Hand darauf, daß keiner dem Radulf das Leben schenken wolle. Jedoch daraus wurde nichts. Wie Sigibert mit seinem Heer in Eile durch Buchonia nach Thüringen zog, verschanzte sich Radulf in einem durch Holz befestigten Lager auf einem Berge über dem Fluß Unstrut in Thüringen, zog von allen Seiten so viel Mannschaft, als er konnte, hier zusammen und setzte sich mit Weib und Kind in seinem Bollwerk fest, zur Verteidigung bereit. Als Sigibert mit seinem Heer dahinkam, schloß er die Feste von allen Seiten ein. Radulf saß drinnen trefflich zum Kampf gerüstet. Jedoch

dieser Kampf ward planlos begonnen. Daran war die Jugend König Sigiberts schuld: denn die einen wollten noch am nämlichen Tage zur Schlacht rücken, die andern erst am nächsten, und so kam es zu keinem gemeinsamen Entschluß. Wie das Grimoald und Adalgisel sahen, wurden sie für Sigibert sehr besorgt und hüteten ihn unaufhörlich. Der Herzog Bobo von Arverna – mit einem Teile von Adalgisels Mannschaft – und Aenovales, der Graf des Sogionfinsischen Gaus, mit seinen Leuten sowie ein großer Teil des übrigen Heeres rückten sofort an das Tor der Feste gegen Radulf zum Kampfe vor. Dieser aber hatte von einigen Herzogen in Sigiberts Heer die Zusage erhalten, daß sie ihn nicht ernstlich angreifen wollten, und brach nun aus seiner Feste hervor, fiel über Sigiberts Heer her und richtete hier eine so schwere Niederlage an, daß es wie ein Wunder erschien. Die Mainzer hatten sich in diesem Kampf treulos erwiesen. Viele tausend Menschen sollen durchs Schwert gefallen sein. Radulf kehrte siegreich in seine Feste zurück. Sigibert aber mit seinen Getreuen war schwer betrübt, er saß auf seinem Pferd, und mit Tränen in den Augen jammerte er über seinen Verlust: denn der Herzog Bobo, der Graf Aenovales und sonst noch die tapfersten Streiter seines Adels und ein großer Teil seiner übrigen Mannen waren unter seinen Augen in diesem Treffen niedergemacht worden. Auch Fredulf, der Haushofmeister, der für Radulfs Freund galt, fiel im Streite. Sigibert blieb in der Nacht mit seinem Heer unter den Zelten nicht weit von der Feste. Da man erkannte, daß nichts gegen Radulf auszurichten sei, wurden am andern Morgen Gesandte zu ihm geschickt und ein Abkommen mit ihm getroffen, wonach Sigibert mit seinem Heer unbelästigt an den Rhein und nach Hause zurückkehren konnte. Radulf aber, voll Übermut, gebärdete sich als König von Thüringen, schloß Freundschaft mit den Wenden und knüpfte auch mit den übrigen benachbarten Völkern ein friedliches Verhältnis an. Dem Namen nach erkannte er zwar Sigiberts Oberherrlichkeit an, aber in der Tat widersetzte er sich kräftig seiner Herrschaft.“

Was läßt sich aus diesem Bericht Fredegars entnehmen? Zunächst zu einigen technischen Einzelheiten:

Die Schilderung der Schlacht paßt sehr gut zum Gelände der

Tretenburg. Ein *„durch Holz befestigtes Lager"* ist die wörtliche Übersetzung von „tre-borg", der Tretenburg. Radulf hätte demnach in Herbsleben residiert. Wie einst der Thüringer König Herminafrid wird er rechtzeitig vom Anmarsch der Rheinfranken Kunde erhalten haben. In seinem Falle ist das gewiß, da er, wie Fredegar berichtet, unter den Angreifern Freunde hatte. Radulf hatte sich *„mit Weib und Kind"* verschanzt, also mit seiner Familie und dem Gesinde seines Hofes. Er *„zog von allen Seiten so viel Mannschaft, als er konnte, zusammen"*, das heißt seine Leibwache, die Bediensteten der Königsleutedörfer und die Soldaten der umliegenden Wachstationen. Auch deren Angehörige werden sich in der Tretenburg befunden haben, denn es war zu befürchten, wie im Falle Faras, daß alle niedergemetzelt worden oder in Gefangenschaft geraten wären. Auf dem Gelände des Burghügels finden mindestens eintausend Leute Platz.

„... denn die einen wollten noch am nämlichen Tage zur Schlacht rücken ...", heißt es bei Fredegar weiter. Das Heer muß also an diesem Tag keine allzu große Strecke zurückgelegt haben, da die Kämpfer noch ausgeruht genug waren, um sofort mit dem Angriff zu beginnen. Das legt nahe, daß ihr letzter Rastplatz am „Heergebreite" bei Reifenheim/Gräfentonna war.

„... sowie ein großer Teil des übrigen Heeres rückten sofort an das Tor der Feste gegen Radulf zum Kampfe vor ..." – Die Tretenburg hatte in der Tat nur ein Tor. Im Süden fließt die Unstrut, im Norden fällt das Burggelände steil ab. Im Osten war die Anlage durch Wälle und Gräben geschützt, die man heute noch, wenn der Schnee schmilzt, erkennen kann. Das Tor lag im Westen, wo der Weg aus Herbsleben entlang der Unstrut heranführte. Von dort muß Sigibert mit seinem Heer herangerückt sein.

„Wie das Grimoald und Adalgisel sahen, wurden sie für Sigibert sehr besorgt." – Adalgisel war der Hausmeier des jungen Königs Sigibert. Er hatte auch eine eigene Mannschaft mitgebracht, von der ein Teil sofort zum Angriff überging. Wer aber war Grimoald? Er erscheint hier als Begleiter des Adalgisel, von ihm wird keine eigene Mannschaft erwähnt. In Wahrheit aber war Grimoald der

wichtigste Mann in dieser Mannschaft der Rheinfranken, wie noch zu zeigen sein wird.

Radulf war Herzog in Thüringen, der junge Sigibert König von Ostfranken und Adalgisel sein Hausmeier. Alle drei waren offiziell vom Hauptkönig Dagobert in Paris eingesetzt worden. Warum aber *„benahm er (d. h. Radulf – R. A.) sich bei verschiedenen Gelegenheiten feindselig gegen den Herzog Adalgisel"*, und warum *„bereitete er sich zur Empörung gegen König Sigibert vor"*, wie Fredegar schrieb?

Radulfs *„Empörung"* ist nur verständlich, wenn man die ständigen Kämpfe des Adels gegen den König und die dauernden Auseinandersetzungen zwischen den einzelnen Adelssippen kennt. Vor diesem Hintergrund sind auch die Machtkämpfe in Mitteldeutschland zu sehen. Um also das Folgende besser verstehen zu können, noch einmal kurz zurück zur Frühzeit der Franken.

Adel gegen König

Als der Begründer des fränkischen Großreiches, König Chlodwig, im Jahre 511 starb, wurde das Reich unter seine vier Söhne aufgeteilt. Das entsprach zwar der damaligen Sitte, nicht aber den Wünschen der vier Erben. Jeder trachtete danach, seinen Anteil zu vergrößern, die Brüder umzubringen und das Reich allein zu beherrschen. Ihre Teile waren jedoch annähernd gleich groß, ebenso ihre Macht und Möglichkeiten, daran etwas zu ändern. Hinzu kam, daß sie so klug waren, es bei einzelnen Versuchen zu belassen. Letztendlich wurden sie sich immer wieder einig und konnten gemeinsam andere Länder erobern. Zu ihrer Zeit wurden die Goten, Burgunder, Bayern, Thüringer, Sachsen und Friesen unterworfen. Ihr Riesenreich umfaßte das heutige Frankreich, Nordspanien, die Schweiz, Österreich, zeitweilig Norditalien, Deutschland, die Niederlande und Belgien. Die Verwaltung dieses großen Gebietes geschah von den vier dicht beieinander liegenden Königssitzen Reims, Soissons, Paris und Orleans aus. In den eroberten Ländern blieb die alte Gebietsstruktur der Hundertschaften, Gaue und Stammesgebiete erhalten. Die Hundertschaften wurden von Einheimischen geleitet, die mit der Besatzungsmacht kollaborierten. Die Leitung der Gaue und Stammesgebiete aber übernahmen Franken als Grafen und Herzöge. Diese Leute waren aus der Umgebung der Königshöfe gekommen. Ihre Vorfahren waren einfache Leute, Freie, Halbfreie oder auch Unfreie, die durch das ihnen übertragene Amt Sonderrechte genossen und dadurch allmählich zu „viri nobilissimi", „sehr vornehmen Männern", wurden. Dieser fränkische Dienstadel war jederzeit vom König absetzbar. Wer seinen Verpflichtungen nicht nachkam, wurde entlassen. Amt und Besitz fielen an den König zurück, der es einem anderen gab. Dadurch hatten sich die vier Söhne Chlodwigs einen willfährigen, gut funktionierenden Beamtenapparat geschaffen.

Das ging so bis zum Jahre 561. In diesem Jahr starb Chlothar I., der letzte der vier Söhne Chlodwigs. Am Ende seines Lebens war er sechs Jahre lang Alleinherrscher des Frankenreiches. Nach seinem Tod übernahmen, wie fünfzig Jahre früher, die vier Söhne Chlothars das Reich und teilten es wiederum unter sich. Sie waren genauso habgierig wie ihr Vater und ihre Onkel, auch sie wollten ihre Brüder umbringen und sich in deren Besitz bringen. Allerdings waren sie nicht so klug wie ihre Vorgänger. Sie konnten sich nicht einigen, sondern verwickelten sich ihr Leben lang in grausame Bruderkämpfe, in denen das Land verwüstet wurde und viele fränkische Bauernkrieger ihr Leben lassen mußten. Dabei merkten sie nicht, daß ihnen ihre königliche Macht langsam aber sicher entglitt. Immer mehr waren sie auf ihren Dienstadel angewiesen, der ihnen für ihre ständigen Kämpfe die Heere stellen mußte. Die Hofbeamten, Herzöge und Grafen betrachteten seit dieser Zeit ihre Ämter und das von ihnen verwaltete Land als ihr Privateigentum. Wie selbstverständlich wurden Amt und Besitz an die Kinder vererbt. Dadurch war das fränkische Königtum faktisch entmachtet worden.

Chlothar II.

Im Jahre 596 kam ein Enkel jenes Chlothar, der bis zum Jahre 561 als letzter das Gesamtreich beherrscht hatte, auf den Thron. Ihm gelang es in der Folge noch einmal, die Königsmacht im gesamten Frankenreich in seiner Hand zu vereinen. Auch er hieß Chlothar und wird daher Chlothar II. genannt. Zu Beginn seiner Alleinherrschaft stand ihm eine geschlossene Phalanx des Adels gegenüber. An der Spitze standen die Hausmeier. Sie waren die obersten Beamten am Königshof und besaßen faktisch die Macht. Wenn man es mit heutigen Verhältnissen vergleichen will, war der König der Präsident und der Hausmeier der Kanzler, der Ministerpräsident. Die Adligen bestimmten weitgehend selbst, wer von ihnen das Amt des Hausmeiers innehatte. Im Jahre 614 mußte ihnen Chlothar II. im „edictum Chlotarii“ diese Privilegien vertraglich bestätigen. Inzwischen war das große Frankenreich aber in drei große Teilreiche zerfallen. Sie hießen Neustrien, Burgund und Austrien. Neustrien war Westfranken, d. h. der Westen des heutigen Frankreich. Zu Burgund zählte man den Südosten Frankreichs, die Schweiz und Österreich. Austrien schließlich bestand aus einem kleinen Teil des Nordostens von Frankreich sowie dem heutigen Belgien, den Niederlanden, der Rheingegend, dem Gebiet um Würzburg und Bayern. Thüringen und Sachsen gehörten ebenfalls zu Austrien, d. h. zu Ostfranken. Alle drei Reichsteile hatten eigene Hausmeier, mit denen sich Chlothar II. arrangieren mußte.

Dagobert

Im Jahre 623 war Chlothar II., der in Paris residierte, vom ostfränkischen Adel gezwungen worden, seinen erst 17jährigen Sohn Dagobert zum König von Austrien einzusetzen. Dessen Königssitz war Metz. Diese Inthronisation hatte ihre Gründe. Der wichtigste war wohl, daß sich der ostfränkische Adel durch das Fehlen eines eigenen Königssitzes geringgeschätzt fühlte und durch einen eigenen König selbst an Autorität gewinnen wollte. Bis dato galt Austrien, der Osten, bei den Neustriern und Burgundern als Hinterhof Frankens. Oft wird in damaligen Chroniken zwischen „Franken" und „Austriern" unterschieden. Diese Arroganz der Westfranken hatte ihre Ursache in einem höheren Entwicklungsstand Westfrankens und Burgunds. Diese Gebiete waren einst von den Römern kultiviert worden, die Franken hatten dort das Erbe des Römischen Reiches mit all seinen wirtschaftlichen und kulturellen Einrichtungen übernommen. Der oft hochgebildete römische Senatorenadel hatte sich im Laufe der Zeit mit den fränkischen Eroberern arrangiert und auch ethnisch vermischt. Die daraus entstandene Elite Westfrankens und Burgunds fühlte sich der ostfränkischen weit überlegen. Das spürt man auch in den schriftlichen Quellen jener Zeit, die ausschließlich aus Westfranken stammen. Die Verfasser gehörten selbst dieser westfränkisch-burgundischen Elite an, wie beispielsweise der Bischof Gregor von Tours, oder sie standen in deren Diensten, wie Fredegar und die Autoren der zahlreichen Heiligenviten.

Von der Einsetzung eines austrischen Königs konnte der ostfränkische Adel auch in der Praxis nur profitieren: Er benötigte solch einen königlichen Rückenhalt für seine Geschäfte. Gerichte abhalten, Strafen verhängen, Steuern, Zinsen und Zölle eintreiben, Verwaltungsämter besetzen, Staatseigentum privatisieren, das Heer ausheben – all das ging wesentlich leichter, wenn man es nicht nur als Untertan eines Herzogs tat, sondern im unmittelbaren Auftrag des Königs. Bei einem jugendlichen König ging das noch besser, er war leichter zu beeinflussen. In Ostfranken unternahmen das der Hausmeier Pippin der Ältere und der Bischof Arnulf von Metz. Vier Jahre lang benutzten sie den jungen König Dagobert, um ihre Macht und ihren Besitz zu vergrößern.

Mit ihnen hatte der junge König Dagobert auch mehrere Male Thüringen und Sachsen bereist. Ein freundschaftliches Verhältnis ergab sich dabei nicht. Im Gegenteil, es gab beispielsweise tätliche Auseinandersetzungen zwischen dem König und dem Bischof. König Dagobert war einmal über den Bischof Arnulf dermaßen erbost, daß er sein Schwert zog und nur mit Mühe davon abgehalten werden konnte, ihn umzubringen. Der erste Besuch Arnulfs und Dagoberts in Thüringen und Sachsen war der übliche Umritt nach der Machtübernahme. In der Lebensbeschreibung Arnulfs, der „Vita Arnulfi“, wird eine Episode während dieses Besuches geschildert:

„Als er (d. h. Arnulf – R. A.) eines Tages mit dem König Dagobert nach dem Thoringerland kam, begab es sich, daß ein vornehmer Mann namens Noddilo einen ihm verwandten Knaben, den er sehr liebte, mit lauten Klagen bejammerte, da er dem Tode nahe war. Da aber der König schon weitereilte, blieb ihm in seiner Not kein anderer Ausweg, als dem Kranken das Haupt abzuschneiden und nach der Weise der Heiden den Leichnam mit Feuer zu verbrennen. Aber nach Gottes Ratschluß hatte der heilige Bischof Arnulf seine Herberge noch nicht verlassen, und als Noddilo das erfuhr, eilte er sogleich zu ihm und klagte ihm sein Leid. Sogleich begab sich der treffliche Mann zum Bett des Kranken, warf sich auf die Erde und betete lange. Dann sprach er seiner Gewohnheit nach zu dem halbtoten Menschen: ‚Tue Buße, mein Sohn, wenn du vielleicht etwas Böses begangen hast, um doppeltes Heil zu erlangen.‘ Dieser aber, der schon in Todeszuckungen lag, konnte kaum noch Worte stammeln. Der heilige Mann aber ließ warmes Wasser bringen, wusch damit das Antlitz des Kranken und seine Füße und Hände und salbte seinen Leib mit dem heiligen Öl. Und so geschah es, daß er an demselben Tag, gleich als ob er niemals krank gewesen wäre, mit den übrigen heil und gesund das Dorf verließ und fröhlich mit ihnen weiterzog …“

Bei dem *„vornehmen Mann“* Noddilo handelt es sich um einen Thüringer Kollaborateur. Einer seiner Vorfahren kann auf Grund der Sitte, daß die Erben immer den gleichen Namen hatten, der Ortsgründer von Nottleben (1168 als Nottheleybin), einem Dorf bei Erfurt, gewesen sein. Er wird sich der Delegation als Begleiter und Wegweiser zur Verfügung gestellt haben. Daß er aber seinem jungen Verwandten, wenn er gestorben wäre, *„nach der Weise der Heiden“* den Kopf abschneiden und den Leichnam verbrennen wollte, wie es in der Vita heißt, ist eher unwahrscheinlich. Brandgräber aus dieser Zeit sind in Thüringen die seltene Ausnahme. Der

Zweck dieser Bemerkung liegt wohl eher darin, zu zeigen, wie rückständig man im Osten ist, wie barbarisch.

Die dargebotene Geschichte läßt zudem Rückschlüsse auf das Verhältnis zwischen König und Bischof zu: Der König eilte weiter, Noddilo und Arnulf aber waren noch in der Herberge ... Es besteht eigentlich kein Grund, diese Tatsache zu erwähnen. Arnulf hätte den Jungen auch im Beisein des Königs heilen können. Dadurch hätte er noch einen glaubwürdigen Zeugen für das Wunder gehabt. Daß Arnulf den Aufbruch des Königs verschlafen haben könnte, ist auch unwahrscheinlich, man hätte ihn sicher geweckt. So bleibt als Erklärung nur anzunehmen, daß Arnulf auf dieser Reise die Hauptperson war. Das Verhältnis hatte sich umgekehrt, Bischof Arnulf nahm die Stelle des Königs ein, Dagobert aber, der König, war sein Untergebener, er leitete die Vorausabteilung. Er war, wie damals üblich, der Herzog, das heißt der, der vor dem Heer *herzog*, um den Weg zu erkunden. Aus dieser wichtigen militärischen Funktion war mit der Zeit eines der höchsten Staatsämter geworden. Der Herzog (lat. dux, d.h. Führer) mußte prüfen, ob der Weg befahrbar war oder ob Feinde zu befürchten waren. Er mußte Quartier machen. Sollte in einem festen Haus, einem Königsgutshof oder später einem Klosterhof, übernachtet werden, mußte der Vorsteher unterrichtet werden, die entsprechenden Vorbereitungen zu treffen. Sollten Zelte für eine Übernachtung im Freien aufgestellt werden, war ein geeignetes Gelände auszusuchen. Es mußte Wasser in der Nähe sein und Futter für Zugochsen und Pferde. Der Thüringer Noddilo gehörte als ortskundiger Wegweiser sicher zu Dagoberts Vorausabteilung. Durch die plötzliche Krankheit seines jungen Verwandten war er jedoch gehindert worden, mitzuziehen. Er ging deshalb zu Arnulf, dem Leiter der Delegation, um sich dafür zu entschuldigen. Der sah sich den ohnmächtig gewordenen Knaben an, verpaßte ihm eine kalte Dusche, und danach ging es weiter. So hat es sich wohl in Wahrheit zugetragen. Daß der Autor der „Vita Arnulfi“, ein unbekannter Mönch aus der Umgebung des Bischofs Chlodulf, Arnulfs Sohn, es anders berichtet, wird aus dem Folgenden ersichtlich.

Vier Jahre lang hatte der junge König Dagobert erlebt, wie Bischof Arnulf und der Hausmeier Pippin ihn für ihre dubiosen Geschäfte mißbraucht hatten. Im Jahre 629 starb Dagoberts Vater Chlothar II., und Dagobert übernahm nun die Herrschaft über das gesamte Frankenreich. Er zog nach Paris und übte Rache. Arnulf mußte ins Kloster, und Pippin wurde aller Ämter enthoben. Daß mit der Entmachtung beider der Besitz und der Einfluß ihrer Sippen nicht verlorenging, wird noch zu zeigen sein. Zunächst aber wurden die beiden höchsten Ämter neu besetzt. Der neue Hausmeier für Ostfranken war der Adlige Adalgisel, neues kirchliches Oberhaupt für Ostfranken wurde der Bischof Kunibert von Köln. Adalgisels umfangreicher Besitz lag in der Maasgegend, im heutigen Süden Belgiens. Kunibert stammte aus einer Sippe, die vor allem in der Gegend um Trier und entlang der Mosel große Ländereien besaß. Mit der Neubesetzung der beiden Ämter hatte Dagobert aber im Grunde nichts geändert. Statt Arnulf und Pippin waren es nun Adalgisel und Kunibert, die Dagobert bedrängten. Auch sie wollten, daß er für Ostfranken und ihre dortigen Geschäfte einen König einsetzte. So mußte Dagobert im Jahre 633 seinen erst drei Jahre alten Sohn Sigibert als König Ostfrankens inthronisieren. Damit aber dem kleinen Sigibert nicht das gleiche Schicksal wie ihm einst drohte, setzte er als Gegengewicht zu Hausmeier Adalgisel und Bischof Kunibert die Herzöge Radulf für Nordthüringen/Sachsen und Fara für Südthüringen, das heißt die Maingegend um Würzburg, ein.

Fara

Auch die Sippe Faras stammte – wie die des Radulf – aus Westfranken. Fara hatte mit dem ostfränkischen Adel noch eine Rechnung offen. Sein Vater Chrodoald war auf Betreiben Arnulfs und Pippins ermordet worden. Fredegar beschreibt die Hintergründe, allerdings verschlüsselt und wenig glaubhaft:

„Im 41. Jahre König Chlothars, als Dagobert bereits zum Heil des Landes in Auster herrschte, fiel auf die Anklagen des heiligen Priesters

Arnulf und des Hausmeiers Pippin und anderer austrasischer Großer Chrodoald, ein vornehmer Mann aus dem edlen Geschlecht der Ayglolfinger (gemeint ist das frühmittelalterliche Adelsgeschlecht der Agilolfinger – R. A.), in Dagoberts Ungnade. Dieser Chrodoald besaß großen Reichtum, war aber dabei begierig nach fremdem Gut, voll Stolz und Hochmut, und nichts Gutes ward an ihm erfunden. Als ihn jetzt Dagobert um Übeltaten willen wollte töten lassen, floh Chrodoald zu Chlothar und bat ihn, sein Leben zu schützen. Bei dem nächsten Zusammentreffen mit Dagobert legte Chlothar unter den übrigen Besprechungen seine Bitte für Chrodoald ein. Dagobert versprach auch, Chrodoald solle nicht weiter gefährdet sein, wenn er nur wiedergutmachen wolle, was er verbrochen habe. Aber unmittelbar darauf wurde Chrodoald, als er mit Dagobert nach Trier kam, auf dessen Befehl getötet: Ein gewisser Berthar von Scarpona hieb ihn an der Tür seines Schlafgemachs nieder."

Der *„heilige Priester Arnulf"* war als Bischof verheiratet und hatte zwei Söhne. Ob er eine Messe lesen konnte, ist nicht bekannt, wahrscheinlich nicht. Bekannt aber ist aus seiner Lebensbeschreibung, daß er *„sehr tapfer"* war, daß er in voller Waffenausrüstung in viele Kriege zog und oft zur Jagd ging. Sein Status als Heiliger ist eine spätere karolingische Erfindung. Fredegar steht voll auf seiner Seite. Die Gegner Arnulfs werden deshalb von ihm verleumdet, denn bei den *„Übeltaten"*, die der ostfränkische Adel Faras Vater Chrodoald anlastete und die er *„wiedergutmachen"* sollte, handelte es sich lediglich um die eigenmächtige Erweiterung seines Gebietes. Chrodoald war Herzog von Bayern und residierte in Regensburg, dem alten römischen „castra Regina". Sein Herzogtum lag an der Donau, er hatte es – gewiß nicht ohne königliche Erlaubnis – nach Mainfranken hin ausgedehnt und seinem Sohn Fara übergeben. Damit aber hatte Chrodoald, *„begierig nach fremden Gut"*, so Fredegar, Bayern unrechtmäßig um ein Gebiet erweitert, das der ostfränkische Adel für sich beanspruchte.

Chrodoald war ein berühmter und mächtiger Mann, auch er wird in der Vita Columbani als enger Freund der Merowingerkönige erwähnt. Die Chrodoald-Sippe stammte aus Burgund und war von den Merowingern mit dem Herzogtum Bayern beliehen worden. Durch eine Heirat war sie mit dem langobardischen Königshaus verwandt. Einer dieser frühen Sprößlinge hieß Ayglolf oder Agilulf, und deshalb nannte sich dieses Geschlecht, das zwei Jahrhunderte lang die bayrischen Herzöge stellte, Ayglolfinger bzw. Agilolfinger.

Durch die Einsetzung der beiden Westfranken Radulf und Fara hatte Dagobert erreicht, daß der ostfränkische Hausmeier Adalgisel in Sachsen, Thüringen, Bayern und Mainfranken nichts mehr zu sagen hatte. Er bekam weder Abgaben noch Krieger, auch für seine Freunde und Anhänger konnte er dort keine Ämter und Ländereien beschaffen. Es gab also für Adalgisel genügend Gründe, sich nicht mit diesem Machtverlust abzufinden. Er wartete nur auf eine günstige Gelegenheit, dies zu ändern. Sie kam im Jahre 639 mit Dagoberts Tod. Zu allem Übel stellte sich noch heraus, daß Dagobert in seinem Testament verfügt hatte, die Herzogtümer Thüringen und Bayern zu Westfranken zu schlagen. Damit war für den ostfränkischen Adel, dessen Vertreter Adalgisel war, das Maß voll. Man hielt sich durch den Besitz des neuen Königs, des Knaben Sigibert, für legitimiert, Dagoberts Beschlüsse rückgängig zu machen. Fara und Radulf mußten aus dem Weg geräumt werden. So kam es zu diesem Feldzug um 641/42 zur Tretenburg. Der junge König Sigibert wurde dabei von seinem Hausmeier Adalgisel und Grimoald beschützt. Grimoald war der Sohn Pippins des Älteren, den Dagobert einst seiner Ämter enthoben hatte. Das schien der Macht und dem Einfluß dieser Sippe aber nicht geschadet zu haben. Grimoald war zwei Jahre nach dieser Schlacht selbst Hausmeier und löste Adalgisel in diesem Amt ab. Grimoald war der erste aus dem Geschlecht der Karolinger, der selbst König werden wollte. Sein Versuch endete aber damit, daß er im Jahre 662 gefangengenommen und getötet wurde. Eine Tochter Grimoalds namens Begga heiratete den Sohn Arnulfs von Metz. Aus dieser Ehe entsproß Pippin der Mittlere, und erst diesem Karolinger war es beschieden, seiner Sippe den Weg zur Königsmacht zu ebnen.

V.

„... seit alters zum fränkischen Reich"
Franken und Slawen

Radulfs Freundschaft mit den Slawen

Als die Ostfranken um 641/42 von der Tretenburg erfolglos abgezogen waren, mußte Radulf befürchten, daß sie wiederkommen würden, dann aber mit all ihren Leuten und ohne die „treulosen Mainzer". Den kommenden Angriff aber, das wußte Radulf, hätte er nicht überlebt. Um sich dagegen zu wappnen, tat er das einzig Richtige. Er *„schloß Freundschaft mit den Wenden und knüpfte auch mit den übrigen benachbarten Völkern ein friedliches Verhältnis an"*, wie Fredegar berichtete. Mit den *„übrigen benachbarten Völkern"* sind zunächst die Westsachsen gemeint. Nördlich des Harzes fanden die Archäologen Brandgräber und nord-südlich ausgerichtete Körpergräber aus dieser Zeit. Diese Art der Bestattung war bei den Thüringern nicht üblich, wohl aber in Ostphalen, Westphalen und Engern, also bei den Westsachsen. So haben Teile dieser Völker das „friedliche Verhältnis" genutzt, um sich in Nordthüringen anzusiedeln. Ebenso schloß Radulf Freundschaft mit den Wenden. Diese freundschaftlichen Beziehungen leiteten ein neues Kapitel in der thüringisch-sächsischen, ja späteren deutschen Geschichte ein. Um das Neue daran zu verstehen, muß man die bisherige Geschichte der Beziehungen zwischen den Slawen und ihren westlichen Nachbarn kennen.

Die Wenden, Slawen oder Anten, wie sie auch genannt wurden, waren etwa einhundert Jahre zuvor aus Osteuropa, aus den Gegenden um Weichsel und Dnepr, nach Westen gezogen. Zur Zeit, als das Thüringer Reich von den Franken erobert wurde, hatten sie das Gebiet der Oder und Nordböhmens erreicht. In den darauffolgenden Jahrzehnten kamen sie bis zur Elbe. Am Ende des sechsten Jahrhunderts waren die Wenden bereits Nachbarn der Sachsen, Thüringer und Bayern geworden. Die Grenze verlief entlang der Elbe über Magdeburg, die Saale abwärts über den Thüringer Wald, führte den Main, danach die Regnitz entlang und stieß bei Regensburg auf die Donau. Das von den Wenden in Besitz genommene Gebiet war vordem dünn besiedelt. Es war hauptsächlich Wald, nur von einigen wenigen Siedlungskammern unterbrochen. Die fruchtbaren Ackerböden aber lagen westlich dieser Grenze, in der Magdeburger Börde, dem Thüringer Becken, im Main- und im Donautal. So versuchten die Wenden ständig, diese Grenze zu überschreiten, um sich in den Besitz dieser fruchtbaren Landschaften zu bringen. Dadurch kam es immer wieder zu kriegerischen Auseinandersetzungen. Um das Jahr 560 aber waren die Awaren als Konkurrenten aufgetaucht. Sie unterwarfen die Wenden und machten sie zu Sklaven.

Fredegar berichtet darüber:

„Schon von alten Zeiten her wurden die Wenden von den Chunen als sogenannte Befulci gebraucht, so daß, wenn die Chunen gegen irgendein Volk ins Feld zogen, sie selbst sich vor dem Lager aufstellten, die Wenden aber kämpfen mußten. Siegten nun diese, so rückten die Chunen vor, um Beute zu machen; unterlagen jedoch die Wenden, so sammelten sie auf der Chunen Hilfe gestützt neue Kräfte. Darum wurden sie Befulci von den Chunen genannt, weil sie vor ihnen einherzogen und im Treffen einen doppelten Kampf bestanden. Jedes Jahr kamen die Chunen zu den Sklaven, um bei ihnen zu überwintern; dann nahmen sie die Weiber und Töchter der Sklaven und schliefen bei ihnen, und zu den übrigen Mißhandlungen mußten die Sklaven den Chunen noch Abgaben zahlen.“

Samo, König der Slawen

Die Unterdrückung der Slawen durch die Awaren dauerte bis zum Jahre 623. Da erschien plötzlich für die Slawen ein Retter in der Person eines fränkischen Kaufmannes.

Fredegar schreibt über ihn:

„Im 40. Jahre (der Königsherrschaft Chlothars II. – R. A.) verband sich ein gewisser Samo, ein geborener Franke aus dem senonagi-

schen Gau, mit mehreren Kaufleuten und zog in Handelsgeschäften zu den Sklaven, die man Wineder nennt.“

Der senonagische Gau lag in Burgund, es ist das Gebiet um die heutige Stadt Sens, etwa einhundert Kilometer südwestlich von Paris. Samo begab sich laut Fredegar nicht allein auf die Reise, sondern gemeinsam mit mehreren Kaufleuten. Das deutet auf die Handelsware hin. Honig, Stoffe, Felle oder Bernstein, die man von den Slawen bezog, hätte Samo mit ein paar Knechten allein transportieren können. Es gab nur eine Ware, bei der es ratsam war, daß sich die Kaufleute zusammentaten: Sklaven. Sie waren ein unsicheres Handelsgut. Wenn man sie nicht ständig bewachte, liefen sie davon. Bei räuberischen Überfällen schlugen sie sich auf die Seite der Angreifer. Schlimmer, dachten sie wohl mit Recht, konnte ihr Los nicht werden. Handelszüge, die Sklaven einkauften, bestanden demnach immer aus mehreren Händlern mit einem gehörigen Troß bewaffneter Knechte. Mit solch einem Troß also kam Samo im Jahre 623 zu den Wenden. Der Sklavenhandel war gewöhnlich Sache jüdischer Händler. Für Christen galt er als anrüchig, besonders wenn es sich bei den Sklaven um Christen handelte. Die Sklaven der Franken waren daher meist Wenden oder Sachsen, also Heiden. Für die Wenden hatte sich so bereits der Name Sklave–Slawe auf ein ganzes Volk übertragen. Daß Samo ein jüdischer Händler war, deutet sein Name an, denn Samo ist die Kurzform von Samuel.

Fredegar schreibt weiter:

„Die Söhne der Chunen aber, die diese mit den Weibern und Töchtern der Wenden erzeugt hatten, ertrugen endlich diesen Druck nicht mehr, verweigerten den Chunen den Gehorsam und begannen eine Empörung. Wie nun das wendische Heer gegen die Chunen auszog, so begleitete jener Handelsmann Samo dasselbe. Da erprobte sich dessen Tapferkeit gegen die Chunen auf eine wunderbare Weise, und eine ungeheure Menge Chunen fielen durch das Schwert der Wenden. Als diese nun die Tapferkeit Samos erkannt hatten, wählten sie ihn zu ihrem König, und er herrschte 55 Jahre lang glücklich. Mehrere Schlachten lieferten die Wenden unter seiner Regierung gegen die

Chunen, und jedesmal blieben sie durch sein Verdienst Sieger. Samo hatte 12 wendische Weiber, mit denen er 22 Söhne und 25 Töchter erzeugte.“

Samo lebte bis zum Jahre 678. Wenn er 55 Jahre lang regierte, muß er ein junger Mann von etwa 20–25 Jahren gewesen sein, als er zu den Wenden kam. Er wurde knapp achtzig Jahre alt, für die damalige Zeit ein außergewöhnlich hohes Alter.

Es ist dies das einzige Mal, daß in den Quellen von einem Stammesbündnis der ostelbischen Slawen die Rede ist. Die meiste Zeit lebten die einzelnen slawischen Stämme in Feindschaft untereinander. Sie bekriegten sich gegenseitig, raubten sich das Vieh und verkauften die Gefangenen in die Sklaverei. Deshalb fiel es den Franken und später den Deutschen so leicht, sich ihrer zu bemächtigen. Zu Samos Zeit aber vermochten es der gemeinsame Feind, die Awaren, und die Persönlichkeit Samos, sie zu vereinen. Als dieser Feind besiegt war, drohte der Bund wieder zu zerfallen und Samos Herrschaft zu enden.

Deshalb wird Samo die Slawen veranlaßt haben, sich nun andere Feinde zu suchen, die Thüringer und Sachsen. Fredegar schreibt, daß *„... die Wenden auf Samos Befehl noch immer ihre wilde Wut ausübten und häufig aus ihrem Gebiet ins Frankenreich Einfälle machten und Thüringen und andere Gaue verheerten ...“*

Diese Raubzüge der Slawen wurden durch Samo von seinem Königssitz aus, der in Böhmen liegenden Wogastisburg, koordiniert. König Dagobert mußte das Problem generell lösen und sich in die Höhle des Löwen begeben. Ein Vorwand dafür fand sich im Jahre 631. Dazu wieder Fredegar:

„In diesem Jahre wurden die in Samos Reich handelnden Kaufleute von den Sklaven, die den Beinamen der Wenden führen, umgebracht und ihres Vermögens beraubt. Das war die Veranlassung des Zerwürfnisses zwischen Dagobert und dem Sklavenkönig Samo. Dagobert schickte den Sycharius als Gesandten zu Samo mit der Forderung, wegen des von den Seinigen an den fränkischen Handelsleuten verübten Mordes und Raubes einzuschreiten, wie es die Gerechtigkeit erheische. Da Samo den Sycharius gar nicht sehen wollte und ihn nicht

vor sich ließ, so kleidete sich dieser nach sklavischem Brauch und erschien so mit seinem Gefolge vor Samo und tat ihm alles kund, was ihm aufgetragen worden. Aber Samo machte, wie es die heidnische und hochmütige Weise schlechter Menschen ist, nichts von dem, was die Seinen verbrochen hatten, wieder gut und verstand sich nur dazu, daß um dieser und ähnlicher zwischen beiden Teilen ausgebrochener Streitigkeiten willen gegenseitig gerichtliches Verfahren eintrete. Sycharius stieß hierauf in der Weise törichter Gesandter Schmähworte, die ihm nicht aufgetragen worden waren, und Drohungen gegen Samo aus, daß nämlich Samo mit seinem ganzen Volk dem Dagobert dienstbar zu sein habe. Schon verletzt erwiderte der König: ‚Das Land, das wir innehaben, und wir selbst sind Dagoberts, jedoch nur im Fall er Freundschaft mit uns bewahren will.‘ Sycharius sprach: ‚Es ist nicht möglich, daß Christen, die Knechte Gottes, mit Hunden in Freundschaft stehen.‘ Und Samo dagegen: ‚Wenn ihr die Knechte Gottes seid und wir die Hunde Gottes, so ist es uns erlaubt, wenn ihr unaufhörlich gegen seinen Willen tut, euch zu beißen.‘ Und bei diesen Worten warfen sie den Sycharius hinaus. Wie das Dagobert erfuhr, ließ er aus ganz Auster ein gewaltiges Heer gegen Samo und die Wenden ins Feld rücken und in drei Abteilungen gegen sie ziehen. Zu gleicher Zeit machten auch die Langobarden, von Dagobert geworben, einen feindlichen Einfall ins sklavische Gebiet. Die Sklaven rüsteten sich hier und an anderen Seiten zum Widerstand, aber das alamannische Heer unter Herzog Crodobert erfocht an der Stelle, wo es einfiel, den Sieg über sie; ebenso siegten die Langobarden; und beide, Alamannen und Langobarden, führten eine ungeheure Menge sklavischer Gefangener mit sich fort. Als sich die Austrasier aber an die Belagerung der Wogastisburg machten, wo sich die Hauptmacht der streitbaren Wenden befand, kam es zu einer dreitägigen Schlacht, in der ein großer Teil von Dagoberts Heer durchs Schwert fiel, worauf alle ihre Zelte und was sie hatten im Stich ließen und nach Hause flohen. Seitdem fielen die Wenden oftmals verheerend in Thüringen und die übrigen Gaue des Frankenreiches ein. Ja sogar Dervanus, der Herzog der Sorbier, eines Volkes von sklavischem Stamme, welches seit alters zum fränkischen Reich gehört hatte, fiel zu Samo ab. Jenen von den Wenden über die Franken er-

fochtenen Sieg trugen übrigens die Sklaven nicht durch ihre Tapferkeit davon, sondern wegen der Betörung der Austrasier, welche den Dagobert haßten, weil sie beständig von ihm ausgeplündert wurden."

Nach dieser Niederlage bei der Wogastisburg machte König Dagobert auf Druck des ostfränkischen Adels seinen erst dreijährigen Sohn Sigibert zum König Ostfrankens und als Gegengewicht den Westfranken Radulf zum Herzog über Thüringen. Auf die Ostfranken konnte er sich, wie er vor der Wogastisburg gemerkt hatte, beim Kampf gegen die Slawen nicht verlassen. Im Jahre 634 fielen wiederum wendische Stämme in Thüringen und Sachsen ein. Radulf schlug sie mit einem Heer, das er aus seiner westfränkischen Heimat hatte kommen lassen, in die Flucht. Die Stärke dieses Heeres muß für die Slawen dermaßen beeindruckend gewesen sein, daß sie in den folgenden Jahren Ruhe gaben und nicht mehr wiederkamen.

Im Jahre 641/42, nach dem Sieg über Sigibert und Adalgisel, fürchtete Radulf die Rache der Ostfranken. Er brauchte jetzt die Slawen gegen seine Widersacher. Fredegar schrieb, daß er Freundschaft mit den Wenden geschlossen hatte. Radulf traf sich wahrscheinlich mit Samo, Derwan und den anderen Slawenfürsten persönlich, um einen Beistandspakt abzuschließen. Dafür wurde den Slawen das früher von den Franken beanspruchte Land östlich von Elbe und Saale als souveränes tributfreies Gebiet überlassen.

Die Grenze aber wurde durchlässig. Das Wort „Grenze" ist ein Lehnwort aus dem Slawischen („graniza"), ebenfalls das Wort „Dolmetscher" („tolmatsch"). Beide Begriffe kamen zu jener Zeit in den thüringisch-sächsischen Sprachschatz und wurden später in den gesamtdeutschen übernommen. Den Slawen wurde erlaubt, die „Graniza" zu überschreiten und sich auch im Gebiet westlich der Elbe und Saale niederzulassen. Von dieser neuen Freiheit machten die Slawen regen Gebrauch. In vielen Landstrichen Thüringens und Sachsens verdoppelte sich fast die Einwohnerzahl. Die Slawen hatten den Franken gegenüber die gleichen Rechte und Pflichten wie Thüringer und Sachsen. Für das ihnen überlassene Land mußten sie wie die Einheimischen an die Franken Zins zahlen und

Heerfolge leisten. Sonst aber lebten sie nach slawischem Recht.

Die Spuren der slawischen Einwanderung sind heute noch gut zu erkennen. Es sind Landschafts-, Orts-, Straßen- und Flurbezeichnungen wie beispielsweise Wendland, Windischholzhausen, Windische Gasse, Wendenfeld. Die Slawen gründeten ihre Orte oft in der Nähe schon bestehender sächsisch-thüringischer Siedlungen. Sie übernahmen oft auch deren Ortsbezeichnung, setzten aber ein „Wendisch-“ davor. Mit der Zeit wurde aus diesem „Wendisch-“ ein „Wenigen-“, und daraus, in Unverständnis der ursprünglichen Bedeutung, ein „Klein-“. Die entsprechenden Orte der Thüringer und Sachsen aber bekamen zur Unterscheidung entweder die Vorsilbe „Deutschen-“ oder später, als die slawischen Orte bereits „Klein-“ hießen, die Vorsilbe „Groß-“.

Die Thüringer und Sachsen müssen sich mit den wendischen Neuankömmlingen gut verstanden haben. Ein sicheres Zeichen dafür ist die Tatsache, daß viele slawische Alltagswörter ins Deutsche übernommen wurden. So kommen unter anderen die thüringischen Dialektwörter Bemme (Brotschnitte) oder Plauze (Lunge) aus dem Slawischen. Aber auch solche im Deutschen allgemein gebräuchlichen Begriffe wie Graupe, Gurke, Plinse, Preiselbeere, Hamster, Zobel, Ziesel, Kürschner, Stieglitz, Zeisig, Zander, Plötze, Kummet, Peitsche, Jauche, Lusche, Halunke stammen von den slawischen Einwanderern.

VI.

„In castello Virteburch" Das neue Machtzentrum im Süden

Thüringer Herzöge

Radulfs Bündnispolitik scheint für ihn ein großer Erfolg gewesen zu sein. Es herrschten scheinbar Ruhe und Eintracht, denn es gab für die Chronisten keinen Grund, irgend etwas aus dem Osten zu berichten. Es vergingen 63 Jahre, bis man erneut etwas aus Thüringen erfährt. Es ist eine Urkunde. Sie stammt aus dem Jahre 704, und darin heißt es, daß der „vir illuster" Heden einem gewissen Bischof Willibrord, von dem noch ausführlich die Rede sein wird, Güter in Arnstadt, Mühlberg und einem nicht sicher zuzuordnenden „Monhore" schenkt. Ausgestellt ist die Urkunde am Wohnort Hedens, „in castello Virteburch", in Würzburg, und unterzeichnet von Heden, seiner Gattin Theodrada und beider Sohn Thuring. Der Thüringer Herzog residierte demnach im Jahre 704 in Würzburg. Wie kam es zu diesem Umzug?

Fredegar, die Hauptquelle für diese Zeit, schweigt. In vier Heiligenlegenden jedoch wird diese Lücke von 63 Jahren zwischen Radulf aus Herbsleben und Heden aus Würzburg geschlossen. Diese Legenden sind die Lebensbeschreibungen der Missionare Kilian und Bonifatius, des Würzburger Bischofs Burchard und der heiligen Bilhild. Obwohl sich in diesen vier Viten die Angaben zum Thüringer Herzogshaus teilweise widersprechen, ergibt sich für die meisten Historiker, die sich mit diesem Thema beschäftigen, folgendes Bild: Radulf hatte zwei Söhne, Heden und Theotbald. Radulf wird in der Kilians-Legende Hruodi genannt, sein Sohn Heden wird als Heden der Erste oder der Ältere bezeichnet, und dessen Bruder Theotbald erscheint auch unter seinem germanisch-deutschen Namen Gozbert. Theotbald/Gozbert war der Vater des jüngeren Heden, das heißt des in Würzburg residierenden Unterzeichners der Urkunde von 704. Offenbar herrschte bereits Theotbald/Gozbert im Süden, in der Maingegend. In dem ehemaligen Ort Nilkheim, der heute in Aschaffenburg aufgegangen ist, fand man eine Inschrift an einer Kapelle. Sie nennt einen Herzog Theotbald als Stifter und einen Bischof Rigibert, der diese Dionysiuskapelle geweiht hat. Rigibert ist als Bischof von Mainz um das Jahr 700 herum bezeugt, bei dem Stifter aber wird es sich wohl um Theotbald/Gozbert, den Sohn Radulfs, gehandelt haben. Während er und sein Sohn Heden der Jüngere im Süden herrschten, werden Radulf und Heden der Ältere zunächst weiterhin im Norden residiert haben.

Heden der Ältere, der Sohn Radulfs, so berichtet es die „Vita Bilhildis", begab sich in jener Zeit auf eine Reise nach Paris. Er kehrte von dort nicht zurück. Wahrscheinlich ist er auf dem Weg von Beauftragten des ostfränkischen Adels ermordet worden. Was er am merowingischen Königshof in Paris wollte, läßt sich vermuten. Die Herrschaft über Faras Gebiet am Main war durch dessen Tod vakant geworden. Radulf und seine Sippe hatten es okkupiert, und Heden wollte sich nun nachträglich die Erlaubnis holen, dieses Mainfranken offiziell dem Thüringer Herzogtum einzuverleiben. Das mußte den Zorn des ostfränkischen Adels hervorrufen. Aber Heden und Theotbald/Gozbert hatten die Bündnispolitik ihres Vaters Radulf mit den Slawen fortgesetzt, militärisch war ihnen nicht beizukommen. So sahen die Ostfranken nur in der Ermordung Hedens einen Weg, ihrem Ziel, sich Faras Gebiet anzueignen, näherzukommen. Später fiel auch sein Bruder, der Herzog Theotbald/Gozbert, diesem Machtkampf zum Opfer. Laut Kilian-Legende, die im folgenden noch ausführlich betrachtet werden soll, starb er allerdings angeblich als Vergeltung Gottes dafür, daß seine Gattin den Missionar Kilian hatte umbringen lassen. Seinen Sohn Heden den Jüngeren soll das Volk der Ostfranken wegen der Billigung dieses Verbrechens aus dem Reiche vertrieben haben.

Die letzte sichere Nachricht von einem Thüringer Herzog aus der Radulf-Heden-Sippe stammt eben von diesem jüngeren Heden. Etwa zwölf Jahre nach der Unterzeichnung der berühmten Urkunde von 704, im Jahre 716/17, stellte er wiederum für Willibrord eine Urkunde aus – er schenkte ihm sein zwischen Fulda und Würzburg gelegenes Gut in Hammelburg.

Über das weitere Schicksal der Radulf-Heden-Sippe gibt es nur unsichere Vermutungen. Der Kilianslegende, die allerdings erst viel später aufgeschrieben wurde, ist zu entnehmen, daß die gesamte Herzogssippe vom erzürnten Volk aus dem Lande verjagt wurde. In diesem Fall wäre die Heden-Familie nach Westfranken geflüchtet, wo sie mit zahlreichen Adelsgeschlechtern versippt und verschwägert war. Dort aber tauchten die Hedene nie auf, also werden sie nach damaliger Sitte wohl umgebracht worden sein.

Neue Wege

Der Umzug zunächst nur eines Thüringer Herzogs nach Süden und später des gesamten Herzogshauses hatte Auswirkungen auch auf die Verkehrswege. Zwischen dem neuen Machtzentrum in Würzburg und dem nördlichen Thüringen mußte eine neue, sichere Verbindung geschaffen werden. Dazu brauchte man auf dem Weg Rast- und Versorgungsstationen. Die planmäßige Besiedlung des sogenannten Grabfeldes diente diesem Zweck. Der Weg von Würzburg in den Norden führt noch heute durch zahlreiche -heim-Orte, die nach Himmelsrichtungen benannt sind und sich damit als Staatsgründungen der Radulf-Heden-Sippe erweisen.

Von Würzburg führte dieser Weg zunächst zum späteren fränkischen Königshof Geldersheim. Das in der Nähe liegende Schweinfurt war noch unbedeutend, es hieß im Mittelalter „Schweinfurt bei Geldersheim". Im Jahre 763 als „Geltresheim" (Heim des Gelthar) erstmals urkundlich erwähnt, war es ein Zentrum fränkischer und auch später noch frühdeutscher Königsherrschaft. Fundamente, die innerhalb der Kirchenburg aufgefunden wurden, verweisen auf eine Pfalzkapelle aus jener Zeit.

Von dort ging der Weg zum heutigen Bad Kissingen (801 Chizziche) und erreicht die fränkische Saale. Diesem Fluß folgte die Straße bis Salz, das später zur karolingischen Königspfalz wurde – es ist das heutige Neustadt an der Saale. Ein paar Kilometer nördlich davon mündet die Streu in die Saale. Dem Lauf dieser Streu folgte der Weg bis Mellrichstadt. Im Tal der Streu bezeichnen die Namen Stockheim, Ostheim, Nordheim, Sondheim (Südheim) den weiteren Verlauf. In Fladungen im Baringgau trifft der Weg auf eine Altthüringer -ingen-Siedlung. Westlich davon liegt der Ort Rüdenschwinden, eine slawische Niederlassung. Radulfs Slawenpolitik wurde demnach von seinen Nachfahren fortgesetzt.

In Fladungen teilte sich der Weg. Ein westlicher Strang zog später über Frankenheim in das Tal der Ulster. In den Orten des Ulstertales um Geisa herum ist zahlreiches fränkisches Gut belegt. In Butlar stieß dieser Weg auf die West-Ost-Hauptstraße, den alten Römerweg aus Mainz.

Die ältere Verbindung aber führte von Fladungen aus durch die sogenannten Kalten-Orte wie Kaltensundheim und Kaltennordheim. In der Nähe befinden sich noch Kaltenwestheim und ein Mittelsdorf. Es handelt sich hier um eine sehr früh angelegte Staatssiedlung, das Tullifeld. Am Rande von Kaltenwestheim, das zuvor Altendorf hieß, fanden Archäologen reich ausgestattete fränkische Gräber vom Ende des siebenten Jahrhunderts, aus der Zeit des Herzogs Radulf. Die Felda aufwärts erreichte der Weg nahe dem späteren karolingischen Königshof Dorndorf die Werra.

Die Heden-Urkunde

Als Grund für diese Schenkung an den Missionsbischof Willibrord wurde von einigen Historikern vermutet, daß Heden mit Hilfe Willibrords in Thüringen, ähnlich wie die Herzöge in Bayern oder Friesland, eine eigene, ihm unterstehende Landeskirche errichten wollte. Wenn man sich aber die geschenkten Güter ansieht, scheint dieser Grund nicht zu stimmen. In Arnstadt besteht die Schenkung aus einem kompletten Gutshof mit allem Zubehör, in Mühlberg aber nur aus drei Bauernstellen. Das wichtigste Geschenk der Herzogsfamilie in „Monhore" aber war ein Drittel des bewirtschafteten Waldes. Der Wald war für einen Gutshof genauso wichtig wie

Äcker und Wiesen. Er diente der Schweinemast, der Jagd, man sammelte dort Beeren und Pilze, entnahm Holz zum Heizen und Bauen. Es ist zu vermuten, daß auch die anderen in „Monhore" geschenkten Güter nur ein Drittel des Gesamtbesitzes ausmachten. Außer dem erwähnten Wald werden exakt aufgeführt: sieben Hufen Land, sieben Knechte (casatas, das heißt mit ihren Hütten und Familien), Wiesen mit fünfzig Fudern Ertrag, zwei Schweinehirten mit fünfzig Schweinen, zwei Kuhhirten mit zwölf Kühen und einiges andere. Der gesamte Hof in „Monhore" besaß also etwa zwanzig Hufen. Nimmt man vom Arnstädter Hof die gleiche Größe an und rechnet die drei Hufen in Mühlberg dazu, so beträgt die Schenkung im Jahre 704 etwa 30 Bauernstellen. Bei den damals geringen Erträgen und den Risiken durch Unwetter und Viehseuchen konnte man nur etwa ein Zehntel der Produkte als Abgabe beanspruchen. Höhere Tribute hätten die Bauern nicht verkraftet, sie wären verhungert. Mit diesen geringen Zinsen aber konnte man keine Landeskirche aufbauen.

Die Schenkung muß also andere Gründe gehabt haben. Sie fällt zeitlich zusammen mit der Einweihung einer Kirche auf der herzoglichen Virteburch, der Würz-Burg. Die christliche Liturgie schreibt vor, daß Kirchen vor ihrer Benutzung von einem Bischof geweiht werden müssen. Normalerweise hätte dies der am nächsten wohnende Bischof machen müssen, der Bischof von Mainz, Rigibert. Aber sowohl Rigibert als auch die etwas entfernter wohnenden Bischöfe aus Trier und Köln entstammten dem ostfränkischen Hochadel. Sie konnte Heden für die Einweihung nicht gewinnen, denn der alte Konflikt von 641/42 zwischen Radulf und den Ostfranken bestand immer noch.

Der einzige, den Heden für die Kirchenweihe engagieren konnte, war der Friesenmissionar Willibrord, der Bischof von Utrecht. Als Engländer hielt er sich aus den innerfränkischen Machtkämpfen heraus. Was aber bezweckte Heden mit dieser Schenkung? Wer war eigentlich dieser englische Missionsbischof, und was erwartete Heden von ihm?

Willibrord (658–739) war im Jahre 690 mit einigen Begleitern aus England kommend an der Rheinmündung gelandet. Ein Jahr zuvor hatte der ostfränkische Hausmeier Pippin (der Mittlere) die Friesen unterworfen. Willibrord begab sich mit seinen Leuten zum friesischen Vasallenkönig Radbod auf die Wiltaburg (Utrecht), um ihm die Religion der Sieger zu verkünden. Radbod schien nicht begeistert gewesen zu sein, ließ aber Willibrord ungeschoren ziehen. Willibrord ging daraufhin zu Pippin und erhielt von ihm die Zusage militärischen Schutzes. Nach einer ersten Reise nach Rom kehrte er nach Friesland zurück und errichtete in Antwerpen seinen Hauptstützpunkt. Von hier aus missionierte er den Süden Frieslands. Im Jahre 695 schickte ihn Pippin wiederum nach Rom, um sich für ganz Friesland als Erzbischof weihen zu lassen. Nach seiner Rückkehr wurde er von Pippin in den nördlichen Teil Frieslands gesandt, nach Utrecht, das für ihn als Bischofssitz auserwählt war.

Im Jahre 699 bekam Willibrord von einer gewissen Irmina, Äbtissin eines Trierer Frauenklosters, ihren Besitzanteil an der Villa Echternach, einem Ort im heutigen Luxemburg. Hier in Echternach gründete Willibrord sein Stammkloster. Diese Irmina entstammte einer führenden und reich begüterten Adelsfamilie des Trierer Raumes. Sie war die Tante Theodradas, der Frau Herzog Hedens. Theodrada wird also ihre Tante um einen Besuch des Bischofs gebeten haben, und durch Irminas Vermittlung kam Willibrord nach Würzburg. Nach der Kirchweihe auf dem Kastell wurde er von Herzog Heden und seiner Frau beschenkt. Diese Schenkung war mit der Bitte verbunden, ihnen aus dem Kloster Echternach einige Priester zu senden. Willibrord hat diese Bitte erfüllt und ihnen vier seiner englischen Gefährten geschickt. Ihr Lebensunterhalt wurde von den Gütern aus Arnstadt, Mühlberg und „Monhore“ bestritten. Die Namen dieser angelsächsischen Priester sind in der „Vita Bonifatii“ überliefert. Die betreffende Stelle lautet:

„Als er (d. h. Bonifatius – R. A.) dann alles solches vollendet und unter dem Beistand des Himmlischen durchgesetzt hatte (gemeint ist die Fällung der Eiche im hessischen Geismar – R. A.), eilte er sofort nach Thüringen weiter. Dort wandte er sich an die Ältesten der Gemeinden und die Fürsten des Volkes und brachte sie dazu, ihrer Unwis-

senheit Blindheit abzutun und den schon früher empfangenen christlichen Glauben wieder anzunehmen. Nachdem nämlich das Reich ihrer Herrscher aufgehört hatte, war eine große Anzahl ihrer Grafen während der gefährlichen Regierung des Theotbald und Heden, die über sie eine finstere Gewalt tyrannischen Herzogtums, die feindlich mehr auf Verwüstung als auf Ergebung beruhte, ausübten, entweder durch den Tod des Leibes abgerufen, oder auf den feindlichen Heerzügen gefangen, oder durch mannigfache Übel in dem Maße gedrängt, daß der noch zurückgebliebene Rest des Volkes sich der Herrschaft der Sachsen unterworfen hatte. Aber mit dem Aufhören der Herrschaft frommer Herzöge hörte in ihnen auch ihr Eifer für die christliche Religion auf, und falsche Brüder drangen ein, die das Volk verführten und unter dem Namen der Religion den höchsten Grad heidnischer Verderbnis einführten. Von diesen sind namentlich zu nennen Torchtwine und Berethere, Eanbercht und Hunraed, Ehebrecher und Hurer, die nach dem Worte des Apostels der Herr unser Gott richten wird. Diese erregten einen gewaltigen Widerstand gegen den Mann Gottes, jedoch durch das ihnen entgegengehaltene wahre Wort Gottes wurden sie geschlagen und empfingen die ihnen gebührende Wiedervergeltung …"

Diese vier Priester Torchtwine, Berethere, Eanbercht und Hunraed müssen, wie ihre englische Namen verraten, die von Willibrord nach Thüringen geschickten Geistlichen gewesen sein. Sie waren Konkurrenten des Bonifatius und nur deshalb wurden sie so schlechtgemacht. Nach der Vita Bonifatii gab es im Jahre 722 in Thüringen keine Herzöge mehr, sondern nur noch *„die Ältesten der Gemeinden"* und *„Fürsten des Volkes"*, also Huntari und Grafen. Das Hedensche Herzogshaus war beseitigt worden. Diese Thüringer Herzöge waren einerseits, so die Vita, Tyrannen, andererseits aber *„fromme Herzöge"*. Das kann nur heißen, daß sie mit Gewalt das Christentum in Thüringen eingeführt hatten. Vor dieser Zeit des Theotbald und Heden soll es demnach kein nennenswertes Christentum in Thüringen gegeben haben. Woher aber kam dieser plötzliche *„Eifer für die christliche Religion"* bei den Thüringer Herzögen?

Er wird nur verständlich durch die Situation im Kernreich. Der alte Feind der Thüringer Herzöge, der Adel Ostfrankens, besaß in der Person Pippins des Mittleren die gesamte Macht im Frankenreich. Er war der Enkel von Pippin dem Älteren und Bischof Arnulf von Metz, also den beiden einst mächtigsten Grundbesitzern Ostfrankens. Pippin hatte den Besitz von den beiden geerbt. Im Jahre 687 hatte er ein neustrisches Heer geschlagen und seinen Vertrauten Nordebert in Paris als Hausmeier eingesetzt. Faktisch regierte Pippin das Frankenreich allein. Die Merowingerkönige waren weitgehend entmachtet. Im Jahre 690 hatte Pippin Friesland unterworfen und war anschließend östlich des Rheins gegen die Schwaben gezogen. Es war abzusehen, daß er auch gegen Thüringen vorgehen würde.

Die Datumsangabe in der Hedenurkunde aus dem Jahre 704 lautet *„im 10. Jahr des Königs Childebert"*. Heden war also, wie seine Vorgänger im Herzogsamt, immer noch königstreu, ein Anhänger der Merowinger. Mit dem Emporkömmling, dem Hausmeier Pippin, wollte er nichts zu tun haben. Pippins Herrschaft und die faktische Entmachtung der Merowinger betrachtete er als Staatsstreich. Für Pippin aber wäre der beste Vorwand, in Thüringen einzufallen, dorthin „das Licht des rechten Glaubens" bringen zu müssen. Diesen Vorwand wollten ihm die Thüringer Herzöge nicht liefern. So erklären sich die „christliche Tyrannei" der Herzöge Theotbald und Heden, der Bau einer Kapelle auf der Virteburch, die Anwesenheit Willibrords und die Schenkungsurkunde.

Über diese Urkunde aus dem Jahre 704 wurde oft auch in der Heimatliteratur geschrieben. Dabei war die Lokalisierung von *„Arnestadi"* als Arnstadt und *„in castello Mulenberge"* als Mühlberg immer unbestritten. Sie waren die ersten schriftlich erwähnten Orte in Mitteldeutschland. In Arnstadt lag der Hof *„über dem Fluß Weiße"*, also wahrscheinlich irgendwo zwischen dem hochgelegenen Marktplatz und der Liebfrauenkirche. Der Mühlberger Hof lag unterhalb der Mühlburg, einer der „Drei Gleichen". Die Dorfkirche in Mühlberg hieß ursprünglich St. Gallus, ein in Thüringen seltenes Patrozinium. Der heilige Gallus, ein Iroschotte, war der Gründer des berühmten Klosters St. Gallen. Sein Patrozinium weist auf die Kirchengründer, die Leute des Willibrord.

Welcher Ort sich aber hinter „Monhore“ verbirgt, ist umstritten. Meist wird das Dorf Großmonra am Fuß der Schmücke damit gleichgesetzt. Dafür sprechen die Namensähnlichkeit des Ortes, eines Monra-Baches und nicht zuletzt die Monraburg, eine große vorgeschichtliche Wallanlage oberhalb des Ortes auf dem Kamm der Schmücke. Diese ursprünglich wohl bronzezeitliche Fliehburg diente später den Franken als Militärstation, von hier aus wurde ein wichtiger Paß über die Schmücke und Finne kontrolliert. Durch den noch heute vorhandenen „Rennweg“ war sie mit der etwa zehn Kilometer entfernten nordwestlich gelegenen Wachstation an der Thüringer Pforte, der späteren Sachsenburg, verbunden. Sowohl die Monraburg als auch der ihr zu Füßen liegende Ort Großmonra werden demnach fränkisches Staatseigentum gewesen sein, das die Thüringer Herzöge irgendwann privatisiert hatten und deshalb verschenken konnten.

Aber auch andere Orte haben versucht, die Ehre, „Monhore“ zu sein, für sich zu beanspruchen. Die dortigen Heimatfreunde gingen von der Überlegung aus, daß Heden dem Bischof Willibrord einen möglichst zusammenhängenden Besitz geschenkt haben muß. Mühlberg und Arnstadt liegen etwa zehn Kilometer voneinander entfernt, das kann als zusammenhängend angesehen werden. Der Abstand aber zu Großmonra beträgt ungefähr fünfzig Kilometer, das sei zu weit von den beiden geschenkten Ortschaften entfernt, also wurde ein Ort in der Nähe von Arnstadt und Mühlberg gesucht.

Unter denjenigen, die „Monhore“ auf sich beziehen wollen, ist auch die Stadt Ohrdruf. Sie liegt immerhin nur knapp zehn Kilometer westlich von Mühlberg. Ohrdrufer Lokalhistoriker haben aus dem Flurstück „Mondfeld“ und ihren Ortsnamen in der frühen Nennung als „Or-dorf“, ein „Mon(d)-or(e)“ konstruiert und es, nachdem man dort Scherben aus der römischen Kaiserzeit gefunden hatte, zum „Monhore“ der Heden-Urkunde erklärt. Allgemeine Anerkennung aber haben sie damit nicht gefunden. Die Entfernung zwischen Mühlberg/Arnstadt und Großmonra ist nämlich kein hinreichender Grund, „Monhore“ woanders als in Großmonra zu suchen. Fünfzig Kilometer waren für damalige Verhältnisse keine große Strecke. Ein Reiter brauchte einen knappen Tag, ein beladener Ochsenkarren gut zwei Tage. Bei dem damaligen Zeitgefühl war das ein kurzer Weg. Daß Großmonra mit dem Monhore der Hedenurkunde identisch ist, versuchte man vor einigen Jahren in den „Sömmerdaer Heimatheften“ anhand von Luftbildern nachzuweisen. Demnach soll sich der Heden-Hof nördlich von Großmonra an der Straße nach Burgwenden befunden haben.

Thüringen und Sachsen unter den Karolingern

I.

„… unter unserem Schutz und Schirm“ Frankenherrschaft und Kirche in Thüringen

Die erste Reise des Bonifatius nach Thüringen

Die Entmachtung der Merowingerkönige durch das Adelsgeschlecht der Karolinger hatte auch in Thüringen und Sachsen spürbare Folgen. Alle Staatsämter wurden neu besetzt, das gesamte Land wurde neu vermessen und in Marken eingeteilt. Das frühere umfangreiche Königsgut, das sich zum großen Teil in privaten Händen befand, wurde eingezogen und wieder verstaatlicht. Daß dieser Austausch der Eliten und die Enteignungen großen Stils nicht konfliktfrei vonstatten gingen, läßt sich denken. Allerdings berichtet die karolingische Geschichtsschreibung nur andeutungsweise davon.

Eine völlig neue Funktion bei der grundlegenden Umgestaltung der Verhältnisse erhielt die christliche Religion. Sie war die geistige Grundlage der neuen karolingischen Herrschaft, ihre Einführung in Thüringen und Sachsen wurde unter den Karolingern systematisch und militant betrieben. Kirchliche und staatliche Organisation gingen Hand in Hand, Kirche und Staat waren zwei Seiten einer Medaille. Eine herausragende Rolle spielte dabei der angelsächsische Mönch Winfried-Bonifatius.

Im Herbst des Jahres 719 erschien Winfried zum ersten Mal in Thüringen. Über ihn haben bisher meist Kirchenhistoriker geschrieben – dabei standen verständlicherweise die kirchlich-theologischen Aspekte seines Wirkens im Vordergrund. Die schriftlichen Quellen, die sie dabei benutzten, die Lebensbeschreibungen und vor allem die zahlreichen Briefe des Bonifatius, zeichnen aber auch ein anschauliches Bild von den weltlichen Zuständen seiner Zeit. Deshalb lohnt es, sich ausführlicher mit diesen Quellen zu beschäftigen.

Winfried wurde um das Jahr 672 als Sohn eines reichen Gutsbesitzers in der angelsächsischen Provinz Wessex geboren. Mit sieben Jahren hatte ihn sein frommer Vater einem Kloster übergeben. Dort erhielt Winfried eine gediegene Ausbildung und wurde zum Priester geweiht. Mit beinahe 45 Jahren entschloß er sich, Missionar zu werden. Im Jahre 716 machte er sich mit einigen Mitbrüdern nach Friesland auf, um dort das Christentum zu predigen. Das war ein denkbar ungünstiger Zeitpunkt. Als Winfried mit seinen Gefährten beim Friesenkönig Radbod vorstellig wurde, konnte er froh sein, unbeschadet wieder davonzukommen. Kurz zuvor nämlich hatten sich die Friesen der Frankenherrschaft und deren christlicher Religion gewaltsam entledigt. Winfried und seine Begleiter kehrten nach England zurück und machten sich zwei Jahre später wiederum auf den Weg, diesmal nach Rom. Im Spätherbst des Jahres 718 erreichten sie die Stadt. Erst im Mai des folgenden Jahres erhielt Winfried im Vatikan eine Urkunde, die ihn berechtigte, im Namen des Papstes nördlich der Alpen zu missionieren. Das heißt also, daß er über ein halbes Jahr in Rom warten mußte, um diesen Termin beim Papst zu bekommen. Mit der Urkunde erhielt Winfried den Namen Bonifatius, des am Vortage gefeierten römischen Heiligen.

Auf der Rückreise von Rom machte Bonifatius mit seinen Begleitern am langobardischen Königshof Station. Hier in Pavia herrschte der katholische König Liutprand. Seine Frau war die bayrische Prinzessin Guntrut. Die Papsturkunde öffnete Bonifatius alle katholischen Tore. Von Pavia aus zog Bonifatius über die Alpen nach Regensburg, der Hauptstadt des bayrischen Herzogtums. Guntrut hatte ihm ein Empfehlungsschreiben für ihren Vater, den Bayernherzog Theodebert, mitgegeben, und so wurde Bonifatius auch hier freundlich aufgenommen. Die guten Beziehungen, die er zeit seines Lebens zum bayrischen Herzogshaus hatte, haben hier ihre Wurzeln.

Von Regensburg aus ging Bonifatius nach Thüringen. Über seinen ersten Aufenthalt dort berichtete später sein Biograph Willibald:

„Der heilige Mann redete also in Thüringen nach dem ihm gewordenen Befehl des apostolischen Priesters die Führer der Stämme und die Fürsten des ganzen Volkes mit geistlichen Worten an und rief sie zurück auf den Weg der wahren Erkenntnis und zum Lichte der Einsicht, das sie, schon lange und zum größten Teil von schlechten Lehrern verführt, verloren hatten. Aber auch die Geistlichen und Priester, von denen zwar einige den Dienst des allmächtigen Gottes versahen, andere jedoch, beschmutzt und verunreinigt durch Hurerei, die keusche Enthaltsamkeit, die sie als Diener der heiligen Altäre bewahren sollten, eingebüßt hatten, wandte er, soweit es in seinen Kräften lag, durch seine echt evangelischen Reden von der Bosheit Abwegen wieder dem richtigen Wege der kirchlichen Satzungen zu, ermahnte und belehrte sie. Dann betrat er, von seinen Brüdern begleitet, Frankien …"

Mit *„Frankien"* ist die Rheingegend gemeint. Von dort aus begab sich Bonifatius nach Friesland. Der Friesenkönig Radbod, der ihn einst verjagt hatte, war mittlerweile gestorben, und die Franken hatten Friesland zurückerobert. Bischof Willibrord residierte wieder in Utrecht, und ihm bot Bonifatius seine Hilfe bei der Missionierung Nordfrieslands an. Zwei Jahre lang wirkte er dort als Willibrords Gehilfe.

In Thüringen dagegen schien Bonifatius nichts erreicht zu haben. Die *„Führer der Stämme"* und die *„Fürsten des ganzen Volkes"* waren *„von schlechten Lehrern verführt"* worden, wie sein Biograph Willibald schrieb. Die *„Fürsten des ganzen Volkes"* – das waren die bereits erwähnten Verfasser der Urkunde von 704 Heden II. und sein Sohn Thuring. Sie wurden von Bonifatius *„mit geistlichen Worten"* angeredet. Was er ihnen sagte, läßt sich aus seinen späteren Briefen entnehmen: Er verlangte von ihnen die radikale Abschaffung jeglicher heidnischer Bräuche und die Verkündung und Ausübung allein der christlichen Lehre, den Aufbau eines dichten Netzes von Kirchen und Pfarrstellen, ihre Ausstattung mit Land und die Einführung des Kirchenzehnten sowie die straffe organisatorische Einbindung der Thüringer Kirche in die des Frankenreiches unter römischer Oberhoheit. An letzterem war Bonifatius besonders gelegen, denn als Sohn der angelsächsischen Kirche war er streng römisch-katholisch. Diese Autorität Roms hat einen kirchengeschichtlichen Hintergrund. Nach der Bibel hatte Jesus den Apostel Petrus beauftragt, die Kirche zu gründen: „Du bist Petrus (d. h. der Fels), und auf diesem Felsen will ich meine Kirche bauen.“ Petrus aber war der erste Bischof von Rom, und alle Bischöfe Roms galten als seine Nachfolger. Ihnen stand die Leitung der gesamten Kirche zu. Die Angelsachsen waren von Rom aus missioniert worden, und die angelsächsische Kirche war seit ihrer Gründung absolut romhörig. Bei Bonifatius kam noch hinzu, daß er ein strenger, unerbittlicher Verfechter der Reinheit der katholischen Lehre war. Penibel verfocht er die genaue Einhaltung kirchlicher Gesetze und Vorschriften. Es waren Lehrmeinungen kirchlicher Autoritäten, beispielsweise die des Kirchenlehrers Augustinus oder des Papstes Gregor des Großen, sowie andere Glaubens- und Rechtsgrundsätze, die von den Bischöfen in den vorangegangenen Jahrhunderten auf Synoden beschlossen worden waren. All diese Vorschriften lagen gesammelt in Rom, in der Bibliothek des Vatikan, und auch deshalb konnte die wahre katholische Kirche nur von Rom angeleitet werden.

In Franken, also auch in Thüringen und Sachsen, waren die Verhältnisse völlig anders. Rom interessierte hier niemanden. Die Merowingerkönige waren seit Chlodwigs Übertritt zum katholischen Glauben die obersten Herren der Kirche. Die von ihnen eingesetzten Herzöge, wie beispielsweise die Thüringer, nahmen ebenfalls das Recht, über die Kirche bestimmen zu können, für ihr Herzogtum in Anspruch. Die Bischöfe waren hier nur Beauftragte des Königs beziehungsweise des Herzogs. Kirchliche Gesetze und theologische Vorschriften aus Rom galten im Frankenreich wenig. Zudem war das fränkisch-thüringische Christentum noch eine bunte Mischung aus uralten „heidnischen“ Bräuchen und Elementen der neuen christlichen Riten. Die christlichen Priester, die Bonifatius in Thüringen vorfand, schienen dies akzeptiert und unterstützt zu haben. Deshalb nannte sie Willibald *„schlechte Lehrer"*, die das Volk *„verführt"* hatten.

Die *„Fürsten des ganzen Volkes"* konnten also mit diesem Römling Bonifatius und seinen Vorstellungen von Kirche wenig anfangen. Ebenso ging es den *„Führern der Stämme"*, den von Heden eingesetzten Gaugrafen. Sie hatten auf dem ihnen verliehenen Grund und Boden Kirchen erbauen lassen und betrachteten diese als ihr persönliches Eigentum. Die dort tätigen Priester waren ihre Untergebenen. Die *„schlechten Lehrer"* müssen unter anderen Willibrords Missionare gewesen sein, die sich ebenfalls den thüringisch-sächsischen Verhältnissen angepaßt hatten. Thüringen war allerdings, wie sich aus dem Bericht Willibalds schließen läßt, kirchlich grundversorgt. Für Bonifatius wäre höchstens die Stelle eines Dorfpfarrers frei gewesen. So ist sein Weggang aus Thüringen verständlich.

Nachdem er zwei Jahre lang in Friesland missioniert hatte, bot ihm Willibrord an, ihn zum Bischof zu weihen und ihn als seinen Nachfolger zu bestimmen. Bonifatius lehnte ab. Er sei, so berichtete sein Biograph Willibald, eines solch hohen Amtes nicht würdig und hätte zudem noch nicht das für das Bischofsamt kanonisch vorgeschriebene Alter von fünfzig Jahren erreicht. Da Bonifatius um das Jahr 672 geboren wurde, kann er zu diesem Zeitpunkt in der Tat kurz vor dem fünfzigsten Lebensjahr gestanden haben. Aber weder sein Alter noch seine Bescheidenheit werden die wahren Gründe gewesen sein, das Angebot Willibrords abzulehnen. Bonifatius wollte mehr als nur der Hilfsbischof Willibrords bei den Friesen sein. Was er beabsichtigte, zeigen die nächsten Jahre. Der Hausmeier Karl Martell, der durch einen Putsch die Macht im Zentrum des Frankenreiches übernommen hatte, führte zu jener Zeit etliche Feldzüge gegen die Provinzen, um auch dort seine Herrschaft zu festigen. Seine Verwandten und Anhänger, die ihm bei der Machtübernahme geholfen hatten, wollte er in die Herzogs- und Grafenämter einsetzen. Er zog nach Alamannien, Friesland, Bayern, Hessen und Sachsen. So sind für die Jahre 718 und 720 Feldzüge Karl Martells nach Sachsen überliefert, wobei bemerkt werden muß, daß die fränkischen Quellen jener Zeit Thüringen ebenfalls als Sachsen bezeichnen. Im Verlaufe des zweiten Feldzuges wird Karl die Heden-Sippe sowie die von ihr eingesetzten Thüringer Grafen entmachtet und das fränkische Reichsgut sowie die dazugehörigen Ämter an seine Getreuen verteilt haben.

Nachdem Bonifatius dies erfahren hatte, verließ er Friesland und begab sich zurück nach Hessen und Thüringen. Er hoffte, dort von den neuen Machthabern unterstützt zu werden. Zunächst machte er jedoch Station im Kloster Pfalzel bei Trier. Hier wollte sich Bonifatius Zugang zum Kreis des ihm noch fremden ostfränkischen Hochadels verschaffen, der nun in der Person Karl Martells die oberste Macht erlangt hatte. Der einzige Tip, den ihm Willibrord mit auf den Weg geben konnte, war, das Kloster Pfalzel aufzusuchen. Die Äbtissin des Klosters war Adela von Pfalzel, die Stieftante Karl Martells. Willibrord kannte sie, denn sie war die Tochter Irminas von Oeren, jener Irmina, die Willibrord einst das Gelände für sein Kloster Echternach geschenkt hatte. Bei seinem Besuch im Kloster Pfalzel lernte Bonifatius den jungen Gregor kennen, den Enkel der Äbtissin Adela. Gregor war, so schrieb dessen Biograph Liutger, so beeindruckt von Bonifatius, daß er seine Großmutter bat, sich ihm anschließen zu dürfen. *„Adela wehrte sich zunächst“*, schrieb Liutger, *„Gregor ziehen zu lassen, aber dann gab sie doch nach, gab ihm Diener und Pferde und ließ ihn mit dem heiligen Lehrer ausziehen …“*

Adela gab ihrem Enkel *„Diener und Pferde“* mit. Viele Nonnen, Mönche und auch weltliche Geistliche, vor allem Bischöfe, stammten aus dem Adel. Sie waren es von Kind an gewohnt, sich bedienen zu lassen. Schwere Arbeit ließen sie verrichten. Dieser Umstand wird nur selten erwähnt, denn er paßte schlecht in eine Heiligenlegende. Ein weiterer Grund, daß auch Kirchenleute zahlreiche Diener hatten, bestand darin, daß Reisen damals sehr gefährlich waren. Räuberbanden streunten umher, und leicht wurde man, war man in der Minderzahl, beraubt, in die Sklaverei verkauft oder sogar erschlagen. Auch Bonifatius reiste nie allein, seine Diener und Soldaten werden schönredend als „Gefährten“ bezeichnet.

Von Pfalzel aus zogen Bonifatius, sein neuer Schüler Gregor

und die „Gefährten“ nach Nordhessen in den Lahngau. Über das Wirken des Bonifatius in Hessen gibt es mehr Nachrichten als über seinen späteren Aufenthalt in Thüringen und Sachsen. Er wird aber überall ähnlich vorgegangen sein wie in Hessen, so daß man bei der Ähnlichkeit der Verhältnisse Schlüsse ziehen kann, die das Dunkel, das sein Wirken in Thüringen und Sachsen umgibt, erhellen könnten.

Bonifatius in Hessen

Der nordhessische Lahngau war die Grafschaft des Dedic und Deowulf. Diese beiden Gaugrafen übergaben Bonifatius in der Nähe ihrer Burg, der Amöneburg, ein Gelände, auf dem er seinen ersten Stützpunkt, ein Kloster, errichten ließ. Von hier aus knüpfte Bonifatius Kontakte nach Thüringen und Sachsen. Er bereiste diese Gegenden und lernte dabei jene fünf „viri magnifici“, das heißt „erlauchte Männer“, kennen, die, wie noch zu zeigen sein wird, in der Geschichte Thüringens einen bedeutenden Platz einnahmen. Im Frühjahr des Jahres 722 schickte er seinen Landsmann, den Priester Bynan, nach Rom, um dem Papst von seinen Erfolgen bei der Mission der Hessen zu berichten. Bynan brachte aus Rom eine Einladung mit, und so machte sich Bonifatius im Spätsommer des Jahres 722 auf den Weg. Die kürzeste und bequemste Verbindung zwischen Hessen und Rom lief über den Brennerpaß. Da er aber die Alpen über den Großen St. Bernhard überquerte, muß er einen Umweg gemacht und Karl Martell besucht haben. In Rom wurde Bonifatius im Dezember 722 zum Bischof geweiht. Danach kehrte er auf dem gleichen Weg zu Karl Martell zurück. In seinem Gepäck befanden sich mehrere Briefe des Papstes. Einer war allgemein an die „Christenheit in Germanien“ gerichtet, ein anderer an die „Altsachsen“. Mit den Altsachsen sind im Gegensatz zu den Angelsachsen die Sachsen des Festlandes gemeint, einschließlich der Thüringer. In beiden Briefen ermahnte der Papst das Volk, vom heidnischen Aberglauben abzulassen und seinem Sendboten, dem Bischof Bonifatius, zu gehorchen. Ein dritter Brief war an Karl Martell gerichtet. Darin bat ihn der Papst, Bonifatius bei der Missionierung der rechtsrheinischen Germanen zu unterstützen. Karl fühlte sich geschmeichelt, daß er und nicht der Merowingerkönig Adressat des Papstbriefes war. Er stellte daraufhin für Bonifatius folgenden Schutzbrief aus:

„Karl der Hausmeier, der erlauchte und Euch wohlgeneigte Mann, an die heiligen und apostolischen Herren, die Väter in Christus, die Bischöfe, Herzöge, Grafen, Stellvertreter, Verwalter, an alle unsere Unterbeamten und Sendboten sowie an unsere Freunde:

Ihr sollt vernehmen, daß der apostolische Mann und Vater in Christus, der Bischof Bonifatius, zu uns gekommen ist und uns ersucht hat, ihn unter unsern Schutz und Schirm zu nehmen. Wir haben das, vernehmet es, mit Freuden so gemacht. Daher haben wir, wie zu sehen, ihm solches zugestanden und ihm diese eigenhändig vollzogene Urkunde ausfertigen lassen, damit er, wo immer er sich aufhält, mit unserer Zuneigung und unter unserem Schutz und Schirm unangefochten und wohlbehalten sei, sofern er Gerechtigkeit übt und ebenso Gerechtigkeit empfängt. Und wenn irgendein Streitfall oder eine Schwierigkeit ihm entsteht, die sich nicht auf dem Rechtsweg beilegen läßt, dann soll er unangefochten und wohlbehalten sein bis vor uns, sowohl er selbst, wie alle, die durch ihn hoffen, so daß niemand etwas Nachteiliges oder Schädliches gegen ihn verüben darf, sondern er allezeit unter unserem Schutz und Schirm unangefochten und wohlbehalten wohnen soll. Und zur größeren Glaubwürdigkeit haben wir eigenhändig unterzeichnet und mit unserem Ring unten gesiegelt."

Dieser Schutzbrief erhob Bonifatius gleichsam in den Adel, er genoß unmittelbaren Königsschutz. Der fränkische Amtsadel wurde verpflichtet, für seine Sicherheit zu sorgen. Diesen Schutz benötigte Bonifatius auch, denn durch sein rabiates Vorgehen bei der Christianisierung war er im höchsten Maße gefährdet. Bonifatius zog mit seiner Begleitung von Karl Martell zunächst nach Hessen, zurück in seinen Stützpunkt Amöneburg. Von dort aus begab er sich zum Sitz der fränkischen Gaugrafen nach Büraburg. Seine Stellung hatte sich nun als Bischof und Schützling Karl Martells wesentlich verbessert. So konnte er die Grafen Dedic und Deowulf nötigen, ihm bei der gewaltsamen Missionierung der Hessen beizustehen. Als sichtbares Zeichen für die Methoden der Missionierung ist die Fällung einer dem Donar geweihten Eiche bei dem Dorf Geismar überliefert. Die Gegend um Geismar in den Tälern der Flüsse Schwalm und Eder war Altsiedelland, es war das Zentrum Nordhessens. Hier befanden sich auch zwei altgermanische Heiligtümer, die Donareiche und der Wotansberg. Donar/Thor war der Fruchtbarkeits- sowie der Wettergott und wurde vor allem von den Bauern verehrt. Wotan/Odin dagegen war der Kriegsgott der Germanen, ihm huldigten vor allem die adligen Krieger. Auf dem Wotansberg ließen später die nordhessischen Gaugrafen ihre Stammburg errichten. Heute ist es der Schloßberg der Stadt Gudensberg. Gegenüber dem Dorf Geismar lag die Büraburg, der Sitz des fränkischen Grafen. Da das Volk der Hessen, wie überliefert ist, bei dem Fällen der Eiche zusah und da nicht anzunehmen ist, daß Bonifatius für seine Aktion die Bauern hatte zusammentreiben lassen, wird er dafür einen germanischen Festtag gewählt haben. Die Grafen und ihre Krieger mußten diese Aktion militärisch absichern, denn ohne diesen Schutz hätte ihn wohl das Volk nach dem ersten Axthieb erschlagen. Das sah Bonifatius genauso, denn in einem Brief erklärt er:

„Ohne den Frankenfürsten kann ich das Kirchenvolk nicht leiten, die Priester, Kleriker, Mönche und Nonnen nicht schützen. Wenn ich mich nicht auf seinen Auftrag berufen könnte und das Volk ihn nicht fürchtete, wäre ich außerstande, heidnische Bräuche und die Greuel des Götzendienstes in Germanien zu unterdrücken.“

Aus dem Holz der gefällten Eiche, so berichtete Willibald, ließ Bonifatius in der Nähe eine dem Petrus geweihte Kapelle errichten. Sie wurde der Grundstock für das spätere Kloster Fritzlar.

In dieser Zeit hielt Bonifatius auch brieflichen Kontakt zu seiner alten Heimat, unter anderem zum Bischof Daniel von Winchester. Er berichtete ihm von seinen Erfolgen und bat ihn um Unterstützung. Daniel war entsetzt über die Methoden des Bonifatius. Er ermahnte ihn sehr eindringlich, sanfter bei der Missionierung vorzugehen. Statt unter dem Schutz des Frankenfürsten Gewalt anzuwenden und den Menschen Furcht einzuflößen, so schrieb er, solle es Bonifatius mehr mit dem Wort, der Predigt, versuchen. Daniel gab ihm auch Argumentationshilfen, wie er die Heiden vom christlichen Glauben überzeugen könne. Neben solch schlichten Argumenten, wie etwa jenem, daß die Christen den fruchtbareren Teil des Erdkreises bewohnen, die Heiden aber nur die unwirtlichen Gegenden, findet sich ein methodischer Hinweis, der auch heute noch gern in der Politik verwendet wird:

„... und von Zeit zu Zeit muß man solchen Aberglauben mit unsern, d. h. christlichen Lehren vergleichen und sozusagen nur am Rand streifen, damit die Heiden mehr aus Beschämung als aus Erbitterung erröten wegen solcher unsinnigen Meinungen und nicht glauben, daß ihre sündhaften Gebräuche und Göttersagen uns unbekannt sind."

Bischof Daniel schickte ihm neben kleinen Geschenken auch neue Mitarbeiter. Es waren Nonnen, die in der Maingegend Frauenklöster gründeten, und junge Priester, die in den neuerbauten Kapellen zwischen Amöneburg (Marburg) und der Büraburg (Fritzlar) wirkten. Unter ihnen war auch Wigbert, den Bonifatius zum Abt des Klosters Fritzlar ernannte. Das Werk des Bonifatius schien zu gedeihen. Gerold, der Bischof von Mainz, versuchte deshalb, dieses Gebiet seinem Sprengel einzuverleiben. Bonifatius beschwerte sich darüber beim Papst und bekam von ihm Unterstützung:

„Weiter haben wir", schrieb ihm der Papst, *„wegen jenes Bischofs, der es bisher aus einer gewissen Saumseligkeit heraus unterlassen hatte, bei diesem Volk das Wort der Predigt zu verbreiten, und der jetzt dieses Gebiet als zu seinem Sprengel gehörig für sich in Anspruch nimmt, an den Patricius Karl, unsern erhabenen Sohn, ein väterliches Schreiben gerichtet und ihm geraten, ihn in die Schranken zu weisen. Und wir sind der Meinung, daß er ihn anweist, es zu unterlassen."*

Dieses plötzliche Interesse des Mainzer Bischofs hatte kaum religiöse Gründe. Gerold war, wie fast alle fränkischen Bischöfe, in erster Linie Landesfürst und Kriegsmann. Ob er überhaupt Priester war, ist nicht überliefert. Bekannt ist nur, daß er wenig später mit Karl Martell gegen die Sachsen zog und im Kampf fiel. Nachfolger im Mainzer Bischofsamt wurde sein Sohn Gewilip. Der allerdings wurde im Jahre 745 auf Betreiben des Bonifatius abgesetzt, weil er den Mörder seines Vaters ausfindig gemacht und ihn gemäß dem altgermanischen Gesetz der Blutrache erschlagen hatte. Bischof Gerolds plötzliches Interesse für Nordhessen muß damit zu tun gehabt haben, daß für ihn dort etwas zu holen war. Es ging bereits um den Kirchenzehnt. Bonifatius brauchte sowohl für den Bau der Klöster und Kapellen als auch für den Unterhalt der Geistlichen und ihrer nicht geringen Zahl von Begleitern Mittel. Die hessischen Gaugrafen konnten ihm Land schenken, das jedoch meist erst gerodet werden mußte. Da Bonifatius damit jedoch wenig anfangen konnte, hatte er in Hessen bereits den Kirchenzehnt eingeführt. Nach kirchlicher Vorschrift waren drei Viertel von diesem Zehnt für die Versorgung der jeweiligen Geistlichen, den Neubau von Kirchen und die Armenfürsorge bestimmt. Ein Viertel aber war an den Bischof abzuführen, in dessen Sprengel sich das Land befand. So wird der plötzliche Eifer des Mainzer Bischofs Gerold verständlich.

„viri magnifici"

Im Spätsommer des Jahres 724 begab sich Bonifatius von Hessen aus nach Thüringen. In seinem Gepäck befand sich ein Brief des Papstes vom Dezember 722 an jene fünf „viri magnifici", die er bereits bei seinem ersten Besuch in Thüringen im Jahre 719 kennengelernt hatte. In diesem Brief heißt es:

„Papst Gregorius an die erlauchten Männer, seine Söhne Asolf, Godolah, Wilhar, Gundhar und Alvold, und an alle gottgeliebten christgläubigen Thüringer:

Als wir die uns mitgeteilte Standhaftigkeit Eures herrlichen Glaubens in Christus erfuhren, daß Ihr den Euch zum Götzendienst drängenden Heiden glaubensfest die Antwort gegeben habt, Ihr wolltet lieber glückselig sterben als die einmal gewonnene Christgläubigkeit irgendwie verletzen, hat uns das mit großer Freude erfüllt. ... Wir wollen auch und fordern Euch auf, daß Ihr Euch mit dem, was der gegenwärtige geliebte Bruder Bonifatius macht, den wir zu Euch als geweihten Bischof geschickt haben mit der Aufgabe eines Missionspredigers, nachdem er unsere apostolischen Weisungen erhalten hat, um

Euren Glauben auszurichten, einverstanden zeigt, indem Ihr ihm gehorsam seid in allem zur Vervollständigung Eurer Rettung im Herrn.“

Diese fünf „viri magnifici“ waren demnach die ersten wahren Christen Thüringens. Ihre Namen stehen heute in jeder Kirchengeschichte und werden als leuchtende Vorbilder hingestellt: Was für eine Haltung, lieber den Tod erleiden, als den römisch-katholischen Glauben irgendwie verletzen! Es ist unwahrscheinlich, daß Bonifatius selbst an dieses Bekenntnis der „potentiellen Märtyrer“ geglaubt hat. Dazu kannte er die Verhältnisse und die äußerliche Frömmigkeit des fränkisch-thüringischen Adels zu gut. Dem Papst im fernen Rom aber konnte man so etwas erzählen. Bonifatius mußte es auch, um ihn zu veranlassen, die fünf namentlich zu loben. Als Bonifatius auf seiner Rückreise aus Rom bei Karl Martell Station machte, wird es auch um diesen Brief und die fünf gegangen sein, ohne daß wahrscheinlich der für fränkische Ohren peinliche Wortlaut zur Sprache kam. Was die fünf „viri magnifici“ mit ihrem Glaubensbekenntnis bezweckten, erreichten sie: Sowohl Bonifatius als auch Karl Martell betrachteten sie als treue Anhänger, denen man auch „politische Verantwortung“ anvertrauen konnte.

Was aber stellen diese fünf „viri magnifici“ dar? Ein „vir magnificus“ ist keine Amtsbezeichnung, es ist die allgemeine lateinische Bezeichnung für einen wohlhabenden und adligen Mann. Die Namen der „viri magnifici“ sind fränkisch. Fränkische Adlige aber waren in Thüringen immer irgendwelche Amtspersonen, sie waren dux, comes oder iudex, also Herzog, Graf oder Richter. Diese Ämter müssen sie im Verlauf der Kämpfe, die zum Sturz der Heden-Sippe und zur Neuverteilung der Staatsämter führten, verloren haben.

Betrachtet man die weitere Geschichte Thüringens, dann sieht man, daß sich das „Glaubensbekenntnis“ der fünf gelohnt hatte. Sie wurden die Ahnherren der Thüringer Adelsgeschlechter. Es war Brauch, den erbberechtigten ältesten Sohn nach dem Vater oder den Enkel nach dem Großvater zu benennen. Auf diese Weise entstanden die sogenannten Leitnamen. Ausgehend von diesen Namen kann man das weitere Schicksal dieser fünf Adligen verfolgen. Am deutlichsten wird das bei Gundhar. Er ist der Leitname eines Geschlechts, das in der Gegend um Arnstadt begütert war. Die Nachfahren dieses Gundhar waren die Gaugrafen des Längwitzgaues. Ihr Stammsitz war zunächst die bei Arnstadt liegende Käfernburg und seit dem 11. Jahrhundert die Schwarzburg im Tal der Schwarza. Auf einer Versammlung Thüringer Grafen in der Erfurter Königspfalz im Jahre 802, über die noch ausführlich zu berichten sein wird, erschienen sogar zwei Günther. Sie werden der Sohn und der Enkel des „vir magnificus" Gundhar gewesen sein. Am Rande dieser Versammlung schenkten sie dem Kloster Hersfeld ihre Eigenkirche in Kölleda mit etlichem Zubehör. Diese Günther-Linie läßt sich nahtlos verfolgen über Günther den Eremiten (gest. 1045) bis zu Günther XL (den Vierzigsten, 1526–52), der die Grafschaften Schwarzburg, Rudolstadt, Sondershausen und Blankenburg in seiner Hand vereinigte. Mit Günther Victor endete im November 1918 die 1196jährige Herrschaft dieses Thüringer Adelsgeschlechts.

Die Aufzählung der fünf Adligen beginnt mit dem Namen Asolf. In der Erfurter Schenkungsurkunde von 802 erscheint ebenfalls der Name Asolf. Da in dieser Urkunde steht, daß die Schenker die Kölledaer Kirche von ihren Eltern geerbt haben, müssen Asolf und wenigstens einer der Günther Brüder gewesen sein. Der Name Asolf findet sich im Namen der späteren Wüstung Asolveroth beim heutigen Georgenthal. Asolf und Alvold scheinen im Gebiet zwischen Arnstadt, Eisenach und Gotha begütert gewesen zu sein. Mittelpunkt dieser Gegend ist der Ort Ohrdruf – hier schenkte Alvold dem Bonifatius zehn Hufen Land für die Errichtung eines Klosters.

Der vierte „vir magnificus" Godolah scheint nicht so freigiebig gewesen zu sein, denn von ihm existiert keine Schenkungsurkunde, so daß man nicht weiß, wo sein Besitz lag. Daß er zu den Thüringer Grafen zählte, kann angenommen werden, denn ein Gozlah (Kurzform von Godolah) wird als Teilnehmer dieser Erfurter Grafenversammlung im Jahre 802 ebenfalls aufgeführt. Anders wiederum liegt die Sache bei dem fünften „vir magnificus" Wilhar. Dieser Name taucht nicht nur in der Wüstung Wileheresrode am Nordhang des Thüringer Waldes auf, sondern ein Wilehar hat später auch umfangreichen Besitz im Thüringer Becken. Er und seine Frau Folclind schenkten dem Kloster Fulda Hufen aus elf Dörfern, unter anderem aus Straußfurt, Greußen und Trebra. Ob sich der altgermanische Name Wilhar/Wilehar/Wileher später im Deutschen zu Wilehelm wandelte und damit die in Weimar residierenden Grafen Wilhelm meint – es gibt genügend Beispiele dafür, daß nur die erste Namenssilbe die Funktion eines Leitnamens hatte – und ob dieser relativ zusammenhängende Besitz der fünf „viri magnifici" nahelegt, daß sie irgendwie verwandt gewesen sein müssen, wäre für Historiker, die sich vornehmlich mit Adels-Genealogien beschäftigen, eine interessante Aufgabenstellung.

Die Briefe des Bonifatius

Otloh, ein Mönch aus Regensburg, schrieb im 11. Jahrhundert ebenfalls eine Bonifatius-Biographie. Er benutzte dafür vor allem die etwa einhundertfünfzig erhalten gebliebenen Briefe des Bonifatius. Diese Briefe zeichnen ein genaues Bild der damaligen Zustände. Danach stand Bonifatius auf ziemlich verlorenem Posten. Die einfachen Leute haßten ihn. Alles, was ihr bisheriges Leben ausmachte, bezeichnete er als Teufelswerk. Ihre Arbeit, ihr bäurisches Dasein war Teil der Natur, ein Teil ihrer Religion. Ihr Leben hing davon ab. Dürre und Regen, Blitz und Donner, Frühling und Winter, Sonne und Mond waren für sie göttliche Dinge. Sie bestimmten ihrer Meinung nach, ob das Vieh gesund blieb und die Felder Früchte trugen. Man mußte die Götter darum bitten, ihnen etwas schenken, sie sich zu Freunden machen, mit ihnen feiern. Das geschah an solchen Orten, die den Göttern besonders nah zu sein schienen, an klaren, immerfort sprudelnden Quellen, gefährlichen Sümpfen, in denen es nachts eigenartig leuchtete, an mächtigen alten Bäumen und auf Berggipfeln, von denen aus man das ganze Land überblickte.

Und da kam so ein Ausländer mit einem eigenartigen Akzent und erklärte, das alles sei sträflicher Unsinn. Statt dessen erzählte er von einem Vater, einem Sohn und einem heiligen Geist, die aber eine Person seien. Der Sohn sei vor langer Zeit an ein Kreuz geschlagen worden, aber das wäre gut so gewesen, weil er dadurch die Menschheit von der Erbsünde erlöst habe. Deshalb müsse man ihm jetzt Kirchen bauen und den zehnten Teil der Ernte sowie des Viehs abgeben. Das muß für die Bauern Hessens, Thüringens und Sachsens schwer einzusehen gewesen sein.

Ganz neu allerdings war für viele Bauern dieser Christengott nicht. Sie kannten schon etliche Zauberpriester, die von jenem Jesus erzählt hatten. Sie machten dabei fremdartige Gesten und murmelten unverständliche Sprüche. Da sie aber damit das Vieh heilen wollten und um gute Ernte baten, war dieser Jesus wohl einer von den vielen anderen Göttern. Diese ersten christlichen Priester waren zwar nicht die von Willibrord geschickten, aber auch sie müssen zur Zeit des Heden und Gozbert ins Land gekommen sein. Für Bonifatius waren sie die ärgsten Feinde, und so wird er in seinen Briefen nicht müde, gegen sie zu wettern: Priester, die Totenopfer veranstalteten, die Stiere und Böcke den Heidengöttern opferten. Es seien Leute, die sich als Priester ausgäben, ohne jemals von katholischen Bischöfen geweiht worden zu sein. Bonifatius bezeichnet sie als Heuchler, Betrüger, Landstreicher, Ehebrecher, Mörder, Lüstlinge, Knabenschänder und Gotteslästerer. Unter diesen Priestern, so Bonifatius, seien auch *„viele geschorene Knechte, die ihren Herren entlaufen, Teufelsknechte, die sich in Christi Diener verwandeln, die ohne Bischof nach eigenem Gutdünken leben und an ihren Volksgenossen Beschützer gegen die Bischöfe haben, so daß diese ihren lästerlichen Lebenswandel nicht abstellen, die das mit ihnen einige Volk abgesondert versammeln und ihr irrgläubiges Kirchenamt nicht in einer katholischen Kirche, sondern auf dem flachen Lande und in Bauernhütten ausüben, wo ihre unwissende Torheit den Bischöfen verborgen bleiben kann, die nicht den Heiden den katholischen Glauben predigen noch selbst den rechten Glauben haben, sondern nicht einmal die feierlichen Gelöbnisworte lehren …"*

Unter diesen „Gelöbnisworten" war auch die Taufformel: „(Ich taufe dich) im Namen des Vaters, des Sohnes und des Heiligen Geistes". Lateinisch heißt das: „... in nomine patris et filii et spiritus sancti". Da diese Priester kein korrektes Latein konnten, tauften sie „in nomine patria et filia et spiritus sanctus", was übersetzt heißt: „... im Namen das Vaterland, die Tochter und der Heilige Geist". Bonifatius war darüber dermaßen erbost, daß er diese Taufen für ungültig erklärte. Das wurde dem Papst hinterbracht, und er wies Bonifatius in einem Brief zurecht. Er solle die Absicht höher bewerten als ein korrektes Latein, und er erklärte diese Taufen für gültig. Solche Verhältnisse müssen nicht nur in Hessen, Thüringen und Sachsen geherrscht haben, sondern allgemein im Frankenreich, da Bonifatius schrieb, daß jene Priester „an ihren Volksgenossen Beschützer gegen die Bischöfe" hätten. Die Mehrzahl aber dieser Bischöfe sei genauso wie jene Priester, berichtet Bonifatius nach Rom:

„Jetzt aber sind zum größten Teil die Bischofssitze in den Städten Laien überlassen, die nach dem Besitz trachten, die der Unzucht und dem Wucher frönen, die seit ihrer Kindheit immer in Unzucht, immer im Ehebruch und immer in allerlei Schmutzereien gelebt haben und im Diakonat vier oder fünf oder noch mehr Beischläferinnen im Bett haben ..., auch Bischöfe, die zwar sagen, sie seien keine Hurer und Ehebrecher, die aber trunk- und streitsüchtig sind und eifrige Jäger und die bewaffnet im Heere kämpfen und eigenhändig Menschenblut vergossen haben von Heiden und von Christen ..."

Derartige Zustände nutzten auch Scharlatane aus. Bonifatius berichtete dem Papst von einem solchen:

„... lockte er durch Errichtung von Kreuzen und Bethäuschen im Feld das Volk dorthin, das die öffentlichen Kirchen verließ, weil es den Wundertaten nachlief, die von ihm betrügerischerweise getan wurden. Auch ließ er sich mit dem Titel Heiligkeit anreden und auf seinen Namen Kirchen weihen, wobei er behauptete, auch die Namen der Engel zu wissen ..."

Der Papst lobte Bonifatius, daß er diesen Menschen *„mit Recht in Gewahrsam gebracht"* habe. Zu den anderen *„falschen Priestern"* riet ihm der Papst: *„Entkleide sie ihrer priesterlichen Würde und veranlasse sie, ihr Leben, mönchischer Zucht und Buße unterworfen, zu beschließen."*

Bonifatius verfügte demnach über Machtmittel, um gegen solche Priester vorzugehen. In ein Kloster einsperren lassen, wie der Papst meinte, konnte er sie allerdings nicht, denn es gab ja in Thüringen, wie noch zu zeigen sein wird, nur ein einziges Kloster, und das hatte andere Aufgaben. Bonifatius konnte solche Priester nur außer Landes jagen. Dazu benötigte er nicht einmal die Unterstützung der „viri magnifici" und deren Soldaten, er hatte eigene Knechte genug. In seinen Briefen finden sich Hinweise, daß nicht nur er, sondern auch seine Mitbrüder Diener besaßen: Unfreie, die wie Sklaven behandelt wurden. So schreibt Bonifatius über die Verteilung der Posten im Kloster Fritzlar: *„Hiede soll Propst sein und unseren Hörigen Weisungen geben."* Seinen Priester Denehard weist er an:

„Ich gebe Dir, Teuerster, in Beziehung auf den Hörigen Athalhere einen Auftrag: Wenn er in seiner Sache in eine Notlage kommt, sollst Du darum bemüht sein, ihm wie einem Freigeborenen zu helfen und in diesem Sinne Dich für ihn seinen Freunden zu verbürgen, nicht wie für einen Sklaven. Und ich habe mein Einverständnis dazu gegeben, daß er die Absicht hat, eine Frau mit sich zu vermählen, so daß er sich nicht zu fürchten braucht, weil er unfrei ist."

Athalhere ist ein angelsächsischer Name, wahrscheinlich hat Bonifatius diesen Sklaven aus England mitgebracht. Zwischen beiden muß sich über die vielen Jahre hinweg ein freundschaftliches Verhältnis entwickelt haben. Trotzdem brachte es Bonifatius nicht fertig, diesem Athalhere die Freiheit zu schenken. Er fand es rechtens und christlich, daß es Sklaven gab, die man wie ein Stück Vieh oder eine Sache bewertete und behandelte. Nur diese eine Ausnahme ließ er zu. Er hatte darüber dem Papst berichtet und ihn um Rat gefragt. Dieser antwortete ihm, daß *„Gläubige, die ihre Sklaven an die Heiden zur Opferung verkaufen,"* eindringlich zurechtzuweisen seien und mit einer *„Buße gleich Mördern"* zu belegen seien. Diese Buße für einen Mord an einem Sklaven war allerdings gering – sie betrug nach dem Volksrecht der Thüringer 30 Schillinge. Soviel mußte man auch bezahlen, wenn man einem Adligen eine Ohrfeige gab.

Bonifatius hielt sich vom Jahre 724 bis zum Jahre 737 in Thüringen auf. In diesen dreizehn Jahren hat er viele Spuren hinterlassen, die allerdings oft nur noch in Sagen und Wundergeschichten erhalten sind. So findet man Bonifatiusberge, auf denen er gepredigt haben soll, und Bonifatiusbrunnen, die plötzlich hervorsprudelten, als er, wie einst der biblische Moses, die Erde mit dem Stab berührte. Auf der Schmücke und der Hainleite gefundene versteinerte Seesternchen nennt man Bonifatiuspfennige. In Großvargula soll Bonifatius eine Kirche eingeweiht haben. Bei seiner Ankunft steckte er seinen Wanderstab in die Erde. Als er aus der Kirche kam, hatte der Stock Wurzeln geschlagen und Blätter getrieben. Dies ist wohl die einzige Bonifatiussage, die einen historisch nachweisbaren Hintergrund hat: In Großvargula besaß Lull, der Schüler des Bonifatius, Eigengüter. Es ist anzunehmen, daß er diesen Besitz nutzte, um darauf eine Kirche zu errichten, die dann von Bonifatius geweiht wurde.

Die vielen Bonifatiuskirchen in Thüringen und Sachsen haben allerdings mit Bonifatius selbst zunächst wenig zu tun. Sie beweisen lediglich, daß das Kloster Fulda oder das Bistum Mainz hier Güter besaßen und so einflußreich waren, daß sie den Kirchennamen bestimmen konnten. Oft liegen diesem Besitz aber Urkunden zugrunde, die gefälscht sind. Das muß jedoch nicht heißen, daß dieser Besitz unrechtmäßig erworben wurde. Er kann auch aus dem Erbe des Bonifatius stammen. In dem Ort Sülzenbrücken beispielsweise besaß Bonifatius ein Landgut. Auf dem hatte er eine Eigenkirche errichten lassen, und von hier aus betreute sein Schüler Wunibald als Pfarrer sieben weitere Eigenkirchen des Bonifatius. Sie müssen sich wohl in den umliegenden Dörfern befunden haben. Interessanterweise liegt Sülzenbrücken genau zwischen Arnstadt und Mühlberg, den Orten, die Herzog Heden einst dem Bischof Willibrord geschenkt hatte. Hier saßen die Nachfolger des Willibrord, jene *„falschen Brüder …, die das Volk verführten“*. Nach dem Tod des Bonifatius fiel sein Erbe an das Kloster Fulda und den Mainzer Bischofsstuhl. So könnte also, wenngleich auf großem

Umweg, eine Bonifatiuskirche tatsächlich mit Bonifatius selbst zusammenhängen.

Die ausführlichste Sage über Bonifatius heißt „Von der Bekehrung der Thüringer". Sie wurde im 15. Jahrhundert von einem Erfurter Mönch zu Papier gebracht. Danach kam Bonifatius zur Tretenburg und wollte die dort versammelten Thüringer zum Christentum bekehren. Wenn er ihnen, so meinten die Thüringer, die Ungarn vom Hals schaffen könne, dann würden sie Christen. Bonifatius betete, rief sein Heer und schlug die Ungarn bei Nägelstedt. Soweit die Kurzfassung dieser Sage. Hier fließen drei völlig unterschiedliche Zeitebenen ineinander: die Zeit des Bonifatius (ca. 672 bis 754), die Ungarnschlacht bei Riade im Jahre 933 und der Kampf der Thüringer und Sachsen gegen Heinrich IV. im Jahre 1073 auf den Unstrutwiesen bei Nägelstedt. Bemerkenswert an dieser Sage ist, daß Bonifatius im Gedächtnis der Thüringer über ein Heer verfügte und daß die Bekehrung auf der Tretenburg, dem Altthüringer Thingplatz, stattfand.

II.

„... ließ er eine Kirche errichten" Die frühen Kirchen Thüringens

Das erste Kloster Mitteldeutschlands

In Otlohs Bonifatius-Biographie steht auch die Gründungssage des ersten Klosters Mitteldeutschlands, des Klosters Ohrdruf:

„Damals (d. h. im Jahre 724/25 – R. A.) wurde nach Sammlung einer großen Schar Gottesdiener ein Kloster an dem Orte, der Ordorf heißt, unter dem Schutze des hl. Erzengels Michael gegründet. Alle nämlich, die nach apostolischer Sitte leben, erlangten durch eigene Arbeit Speise und Kleid. Warum aber zur Ehre des hl. Michael dieses Kloster gebaut wurde, ist kurz zu erzählen. Denn als der hl. Bonifatius

predigend und taufend durch Thüringen zog und nach Errichtung von Zelten bei einem Fluß namens Oraha nächtigte, da umfloß ein großes Licht die ganze Nacht den Ort, wo der Bischof blieb. In diesem Lichte erschien dem Bischof der hl. Erzengel Michael, der herankam, ihn ansprach und im Herrn stärkte. Als es Morgen geworden war, zelebrierte er daher Gott lobend und preisend dort eine feierliche Messe. Dann ordnete er an, an demselben Orte ihm ein Mahl zu bereiten. Als er aber von seinem Diener hörte, er habe nichts Eßbares, antwortete er: ‚Vermag nicht jener, der eine Volksmenge in der Wüste in 40 Jahren durch vom Himmel gesandtes Manna speisen konnte, mir, seinem unwürdigen Knecht, zu eines Tages Ernährung Speise zu gewähren?' Als er das gesagt hatte, befahl er, ihm den Tisch vorzusetzen. Unterdessen flog ein Vogel vorbei, brachte einen so großen Fisch, der zur Ernährung jenen Tages genüge, herbei und warf ihn vor den Tisch. Als er das gesehen, dankte der hl. Bischof Gott und befahl, den herbeigebrachten Fisch schnell zu präparieren. Nachdem er vollends bereitet und gegessen war, ließ er die Reste in den Fluß werfen. Von dort brach er auf, wanderte durch Thüringen und forschte sorgfältig, wem jener Ort gehöre, wo ihm eine so große Vision erschienen war. Als er in Erfahrung gebracht hatte, daß Hugo, der der Ältere genannt wurde, Besitzer jenes Ortes wäre, bat er, ihm ihn zu schenken. Jener stimmte zu und übergab als Erster aller Thüringer dem verehrungswürdigen Bischof sein Erbe. Dann übergaben Alvold und mehrere andere dem genannten Ort angrenzenden Besitz. Nachdem er das erlangt hatte, kehrte der hl. Bonifatius zurück und befahl, an diesem Orte das Gestrüpp auszuroden und das Land zu bebauen, und nachdem das Fundament gelegt war, ließ er eine Kirche errichten. Dies aber habe ich in einem alten Buche aufgezeichnet gefunden und beschloß daher, es hier einzufügen …"

Daß Bonifatius die Kapelle und das Kloster St. Michael nannte, ist weniger auf seinen Traum zurückzuführen. Die Rolle des Erzengels Michael in der Bibel hatte für Bonifatius eine große Symbolkraft. Michael war der Engel mit dem Schwert, der Adam und Eva nach ihrem Sündenfall aus dem Paradies trieb. Später hinderte er Abraham daran, seinen Sohn Isaak zu töten. Beim Auszug der Israeliten aus Ägypten teilte er die Fluten des Roten Meeres und führte das Volk Israel ins gelobte Land. In der Johannes-Offenbarung erweckt seine Posaune beim jüngsten Gericht die Toten aus den Gräbern. Er tötet im Kampf, gerüstet und mit großen Flügeln, den Drachen, das heißt den Teufel. Michael empfängt – neben Petrus – die Seligen an der Himmelspforte. Michael ist ein Kämpfer, ein ständig und überall aktiver, unerbittlicher Streiter gegen das Böse, er ist die rechte Hand Gottes. Als solcher sah sich auch Bonifatius. Was Michael für Gott war, das wollte Bonifatius für seinen Stellvertreter auf Erden, den Papst, sein.

Der Beginn in Ohrdruf war hoffnungsvoll. In dem alten Buch, aus dem Otloh zitierte, stand, daß Hugo der Ältere, Alvold und mehrere andere Bonifatius den Ort Ohrdruf und angrenzende Gebiete schenkten. Dabei handelte es sich nicht nur, wie Otloh schrieb, um Land, das erst vom Gestrüpp befreit und bebaut werden mußte. Nach örtlicher Überlieferung gehörte zum Kloster Ohrdruf das gesamte Gebiet zwischen dem Thüringer Wald im Süden und den fränkischen Staatsgütern Lupnitz und Gotha im Norden. Die Zehnten der dortigen Bauernhöfe waren die wirtschaftliche Grundlage des Klosters. Nach dieser Überlieferung hat Bonifatius auch in Altenbergen, acht Kilometer westlich von Ohrdruf, eine Johanniskirche als Wallfahrts- und Taufkirche erbauen lassen. An dieser Stelle steht heute ein im Jahre 1811 errichtetes Denkmal, ein Kandelaber.

Durch diese umfangreichen Güterschenkungen erklären sich die ersten – wenngleich unsicheren – Nachrichten über dieses Kloster. Die Klostergebäude wurden um die Michaelskapelle herum errichtet. Noch heute deutet der dreieckige Michaelsplatz die einstige Lage an. Daran schloß sich das dem Kloster gehörige Dorf an, das heutige Stadtzentrum. Bonifatius holte Wigbert, einen angelsächsischen Mönch, aus Fritzlar und machte ihn in Ohrdruf zum Abt. Mit zunehmendem Alter wurde Wigbert die Arbeit in Ohrdruf zu anstrengend, und deshalb bat er Bonifatius, wieder in das ruhigere Fritzlar zurückkehren zu dürfen. Seine Stelle übernahm Lull, von dem berichtet wird, daß er sich hier in Bücher vertiefte und Land zusammenkaufte. Ohrdruf wird alle Aufgaben eines Missionsklosters übernommen haben. Hier wurde studiert und einheimischer Priesternachwuchs ausgebildet, hier wurden die Kinder von Adligen erzogen. Da auch von zwei Nonnen berichtet wird, die zu Bonifatius nach Thüringen kamen, wird es auch ein kleines Frauenkloster daneben gegeben haben, in dem adlige Mädchen ausgebildet wurden.

Nach dem Tod des Bonifatius schwand die Bedeutung des Klosters. Ein Hersfelder Güterverzeichnis vom Anfang des 9. Jahrhunderts nennt die Cellula (das Klösterlein) Ohrdruf mit acht Hufen. Nach den Annalen des Hersfelder Mönchs Lampert weihte Lull im Jahre 777 auf der dem Kloster gegenüberliegenden Seite der Ohra eine Peterskirche ein. Als Nachfolger des Bonifatius war Lull Erzbischof von Mainz und gleichzeitig Abt von Hersfeld. Die Aufgaben Ohrdrufs übernahm nun das Kloster Hersfeld, und das Ohrdrufer Klostergut wurde dem Petersstift übertragen. Dessen hauptsächliche Aufgabe bestand darin, den umfangreichen Hersfelder Besitz in Thüringen zu verwalten. Die Peterskirche war zeitweise sogar Archidiakonatskirche, das kirchliche Zentrum des südlichen Thüringen. In der Mitte des 10. Jahrhunderts müssen in Ohrdruf Voraussetzungen vorhanden gewesen sein, daß sich der königliche Hof hier mehrere Tage aufhalten konnte. Im 14. Jahrhundert wurde das Stift von Ohrdruf nach Gotha verlegt, aus den Stiftsgebäuden wurde eine Burg, später ein Schloß der Herren von Gleichen. Die Michaelskapelle wurde als Pfarrkirche an der gleichen Stelle neu erbaut und ging im zweiten Weltkrieg in Flammen auf. Heute steht nur noch der Turm.

Urkirchen in Thüringen

Nach Otlohs Bericht hatte Bonifatius Zelte in Ohrdruf aufgeschlagen. Er hatte also keinen festen Sitz in Thüringen, sondern zog mit seinem Gefolge während dieser ersten dreizehn Jahre durchs Land. Aus dem Briefwechsel und den Viten des Bonifatius sowie seiner Schüler geht hervor, daß er in dieser Zeit den Bau etlicher Kirchen veranlaßt und sie geweiht haben muß.

Es waren allerdings nicht die ersten Kirchen, die es in Thüringen gab. Lange vor Bonifatius hatten fränkische Adlige auf ihrem Besitz für sich und ihr Gefolge kleine Kirchen erbauen lassen, sogenannte Eigenkirchen. Die dort angestellten Priester waren Laien und Hörige der Grundherren. Diese Eigenkirchen fränkischer Adliger trugen meist als Patrozinium die Namen von im Frankenreich beliebten Heiligen wie Dionysius, Gertrud und vor allem Martin. Martin war der fränkische Staatsheilige, Martinskapellen und -kirchen weisen in vielen Fällen auf frühe fränkische Staatssiedlungen hin. Das ist vor allem dann der Fall, wenn der Ort an einer strategisch wichtigen Stelle lag, beispielsweise an einer Heerstraße.

Übrigens hängt das Wort für die ersten kleinen Kirchen, die Kapellen, mit dem Martinskult zusammen. Nach der Legende hat Martin einem frierenden Bettler die Hälfte seines Mantels, den er mit dem Schwert geteilt hatte, geschenkt. Dieser Mantel, den Martin als römischer Offizier trug, hatte die Bezeichnung „cappa“ oder als Verkleinerungsform „cappella“. Im Lateinischen bedeutet das Verb „cappare“ zum Mantel machen, mit einem Mantel versehen. Der Ort, an dem die cappa des heiligen Martin aufbewahrt wurde, die Palastkapelle in Paris, erhielt ihren Namen nach dieser cappa und wurde zur cappella, Kapelle. Der dafür zuständige Geistliche hieß cappellanus, Kaplan. Heute meint Kapelle eine kleinere Kirche ohne Pfarrechte und ohne Pfarrer. Auch auf die Gruppe der Musiker, die in der Kirche den Gesang begleitete, wurde der Name Kapelle übertragen.

Diese fränkischen Eigenkirchen waren über ganz Thüringen verstreut. Da Patrozinien oft über Jahrhunderte erhalten blieben, kann man beispielsweise aus den überlieferten Martinskirchen Anhaltspunkte für das System der fränkischen Verwaltung Thüringens bekommen. Für Bonifatius werden diese fränkischen Machtzentren als Stützpunkte gedient haben, um ganz Thüringen einer straffen kirchlichen Organisation zu unterwerfen. Dazu mußte er das Land in Bezirke einteilen, Zentren schaffen und dort Kirchen erbauen lassen.

Diese kirchliche Einteilung Thüringens ist erst Jahrhunderte später aufgezeichnet worden. Die wohl genaueste Darstellung ist in dem „registrum subsidii“ aus dem Jahre 1506 enthalten. Zweck dieses Registers war die Erhebung einer Sonderabgabe, mit der der damals neugewählte Bischof von Mainz, Jakob, die Gebühr für das Pallium, das Zeichen des Erzbischofs, in Rom bezahlen mußte. Bei der Erstellung griff man auf alte Register zurück, das „registrum subsidii“ zeigt wahrscheinlich im wesentlichen den ursprünglichen Zustand der kirchlich-staatlichen Einteilung Thüringens zur Zeit des Bonifatius. In diesem Register ist ganz Thüringen in Archidiakonate eingeteilt, und diese wiederum in Dekanate oder Erzpriestersitze, auch Sedes genannt.

Die Zentren der vier Thüringer Archidiakonate waren Erfurt St. Marien, Erfurt St. Severi, (Ober-)Dorla und Jechaburg. Seltsamerweise stoßen die Grenzen dieser vier Archidiakonate dort zusammen, wo die Tretenburg, der Altthüringer Thingplatz, liegt. Das kann kein Zufall sein. Es bedeutet, daß die Grenzen dieser Kirchenbezirke von der Tretenburg aus gezogen wurden und beweist, daß Bonifatius bei der Christianisierung versuchte, die Tradition des Volkes zu berücksichtigen. Das gleiche gilt für die Wahl der Archidiakonatssitze. Lange Zeit war unklar, warum neben dem staatlich bedeutenden Erfurt solch kleine Dörfer wie Jechaburg und Oberdorla für die Kirche so wichtig waren, daß sie zu Zentren der Archidiakonate wurden.

Für die Auswahl von Jechaburg gibt es allerdings eine einleuchtende Erklärung: Auf dem Jecha- oder Frauenberg oberhalb des Dorfes Jechaburg befand sich bereits in frühen Zeiten ein altgermanisches Heiligtum. Jecha muß eine weibliche Gottheit gewesen sein, ihr Name erscheint allerdings nur in Thüringen und außer im Zusammenhang mit diesem Berg und dem Dorf Jecha bei Sondershausen nirgends sonst. Vom Jechaberg aus, dem heutigen Frauenberg, hat man einen einzigartigen Rundblick auf das Tal der Wipper im Norden, nach Osten hin über Sondershausen bis Göllingen und im Süden auf den wichtigen Hainleitepaß Geschling. Die auf dem Berg noch heute sichtbaren Wall- und Grabenreste zeigen, daß dieser Berg nicht nur ein Heiligtum, sondern auch eine Fliehburg gewesen sein muß. Die Sage, daß Bonifatius hier auf dem Jechaberg eine Marienkapelle errichten ließ, könnte durchaus zutreffen. Etwas unterhalb des Frauenberges liegt das Dorf Jechaburg, einst eine fränkische Wachstation, die eine der wichtigsten Nord-Süd-Verbindungen am Hainleitepaß Geschling kontrollierte. Genau an der Stelle der Wachstation wurde eine der größten Kirchen Thüringens errichtet, die Stiftskirche St. Michael. Heute sieht man nichts mehr von ihr, denn nach der Reformation wurde sie aufgegeben und verfiel. Ihre Steine finden sich sicher in den Scheunenwänden der umliegenden Dörfer. Die heutige kleine Kirche an dieser Stelle stammt aus dem 19. Jahrhundert.

Der Grund, warum in Oberdorla bei Mühlhausen ein Archidiakonatssitz eingerichtet wurde, kam erst Mitte des letzten Jahrhunderts zutage. Beim Torfabbau zwischen den bei Mühlhausen liegenden Dörfern Ober- und Niederdorla stieß man auf ein altgermanisch-hermundurisches Opfermoor. Vordem wird das ein heiliger See gewesen sein, der im Laufe der Jahrhunderte vertrocknete. Der Ausgräber Prof. Behm-Blancke aus Weimar fand in diesem Moor zahlreiche Gegenstände, die er als Opfergaben deutete und von denen er die ältesten in das sechste Jahrhundert vor der Zeitenwende datierte. Die jüngsten Opfergaben waren im 11. Jahrhundert niedergelegt worden. So lange also war dieser heidnische Opferplatz „in Betrieb". Die Kirche in Oberdorla heißt St. Peter. Dieses Patrozinium ist eines der frühesten und wurde nur wichtigen Kirchen verliehen. Damit sollte auch die Zugehörigkeit zu Rom, die Treue zum „Stuhl Petri" angezeigt werden.

Die vier Thüringer Archidiakonate waren in unterschiedlich viele Sedesbezirke unterteilt, deren Zentrum der Sedesort, der Sitz eines Erzpriesters, war. Die meisten Sedesorte sind kleine Dörfer, auch heute noch. Ihre Nachbarorte dagegen haben sich bisweilen zu Städten entwickelt. Der Sedesort Großenlupnitz beispielsweise liegt bei Eisenach, Reinsdorf bei Artern, Jechaburg bei Sondershausen, Oberdorla bei Mühlhausen, Ufhoven bei Bad Langensalza, das heute wüste Sußra bei Ebeleben, Utenbach bei Apolda, Kirchremda bei Rudolstadt, Wahlwinkel bei Gotha und Großwechsungen bei Nordhausen. Das legt nahe, daß diese Sedesorte und die dazugehörigen Urkirchen zu einer Zeit errichtet wurden, als diese heutigen Städte ebenfalls noch kleine Dörfer oder Weiler waren, also zur Zeit des Bonifatius. Und da er mit Vorliebe Kirchen entweder dem heiligen Johannes dem Täufer, dem heiligen Erzengel Michael und vor allem dem Apostelfürsten Petrus weihte, könnten Sedeskirchen mit solch einem Patrozinium durchaus auf sein Wirken zurückgehen.

Sedeskirchen mit Peterspatrozinien befinden sich in Großenlupnitz, Leubingen, Sömmerda, Guthmannshausen, Reinsdorf, Oßmannstedt, Großmonra, Oberdorla, Kannawurf, Wandersleben, Molschleben, Herbsleben, Berga, Frankenhausen, Großwechsungen und Oberdorla. Dem heiligen Martin geweiht sind die Sedeskirchen in Ilversgehofen (heute ein Stadtteil von Erfurt), Weimar, Greußen, Görmar, Mihla und Falken bei Treffurt.

Sowohl die Archidiakonate, als auch die Sedesbezirke waren unterschiedlich groß. Bei den Sedes gab es solche, die nur drei oder vier Orte umfaßten, wie beispielsweise Kannawurf oder Mihla. Daneben gab es große Sedesbezirke wie Greußen oder Berga mit etwa vierzig Orten. Ähnlich war es bei den staatlichen Bezirken, den Gauen, Marken oder Grafschaften, auch sie waren unterschiedlich groß. Neben dem umfangreichen Engilin-Gau beispielsweise, der vom Gebiet nördlich Bad Tennstedts bis zum Unterlauf der Unstrut bei Kirchscheidungen reichte, gab es Kleingaue, wie den Wigsezi-Gau, zu dem lediglich ein paar Dörfer um Wiehe herum gehörten oder den Wisichgau im Südosten Sömmerdas um das Dorf Vogelsberg. Auch das legt den Gedanken nahe, daß die Einteilung der Sedes nicht willkürlich geschah, sondern analog der staatlichen Einteilung vollzogen wurde. Auch in Hessen hatte Bonifatius seine Stützpunkte in unmittelbarer Nähe von fränkischen Macht- und Verwaltungszentren errichtet. In ihrem Schutz betrieb er seine Mission. Genauso wird es in Thüringen gewesen sein: die Sedesorte waren Zentren der fränkischen Macht, die Sedesbezirke die ersten Marken.

Das Bistum Erfurt

Im Jahre 741 gründete Bonifatius drei Bistümer. Für Südthüringen (das spätere Mainfranken) das Bistum Würzburg, für Hessen Büraburg und für Nordthüringen Erfurt. Daß Bonifatius mit der Einrichtung von Bistümern so lange warten mußte, lag am Widerstand der anderen ostfränkischen Bischöfe und an der Haltung des Hausmeiers Karl Martell. Jahr für Jahr war Karl ins Feld gezogen, um die fränkische Reichsgewalt zu sichern und auszuweiten. Er kämpfte gegen die Sachsen, die Friesen, die Aquitanier, die Thüringer, die Alamannen und die Bayern, er zog nach Burgund und in die Provence. Die schwersten und langwierigsten Kämpfe hatte er gegen die Sarazenen zu führen. Das waren Araber islamischen Glaubens, die nach dem Tod ihres Propheten Mohammed (632) ausgezogen waren, dessen Lehre in der ganzen Welt zu verbreiten und die bereits große Teile des byzantinischen Reiches, Persien, Syrien, Ägypten, Nordafrika und nahezu die ganze iberische Halbinsel unter ihre Herrschaft gebracht hatten. Karl Martell stoppte im Oktober 732 mit dem Sieg bei Poitiers ihren Vorstoß ins Frankenreich und drängte sie aus Südgallien heraus. Bei all diesen Kämpfen war er auf die Hilfe der Bischöfe und ihrer Soldaten angewiesen. Diese Bischöfe aber waren Gegner des Bonifatius, sie mochten diesen romhörigen Angelsachsen nicht. Noch weniger mochten sie seine Kritik an ihrem Lebenswandel. Vor allem aber wollten sie keine neuen Bistümer in ihrem Einflußbereich. Hinzu kam, daß Karl Martells Christentum, wie auch das seiner Bischöfe, sehr äußerlich war. Ein großes Interesse an der „Bekehrung der Heiden" hatte Karl nicht, er brauchte für seine Machterhaltung keine christlichen Untertanen. Im Jahr 741 aber war Karl Martell gestorben. Bei seinem Tod hinterließ er drei Söhne, Pippin, Karlmann und Gripho. Bonifatius schrieb sofort nach dem Tode Karl Martells jedem von ihnen einen Brief. Das Schreiben an Gripho ist erhalten. Darin heißt es:

„Ich bitte und beschwöre Eure Gottseligkeit ..., daß Du, wenn Dir Gott die Macht gibt, bestrebt bist, den Knechten Gottes, den Geistlichen und Priestern in Thüringen zu helfen und die Mönche und

Gottesmägde gegen die Bosheit der Heiden zu schützen und dem Christenvolk beizustehen, daß die Heiden sie nicht vernichten, damit Du vor Christi Richterstuhl ewigen Lohn empfangest …"

Diesem Brief nach waren die Erfolge des Bonifatius nicht berauschend. Zwar schrieb er von Priestern, Mönchen und Nonnen in Thüringen, aber sie waren dauernden Anfeindungen ausgesetzt. Pippin und Karlmann entstammten Karl Martells erster Ehe, Gripho war sein Sohn aus zweiter Ehe – seine Mutter war Swanahild, eine bayrische Herzogstochter. Zwischen den drei Söhnen kam es nach dem Tod ihres Vaters zu Machtkämpfen. Pippin und Karlmann setzten sich durch, und ihr Stiefbruder Gripho wurde gefangengesetzt. Karlmann bekam Alamannien, Thüringen und Hessen. An ihn also mußte sich Bonifatius halten. Karlmann war in einem Kloster erzogen worden – das waren beste Voraussetzungen für Bonifatius. Schon von Beginn seiner Regierungszeit an unterstützte Karlmann die Kirchenreform des Bonifatius. Kirchen und Klöster erhielten Schenkungen, Synoden wurden wieder eingeführt. Die erste austrasische Synode, das „Concilium Germanicum", wurde 743 von Karlmann einberufen und geleitet. Es stellte Bonifatius an die Spitze der austrasischen Kirche. Erst in Karlmann fand Bonifatius einen Herrscher, mit dem er gemeinsam die staatlich-kirchliche Organisation seines Missionsgebietes vorantreiben konnte.

Von der Gründung der drei Bistümer Würzburg, Büraburg und Erfurt erfährt man etwas aus dem Briefwechsel des Bonifatius mit dem Papst Zacharias. Bonifatius stellt ihm die drei neuen Bischofssitze vor. Würzburg nennt er *„castellum"*, Burg, Büraburg wird als *„oppidum"*, als Stadt, bezeichnet, Erfurt dagegen nennt er *„locus, qui dicitur Erphesfurt, qui fuit iam olim urbs paganorum rusticorum"*. Wörtlich übersetzt heißt das „ein Ort, den man Erphesfurt nennt, der seit langem eine Stadt/Burg heidnischer Bauern ist". In seiner Antwort erinnert der Papst Zacharias Bonifatius daran, daß nach kirchlichem Brauch nur in wichtigen Orten Bischofssitze eingerichtet werden sollten, um das Ansehen des Bischofs nicht zu mindern. Indirekt bezweifelt er das bei dem *„locus, qui dicitur Erphesfurt"*. Bonifatius kannte diese Vorschrift und rechnete wohl mit dieser Kritik. Deshalb fügt er das *„urbs paganorum rusticorum"* an. Wäre in Erfurt eine befestigte fränkische Burganlage, ein Verwaltungssitz, ein Kloster, eine Kirche oder sonst irgend etwas von Bedeutung gewesen, hätte es Bonifatius erwähnt und damit beim Papst für Erfurt geworben. Es gab aber nichts – außer einem Dorf und einer Burg heidnischer Bauern. Dieses Dorf Erfurt aber bestand aus zahlreichen Weilern. Die fruchtbare und klimatisch günstig gelegene Geraniederung bot beste landwirtschaftliche Voraussetzungen. Archäologische Funde beweisen, daß die Gegend schon früh urbar gemacht und seither dauernd besiedelt wurde. In Erfurt selbst fanden sich kaum fränkische Spuren, dafür um so mehr um das Stadtgebiet herum. Fränkische Kriegergräber auf dem Roten Berg und in Alach sowie ein geschlossener Ring von -hofen-, -heim- und -hausen-Orten umgeben die Stadt. Bis 741 scheint Erfurt selbst eine frankenfreie Siedlung Thüringer Bauern gewesen zu sein, eine *„urbs paganorum rusticorum"*.

Das Wort „urbs" bedeutet im klassischen Latein „Stadt", wie die Begriffe „oppidum" oder „civitas". Städte gab es zur Zeit des Bonifatius in Hessen, Thüringen und Sachsen nicht. Im „Heliand", einer sächsischen Bibelübersetzung aus dem 9. Jahrhundert, wird das Wort „urbs" als „Burg" wiedergegeben, also Jerusalem als Jerusalem-Burg, Jericho als Jericho-Burg. Die Worte „urbs" und „Burg" meinten aber weniger die Wehrhaftigkeit des Ortes, dafür gab es damals den Begriff „castellum", Kastell, wie bei der befestigten Anlage Würzburg. „Urbs" und „Burg" waren der Ausdruck für einen Ort, bei dem viel Volk zusammenkam, den Ort einer Fliehburg. Solche Flieh- oder Fluchtburgen waren oft auch religiöse Zentren und Thingplätze. Um einen solchen wird es sich bei Erfurt gehandelt haben. Möglicherweise steht Erfurt zu dem Altthüringer Königshof im nahen Gispersleben in Beziehung und war regionaler Thingplatz für die Thüringer. Diese Stelle, d. h. die „urbs", war wohl der spätere Petersberg, Ort des Petersklosters und eines fränkischen Kastells. Eine Urkunde, wonach im Jahre 706 König Dagobert III. auf dem Petersberg ein Kloster gestiftet haben soll, ist allerdings eine grobe Fälschung. Sie stammt von einem Mönch des

Erfurter Petersklosters aus dem 12. Jahrhundert und sollte Besitzrechte dieses Klosters in Möbisburg und einigen anderen, angeblich von Slawen angelegten Dörfern um Erfurt herum sichern.

Nach dem Bonifatiusbrief von 742 gibt es erst wieder eine echte Nachricht über Erfurt aus dem Jahre 802. Damals wurde *„ad Erphesfurt in palatio publico"*, in der Königspfalz Erfurt, eine Urkunde ausgestellt. Drei Jahre später wird Erfurt von Karl dem Großen zu einem zentralen Handelsplatz erklärt, an dem der fränkische Missus Madalgaud, ein Beauftragter Karls, die Aufsicht führte. Erfurt hat sich also erst in den Jahren 741 bis 802 zu einer Art Hauptstadt Thüringens entwickelt. Vordem war es nicht mehr als ein größeres Dorf. Ausgrabungen zufolge befand sich dieses Dorf zwischen dem heutigen Fischmarkt und dem Anger. Der Domplatz war damals Sumpfgelände. Der Petersberg wird keine archäologischen Beweise mehr liefern können, denn bei den zahlreichen Umbauten in eine Festung wurden alle alten Spuren beseitigt.

Die erste Kirche Erfurts war eine von Bonifatius veranlaßte Taufkapelle an der Stelle des späteren Doms. Den ersten Bischof Erfurts, den Angelsachsen Willibald, mußte Bonifatius in dem Dorf Sülzenbrücken weihen, weil es in Erfurt dafür noch keine geeignete Örtlichkeit gab. Hier in Sülzenbrücken war, wie bereits erwähnt, Wunibald, Willibalds Bruder, Pfarrer einer Urkirche, von der aus er weitere sieben Dörfer kirchlich versorgte. Später wurde der Sedesort von Sülzenbrücken nach Wandersleben verlegt. Die Bischofsweihe fand übrigens am 21. Oktober 741 statt, genau einen Tag, bevor der Hausmeier Karl Martell starb. Demnach hat Bonifatius die drei Bistümer noch zu Lebzeiten und wahrscheinlich nicht ohne die Erlaubnis Karl Martells gegründet. Das Bistum Erfurt bestand aber nur vier Jahre lang. Im Jahre 745 wurde Bonifatius Bischof von Mainz, und das Erfurter Bistum wurde zu Mainz geschlagen. Der Erfurter Bischof Willibald übernahm das neugegründete Bistum Eichstätt. Thüringen gehörte bis zum Jahre 1929 zum Bistum Mainz, danach zum Bistum Fulda. Erst 1994 wurde das Bistum Erfurt in den Grenzen von 741 wiederhergestellt.

Eine Ausnahme bildete dabei lediglich das Dekanat Geisa, ein kleines geschlossenes katholisches Gebiet in der Thüringer Rhön. Dieses Dekanat wurde von Erfurt getrennt und dem Bistum Fulda zugeschlagen. Dadurch entstand eine Situation, die mich, da ich die Gegend kenne, etwas an die Zeit des Bonifatius erinnerte. In meiner Kindheit verbrachte ich dort mehrere Sommerferien als Hütejunge und Ministrant. Daher weiß ich, daß in diesem Sprengel auch zu DDR-Zeiten ein intensives kirchlich-religiöses Leben herrschte, fernab von jeglicher staatlichen Einflußnahme. Den dortigen Pfarrern wurde es 1994 freigestellt, in ihren Gemeinden zu bleiben und zum Fuldaer Bistum zu gehören oder eine andere Pfarrstelle im Bistum Erfurt zu übernehmen. Alle dortigen Geistlichen entschieden sich für Erfurt. Die vakant gewordenen Pfarrstellen im Dekanat Geisa wurden daraufhin mit jungen Priestern aus dem Bistum Fulda besetzt. Als ich vor kurzem in dieser Gegend ein paar Tage Urlaub machte, konnte ich feststellen, daß sich die Gläubigen über diese neuen Priester sehr ärgerten. Wie einst Bonifatius hatten diese Neupriester aus dem Westen nämlich versucht, den Thüringer Halbkatholiken den wahren römisch-katholischen Glauben zu erklären, den diese ja unter dem stalinistischen Zwangsregime nicht richtig kennenlernen durften. Die Arroganz dieser Fuldaer Missionare empfanden die Gläubigen als demütigend und verletzend, ihre kirchliche Bindung hat, wie ich bemerken konnte, sehr darunter gelitten.

III.

„... so lieb dir unsere Gnade ist"
Der fränkische Machtwechsel in Mitteldeutschland

Die Feldzüge Karlmanns und Pippins

Während Bonifatius die drei neuen Bistümer gründete und mit Hilfe Karlmanns und der von ihm eingesetzten Beamten Thüringen mit einem Netz von Kirchen und Pfarrbezirken überzog, überfielen Karlmann und Pippin „die Sachsen". Der Fortsetzer des Fredegar berichtet darüber:

„Im dritten Jahre (der Herrschaft von Karlmann und Pippin, d. h. ca. 744 – R. A.) drang Karlmann wiederum mit Heeresmacht in das Land der Sachsen ein, die sich empört hatten. Die, welche an den Grenzen seines Reiches wohnten, unterwarf er sich ohne Kampf, und die meisten von ihnen ließen sich taufen. ... In demselben Jahre brachen die Sachsen in gewohnter Weise die Treue, welche sie dem Karlmann gelobt hatten; darum mußte Pippin mit einem Heere gegen sie zu Feld ziehen. Ihm zu Hilfe kamen die Könige der Wenden und der Friesen. Als das die Sachsen sahen, so fürchteten sie sich wie gewöhnlich, baten um Frieden, nachdem bereits viele von ihnen niedergemacht und in die Gefangenschaft geraten, ihr Land aber mit Feuer und Schwert verwüstet worden war, und unterwarfen sich wie von alters her den Franken und versprachen den Zins, den sie einst dem Chlothar gezahlt hatten, von nun an pünktlich und vollständig zu entrichten. Die meisten von ihnen verlangten, da sie einsahen, daß sie ohne eigne Macht der Gewalt der Franken nicht widerstehen könnten, die christlichen Sakramente."

In den Provinzen war es, wie wir sahen, bereits üblich geworden, sich nach jedem fränkischen Thronwechsel „zu empören", wie es die fränkischen Geschichtsschreiber bezeichnen. Das hieß, Tribute zu verweigern, fränkische Beamte zu verjagen oder umzubringen und ihre Stützpunkte, also Burgen oder befestigte Höfe, sowie dort vorhandene Kirchen zu verwüsten oder niederzubrennen. Genau das hatten die Sachsen auch schon nach dem Tode Karl Martells getan. Bei den beiden von Fredegar beschriebenen Feldzügen handelt es sich um dieselben Sachsen. Im Frühjahr hatten sie Karlmann Treue gelobt, im Herbst sich wieder „empört", und deshalb zog Pippin gegen sie. Diese Sachsen wohnten *„an der Grenze seines Reiches"*, das heißt in Thüringen. Sie hatten als Nachbarn die Friesen und Wenden, die Pippin zu Hilfe kamen. Es sind die Sachsen, die *„einst dem Chlothar Zins gezahlt"* hatten, also zunächst die Thüringer Sachsen des Hassegaues. Hätte Pippin aber nur gegen sie vorgehen müssen, dann wäre die Hilfe der Friesen und Wenden nicht nötig gewesen. An dem Aufstand müssen sich also auch die Schwaben beteiligt haben, die von den Franken ebenfalls Sachsen genannt wurden, sowie die nördlich davon im Nordthüringgau wohnenden Ostphalen. Im Zusammenhang mit diesen beiden Feldzügen wird in den fränkischen Reichsannalen ein Graf Theoderich/Dietrich und seine Hochseeburg erwähnt:

„Damals begannen Karlmann und Pippin den Kampf gegen Herzog Odilo von Bayern, und Karlmann zog allein nach Sachsen. In diesem Jahr gewann er auch Hohenseeburg durch Vertrag und brachte durch Verhandeln den Sachsen Dietrich zur Unterwerfung. ... Wiederum zogen Karlmann und Pippin nach Sachsen, und der Sachse Dietrich mußte sich abermals unterwerfen."

Andere fränkische Quellen berichten ebenfalls von diesen beiden Feldzügen. Dabei wird der Name dieser Burg sehr verschieden wiedergegeben: als Hohenseeburg, Hohseoburg, Hocseoburch, Saochseburg, Ohseburg und ähnlich. Vor etwa einhundert Jahren haben sich zahlreiche Lokalhistoriker bemüht, den Ort dieser Burg herauszufinden. Die unterschiedlichen Deutungen reichen von der Sachsenburg an der Thüringer Pforte über die im Mansfeldischen gelegene Seeburg am Süßen See und den „Hosekenberg" nördlich des Harzes bei Ditfurt bis zum Heeseberg südlich des niedersächsischen Schöningen. Bei der Suche nach der Lage der Burg rekonstruierten die Historiker auch einen Feldzug, den Pippin drei Jahre später, im Jahre 747, durch Thüringen und Sachsen unternahm, um seinen rebellierenden Halbbruder Gripho, der bei den Sachsen Zuflucht gefunden hatte, zu fangen. Sie gingen mit Recht davon aus, daß das fränkische Heer auch diesmal den gleichen Weg benutzt haben wird und die Burg am Weg oder in dessen Nähe gelegen haben muß. Bei der Schilderung eines dieser Heereszüge werden auch lokale Anhaltspunkte genannt. Die fränkischen Reichsannalen berichten:

„Gripho, der Bruder Karlmanns und Pippins, wollte nicht unter der Gewalt seines Bruders Pippin stehen, obwohl er von diesem ehrenvoll behandelt wurde; er floh mit einem Haufen seiner Leute nach Sachsen und setzte sich mit dem Heer der Sachsen, das er gesammelt

hatte, an der Oker bei Ohrum fest. Pippin rückte mit dem Heer der Franken durch Thüringen gegen seinen Bruder in Sachsen ein und lagerte sich an der Meißau in Schöningen. Eine Schlacht wurde jedoch zwischen den beiden Teilen nicht geliefert, sondern sie schieden nach friedlicher Übereinkunft voneinander."

Die Metzer Annalen berichten noch etwas ausführlicher über diesen Heereszug. Danach zog Pippin von Thüringen aus über das Gebiet der Sachsen, die sich Nordschwaben nennen, und zwang sie, sich taufen zu lassen. Auf dem Weg erobert er wiederum diese ominöse Hochseeburg, den Sitz des Grafen Theoderich/Dietrich. Solch einen aufwendigen Feldzug hätte Pippin nicht unternommen, wenn es nur darum gegangen wäre, seinen Bruder zu fangen. Er fürchtete wohl, daß Gripho zusammen mit dem sächsischen Grafen Theoderich einen Putsch plante, an dessen Ende Pippin die östlichen Provinzen verloren hätte.

Für einige Historiker gilt heute die Seeburg am Süßen See im Mansfeldischen als die Hochseeburg. Dabei soll es sich nicht nur um die heute sichtbare spätmittelalterliche Steinburg handeln, sondern um eine große Wallanlage, deren Gelände sich weit nach Osten bis zur Kirche des Ortes Seeburg erstreckte. Die Gleichsetzung der „Hochseeburg" mit der Seeburg wurde aber auch aus guten Gründen angezweifelt, denn diese Burganlage wird, wie bereits erwähnt, im Hersfelder Zehntverzeichnis, das die Verhältnisse des 8. Jahrhunderts wiedergibt, „Seoburg" und nicht „Hohseoburg" genannt. Auch der Versuch, den Namen Hochseeburg aus Hochseegau-burg/Hassegau-burg abzuleiten, überzeugt nur wenig. Die Burgen des Hassegaus sind aus diesem Zehntverzeichnis bekannt. Eine Hohseoburg des sächsischen Grafen Theoderich/Dietrich ist nicht darunter. Zudem herrschten im Hassegau fränkische und keine sächsischen Grafen. Zur Lage der Hochseeburg kommen wir später noch einmal, wenn es um den genauen Weg des Feldzuges im Jahre 747 durch Thüringen nach Ohrum an der Oker geht.

Karlmann, der Gönner des Bonifatius, regierte nur etwa fünf Jahre lang. Im Jahre 746 begab er sich nach Rom und ließ sich von Papst Zacharias in den Mönchsstand aufnehmen. Das ständige Herumziehen auf Kriegszügen schien Karlmann, dem ehemaligen Klosterschüler, nicht viel gegeben zu haben. Er ließ für sich auf einem Berg nördlich von Rom ein Kloster bauen und es dem heiligen Silvester weihen. Drei Jahre später zog er, um den vielen neugierigen fränkischen Rompilgern auszuweichen, nach Montecassino, dem Stammkloster der Benediktiner.

Seinen Reichsteil hatte Karlmann seinem Bruder Pippin übergeben. Bei dieser Gelegenheit entließen sie ihren Halbbruder Gripho aus der Haft. Das Angebot Pippins, ihm zwei Grafschaften zu überlassen, schlug Gripho aus. Mit einer Schar Anhänger begab er sich zu den Sachsen. Mit ihrer Hilfe gedachte er, Ostfranken in seinen Besitz zu bringen. Pippin ahnte das und zog ihm eilig hinterher.

Nachdem Pippin aber sich bei Ohrum an der Oker mit den Sachsen einigen konnte, floh Gripho mit seinen Anhängern nach Bayern. Es war die Heimat seiner Mutter Swanahild, der Nichte des bayrischen Herzogs Odilo. Dieser Odilo war kurz vorher gestorben und hatte seine Frau Hiltrud und einen unmündigen Sohn namens Tassilo hinterlassen. Gripho gelang es, mit Hilfe des einheimischen Adels beide zu entmachten und sich an deren Stelle zu setzen. Pippin zog daraufhin mit einem Heer nach Bayern und setzte Hiltrud und Tassilo wieder in das Herzogsamt ein. Gripho nahm er gefangen und führte ihn mit sich. Da dieser nun keine andere Wahl mehr hatte, nahm er das frühere Angebot Pippins, zwei Grafschaften zu bekommen, an. Nicht lange danach aber verbündete er sich mit dem Herzog Waifar von Aquitanien, und gemeinsam planten sie einen Aufstand gegen Pippin. Bei Kämpfen im Jahre 753 in der Gascogne kam Gripho ums Leben. Danach war Pippin unangefochten alleiniger Hausmeier von ganz Franken, oberster Beamter des Königs. Den aber hatte er bereits faktisch entmachtet. Einhard, der Biograph Karls des Großen, schildert das Verhältnis zwischen Hausmeier und König so:

„Das Geschlecht der Merowinger, aus dem die Franken ihre Könige zu wählen pflegten, endete nach der gewöhnlichen Annahme mit König Childerich, der auf Befehl des römischen Papstes Stephan (Stephan II. – R. A.) abgesetzt, geschoren und ins Kloster geschickt wurde. Aber obwohl es erst mit ihm ausgestorben zu sein scheinen könnte, so war es doch schon längst ohne alle Lebenskraft und hatte außer dem eiteln Königstitel nichts Ruhmvolles an sich; denn die Macht und die Gewalt der Regierung waren in den Händen der Pfalzvorsteher, die Hausmeier hießen und denen die ganze Regierung oblag. Dem König blieb nichts übrig, als zufrieden mit dem bloßen Königsnamen, mit langem Haupthaar und ungeschorenem Bart auf dem Throne zu sitzen und den Herrscher zu spielen, die von überallher kommenden Gesandten anzuhören und ihnen bei ihrem Abgange die ihm eingelernten oder anbefohlenen Antworten wie aus eigener Machtvollkommenheit zu erteilen, da er außer dem nutzlosen Königstitel und einem unsicheren Lebensunterhalt, den ihm der Hausmeier nach Gutdünken zumaß, nur noch ein einziges, noch dazu sehr wenig einträgliches Hofgut zu eigen besaß, auf dem er ein Wohnhaus hatte und Knechte in geringer Zahl, die ihm daraus das Notwendige lieferten und ihm dienten. Überall, wohin er sich begeben mußte, fuhr er auf einem Wagen, den ein Joch Ochsen zog und ein Rinderhirte nach Bauernweise lenkte. So fuhr er nach dem Palast, so zu der öffentlichen Volksgemeinde, die jährlich zum Nutzen des Reiches tagte, und so kehrte er dann wieder nach Hause zurück. Die Staatsverwaltung aber und alles, was im Innern oder nach außen hin zu tun und zu ordnen war, besorgte der Hausmeier.“

Fast einhundert Jahre lang, ausgehend vom mißglückten Putschversuch Grimoalds im Jahre 662, hatte die arnulfingisch-karolingische Sippe auf diesen Moment hingearbeitet. Im Jahre 751 meinte Pippin, den zu erwartenden Widerstand des Adels gegen die Übernahme der Königswürde durch einen Karolinger beherrschen zu können. Pippin sandte Bischof Burchard von Würzburg, einen Schüler des Bonifatius, und seinen obersten Kapellan Fulrad nach

Rom, um die Zustimmung des Papstes für seinen Putsch einzuholen. Im selben Jahr noch ließ er sich in Soissons von einer Versammlung des Adels zum König wählen. Anschließend folgte seine Salbung als Frankenkönig durch die Bischöfe, angeführt von Bonifatius. Diese Salbung galt als Sakrament, das ihn zum „Erwählten Gottes" machen sollte. Sie wurde im Jahre 754 von Papst Stephan II. in St. Denis wiederholt und auf das gesamte karolingische Königsgeschlecht ausgedehnt. Mit Pippin dem Jüngeren, nunmehr als König Pippin III. bezeichnet, waren damit auch seine Nachkommen Könige „von Gottes Gnaden".

Nach der Krönung Pippins änderte sich vieles im fränkischen Reich von Grund auf. Das römisch-katholische Christentum wurde von nun an fränkische Staatsreligion, denn das neue Königtum legitimierte sich nur durch die Autorität des römisch-katholischen Christentums. Von nun an galt römisch-katholisch und königstreu als eine untrennbare Einheit.

Die Macht der Merowinger hatte das Christentum nicht nötig gehabt, und Chlodwigs Taufe war einst nur ein Zugeständnis an die christliche Bevölkerung des eroberten Galliens gewesen. Als beide Völker sich arrangiert hatten, war die christliche Religion eigentlich für die Machterhaltung der Könige überflüssig geworden. Das Ansehen der Merowinger wuchs vor allem beim fränkischen Adel mit ihrer Schwäche. Je unbedeutender und zurückhaltender die Könige waren, um so mehr hatte der Adel freie Hand, sich königliche Rechte und Besitz anzueignen. Pippin begann nun, die starke Ordnung der frühen Merowingerzeit wieder zu errichten. Für die fränkischen Adligen hieß das, wieder nur Beamte des Königs zu sein und jederzeit abgesetzt werden zu können. Pippin wollte durchsetzen, daß ein Großteil ihrer Güter, ihr vermeintliches Eigentum, nur ihr Lehen war, Eigentum des Königs. Schon als Hausmeier hatte er begonnen, das Herzogtum abzuschaffen, denn die Herzöge waren ihm zu mächtig geworden. In Alamannien, Friesland, Sachsen und Thüringen gab es bereits keine Herzöge mehr. Geblieben waren die Grafschaften. Die Grafenämter aber wurden neu besetzt und an karolingertreue Beamte vergeben. Die

Grafschaften wurden in Marken eingeteilt und durch „Markscheider" vermessen. Das alte königliche Eigentum wurde dabei gesichert und vermehrt. Die Grafen wurden regelmäßig von königlichen Missi, persönlichen Gesandten des Königs, kontrolliert und angeleitet. Diese Missi waren Beamte des Hofes oder Bischöfe, die das Vertrauen des Königs genossen. Pippin formulierte als erster seine Anweisungen in sogenannten Kapitularien.

Diese Maßnahmen stießen auf den erbitterten Widerstand des Adels, vor allem in den Provinzen. In Thüringen und Sachsen waren es hauptsächlich die Nachfahren der Radulf-Heden-Sippe sowie deren Anhänger und Günstlinge, die sich gegen die Karolinger und deren Gefolgsleute zur Wehr setzten. Erst Pippins Sohn, Karl der Große, schaffte es durch die Niederschlagung des Hardrad-Aufstandes im Jahre 786, von dem noch zu reden sein wird, diesen Widerstand zu brechen. Die Durchsetzung dieser Neuordnung erforderte starke militärische Gewalt. Daneben setzten die Karolinger aber auch geistig-ideologische Mittel ein, um ihre Ziele zu erreichen. Die beiden hessischen Reichsklöster Hersfeld und Fulda spielten dabei für den Osten eine zentrale Rolle.

Fulda und Hersfeld

Beide Klöster sind Gründungen des Bonifatius, ins Werk gesetzt wurden sie von seinem Gehilfen Sturm. Dieser junge Adlige stammte aus Bayern, er hatte Bonifatius im Jahre 735 kennengelernt und sich ihm angeschlossen. Ein Jahr später gründete Sturm mit einigen Freunden in Hersfeld eine Einsiedelei. Sie lag auf dem Weg zwischen dem Kloster Fritzlar und Thüringen. In einer Art Fernstudium ließ sich Sturm in Fritzlar zum Priester ausbilden und wurde im Jahre 740 geweiht. Drei Jahre später erhielt er von Bonifatius einen speziellen Auftrag. Er sollte die Stelle eines verschwundenen Königshofes in der Buchonia irgendwo am Fluß Fulda ausfindig machen. Diesen Hof hatte Bonifatius von Karlmann geschenkt bekommen, aber niemand wußte, wo er genau lag. In der „Vita Sturmi" des Mönchs Eigil wird ausführlich beschrieben, wie

Sturm mehrmals vergeblich versucht hatte, diese Stelle zu finden. Bei Ausgrabungen im letzten Jahrhundert auf dem Fuldaer Klostergelände und im Bereich des heutigen Domes stieß man auf die Reste dieses Königshofes. Sie erklärten die lange vergebliche Suche des Sturm, denn der Hof war um das Jahr 700 herum abgebrannt und lange Zeit unbenutzt gewesen. Die Trümmer des Hofes müssen völlig zugewachsen gewesen sein. Nachdem aber Sturm die Stelle entdeckt hatte, benachrichtigte er Bonifatius, und dieser ließ sich daraufhin von Karlmann die Schenkung in aller Form beurkunden. Vorher hatte Sturm mit Markscheidern des Königs das Gebiet dieses ehemaligen Königshofes und zukünftigen Klosters abstecken und festschreiben lassen. Diese Grenzbeschreibung ist glücklicherweise erhalten. Sie gibt eine genaue Auskunft über die Methoden dieser Markscheider. Die Grenzen waren Flüsse, Bäche und bekannte alte Wege, meist Kammwege. Fixpunkte waren große Steine, Felsen oder große freistehende Bäume, die zusätzlich mit einem Zeichen versehen wurden. Nach dieser Methode geschah sowohl die Abgrenzung aller staatlichen Bezirke, wie Grafschaften, Marken, Königsgüter und Wildbanne, als auch der kirchlichen Bistümer, Archidiakonate und Sedessprengel.

Das für das Kloster Fulda vorgesehene Gebiet maß etwa achtzehn Kilometer im Durchmesser. Diesen Bezirk, das Gelände des ursprünglichen Königsgutes, hatten sich Einheimische angeeignet. Vor der Markscheidung kam es deshalb zu heftigen Auseinandersetzungen zwischen ihnen und den Mönchen. In der Vita Sturmi des Eigil heißt es:

„Nachdem Sturm ... sich an den von ihm gefundenen Ort mit den Brüdern begeben wollte, erregte der Teufel, der Feind aller guten Dinge, der da den Wandel der Knechte Gottes in der Einöde scheute, schlechter Menschen Sinn, den Knechten Gottes den geheiligten Ort versagen zu wollen. Als die Knechte Gottes aber die Hartnäckigkeit der schlechten Menschen oder vielmehr des Teufels Feindschaft nicht länger ertragen konnten, kehrten sie von dort zurück und begaben sich an einen Ort, der Dirihlari genannt wird.“

Erst ein Machtwort des Königs und die Anwesenheit der königlichen Markscheider veranlaßte die Einheimischen nachzugeben. Bei Eigil liest sich das so:

„Als sich nun alle am bestimmten Tage versammelt hatten, sprachen die angekommenen Königsboten: ‚Der König läßt euch allen seinen Gruß entbieten. Es ist sein Wunsch und Befehl, daß jeder sein ganzes Eigentum, was er an dem Eihola genannten Orte zu besitzen glaubt, den Knechten Gottes zum Bewohnen schenke.‘ Kaum hatten sie dies vernommen, als sie durch Gottes Wink sofort mit allem Fleiß, was immer sie dort besaßen, ganz und gar dem Gottesmann Sturm übertrugen.“

Diese Art von Berichterstattung, über die Tatsachen einen religiösen Schleier zu legen, wird zunehmend üblich. Nicht immer ist es so leicht wie bei der obigen Stelle, unter diesem Schleier die Wahrheit zu entdecken. Das betrifft auch die Anfänge der beiden Klöster Hersfeld und Fulda sowie die Feindschaft zwischen den beiden ersten Äbten Sturm und Lull. Beide gelten als „Lieblingsschüler“ des Bonifatius. Sturm wurde der Abt von Fulda, und Lull bestieg als Nachfolger des Bonifatius den Mainzer Bischofsstuhl und war außerdem der Abt von Hersfeld. Ihr feindseliges Verhältnis legte den Grundstein für die jahrhundertelangen Spannungen sowohl zwischen diesen beiden Klöstern als auch zwischen dem Kloster Fulda und dem Bistum Mainz. Diese Feindseligkeiten hatten viele Auswirkungen im Osten, denn sowohl beide Klöster als auch das Bistum besaßen dort umfangreiche Güter und Rechte.

Lull stammte wie Bonifatius aus Wessex. Im Jahre 737 hatten sich beide in Rom getroffen. Lull hatte sich Bonifatius angeschlossen und war mit ihm nach Hessen gegangen. Im Kloster Fritzlar, dessen Abt Wigbert ebenfalls aus Wessex stammte, ließ er sich zum Priester ausbilden. Lange Zeit hielt er sich auch in Thüringen auf, unter anderem im Kloster Ohrdruf. Im Jahre 747 wurde Lull Priester und 752 Chorbischof, das heißt Wanderbischof ohne festen Sitz. Ein Jahr darauf wurde er von König Pippin III. als ordentlicher Bischof von Mainz eingesetzt, da Bonifatius die Absicht hatte, als Missionar nach Friesland zu gehen. Nach dem gewaltsamen Tod des Bonifatius (754) war Lull dessen Nachfolger. Dies entsprach einem Wunsch des Bonifatius, der in Lull wohl seinen fähigsten Schüler gesehen hatte. Im Jahre 782 erhielt Lull vom Papst Hadrian I. das erzbischöfliche Pallium. Seit dem Jahre 769 unternahm Lull vielfältige Anstrengungen, um aus der Hersfelder Einsiedelei das Kloster Hersfeld zu errichten. Von 775 an war es offiziell Reichskloster und stand unter dem Schutz Karls des Großen.

Das Kloster Fulda bestand zu jener Zeit bereits 31 Jahre. Eigil schildert in seiner „Vita Sturmi" anschaulich den Aufbau der Klostergebäude. Oft war Bonifatius selbst auf der Baustelle gewesen. Er hatte Handwerker und Hilfskräfte aus Mainz mitgebracht, die Bäume fällten und Kalkgruben anlegten. Das bedeutet, daß in Fulda bereits Steingebäude errichtet wurden. Im Jahre 751 hatte Bonifatius von Papst Zacharias die kirchliche Exemtion erwirkt, das hieß, daß das Kloster Fulda in kirchlicher Hinsicht keinem Bischof, sondern nur dem Papst selbst unterstand. Lull hatte deshalb später als Erzbischof von Mainz im Kloster Fulda nichts zu sagen. Das muß ihn sehr geärgert haben, denn er zeigte Sturm wegen „geheimen Widerstandes" bei Pippin an. Sturm wurde seines Amtes enthoben und in ein westfränkisches Kloster verbannt, das Kloster Fulda aber übergab Pippin an Lull. Der von Lull eingesetzte neue Abt Marcus, ein Mainzer Kleriker, stieß jedoch auf den erbitterten Widerstand der Fuldaer Mönche. Sie wollten das Kloster verlassen und beschwerten sich bei Pippin. Daraufhin durften sie einen Abt aus ihren Reihen wählen. Zwei Jahre dauerte Sturms Verbannung, dann wurde er zu Pippin gerufen, rehabilitiert und durfte wieder als Abt nach Fulda zurückkehren. Seitdem bestand nicht nur eine Konkurrenz, sondern ein erbitterter Haß, ja eine tiefe Feindschaft zwischen Lull und Sturm. Lull baute sein Kloster Hersfeld als „Anti-Fulda" aus und beschenkte es reichlich sowohl mit eigenem als auch mit bischöflichem Besitz. Kurz vor seinem Tode soll sich Lull jedoch wieder mit Fulda versöhnt haben. Das gehe, so meinten einige Kirchenhistoriker, aus einer Urkunde des Jahres 785 hervor, die besagt, daß Lull damals seinen Privatbesitz in Großvargula an der Unstrut dem Kloster Fulda übereignete. Sturm aber soll bereits kurz vor seinem Tode im Jahre 779 seinem Feind Lull verziehen haben. Schließlich, so meint man weiter, wären ja beide tief religiöse Menschen gewesen, die fürchteten, im Jenseits mit solch einer mitgebrachten Feindschaft Ärger zu bekommen. Diese oft zu lesende Auffassung stimmt wahrscheinlich nicht. Die Gründe, weshalb Lull seine Güter in Großvargula dem Kloster Fulda schenkte, waren andere. Sie hängen mit einem Ereignis des Jahres 785 zusammen, über das noch zu berichten sein wird. Die Feindschaft zwischen den beiden Klöstern Fulda und Hersfeld war aber mit dem Tod der beiden Äbte nicht beigelegt, sie dauerte noch Jahrhunderte an.

Durch Karl den Großen waren beide Klöster seit dem Jahre 775 Reichsklöster, sie unterstanden allein dem König und besaßen politische Immunität sowie eine eigene Gerichtsbarkeit. Von Karl erhielten sie die ersten umfangreichen Zehnt- und Landschenkungen. Bald schlossen sich dem König zahlreiche private Schenker an, so daß es bald keinen Ort in Thüringen und Sachsen gab, in denen eines der beiden Klöster nicht im Besitz von Land oder Zehntrechten war. In fast allen Urkunden wird als Grund der Schenkung das Seelenheil der Schenker angegeben. Diese plötzlich massenhaft eintretende Frömmigkeit verwundert, zumal sie, was vor allem die privaten Schenkungen betrifft, nach einiger Zeit schlagartig endet. Worin also bestand der wahre Grund solcher Schenkungen?

Bei den königlichen Übertragungen ist der Zweck klar. Der König war der oberste Kirchenherr, er setzte Bischöfe und auch Äbte ein, er berief Synoden und gab deren Beschlüssen Gesetzeskraft. Bischofssitze und Klöster hatten die sogenannte Gastungspflicht. Sie mußten sowohl den König und seine Begleitung als auch die königlichen Boten auf ihren Reisen beherbergen und verköstigen. Da diese Begleitungen, vor allem die der Könige, sehr zahlreich waren, bedeutete das für die Gastgeber einen ungeheuren Aufwand. Einige in Thüringen lange für Königspfalzen gehaltene Orte haben sich bei näherer Untersuchung als Hersfelder oder Fuldaer Klosterhöfe herausgestellt, so unter anderen Haina, Großengottern oder Gebesee. Die Klöster waren wie alle Landbesitzer zur Heerfolge verpflichtet. Die Äbte und Mönche selbst mußten zwar keine Waffen tragen, sie waren nur als eine Art Militärseelsorger eingesetzt, aber jedes Kloster hatte zahlreiche Knechte, die zu Kriegszügen ausgerüstet und abgestellt werden mußten. Hinzu kamen die Lehnsleute, die von den Klöstern Land erhalten hatten. Aus den Klöstern Fulda und Hersfeld selbst gibt es über ihre Pflicht zur Heerfolge keine direkten Nachrichten. Aber aus einem Brief Karls des Großen an den Abt Fulrad von Alteich ersieht man die Pflicht der Reichsklöster zur Heerfolge:

„Wir gebieten dir, dich am 17. Juni in Staßfurt an der Bode als dem festgesetzten Sammelort pünktlich einzufinden. Du sollst mit deinen Leuten so vorbereitet dahin kommen, daß du von da, wohin immer der Befehl geht, schlagfertig ziehen kannst, nämlich mit Waffen und Gerät und anderen Kriegserfordernissen an Lebensmitteln und Kleidern. Jeder Reiter soll Schild und Lanze, ein zweihändiges und ein kurzes Schwert, Bogen und Köcher mit Pfeilen haben. Dann daß ihr habet auf euren Wagen: Hacken, Beile, Mauerbrecher, Äxte, Grabscheite, eiserne Schaufeln und was sonst im Kriege nötig ist. Die Eßvorräte müssen vom Sammelplatz an auf drei Monate reichen, Waffen und Kleider auf ein halbes Jahr. Besonders aber gebieten wir euch, darauf zu achten, daß ihr in guter Ordnung zum Sammelplatz zieht. Durch welchen Teil unseres Reiches euch der nächste Weg auch führt, untersteht euch, irgend etwas zu nehmen, außer Futter für das Vieh, Holz und Wasser. Die Leute eines jeden von euch sollen bis zur Ankunft am Sammelplatz immer neben den Wagen und Reitern gehen, damit die Abwesenheit des Herrn nicht Gelegenheit zur Übertretung gebe. Was du sonst an unseren Hof zu liefern hast, das sende uns Mitte Mai dahin, wo wir uns aufhalten, wenn du es nicht auf deinem Zug uns persönlich übergeben kannst. Dies wünschen wir sehr. Laß dir keine Nachlässigkeit zu Schulden kommen, so lieb dir unsere Gnade ist.“

Dieser Brief ist in mehrerer Hinsicht aufschlußreich. Man erfährt etwas über die Bewaffnung und die Art der Kriegsführung. Die vollbewaffneten Reiterkrieger waren die Lehnsleute des Klosters, die *„Leute eines jeden“* deren Knechte. Die Eßvorräte sollten für drei Monate reichen. Neben Getreide und Hülsenfrüchten werden es, was die Fleischversorgung betrifft, entweder lebende Tiere oder geräuchertes bzw. gesalzenes Fleisch gewesen sein. Der Krieg führte in eine Gegend, in der keine Reichsgüter lagen, die das Heer hätten versorgen können. Es war ein Feldzug gegen die jenseits der Saale wohnenden Slawen. Karl befiehlt dem Abt, auf dem kürzesten Weg von Niederalteich nach Staßfurt zu kommen. Staßfurt an der Bode wird nicht näher erläutert, der Ort muß demnach bei Kriegsleuten und Händlern bekannt gewesen sein, ebenfalls der Weg dorthin. Der grobe Verlauf der überregionalen Heer- und Handelswege muß damals zum Allgemeinwissen gehört haben. Plünderungen und Übergriffe auf diesen Wegen sind wohl des öfteren vorgekommen, sonst hätte Karl keine entsprechende Mahnung angefügt. Schließlich sagt dieser Brief auch etwas über das Verhältnis des Königs zu den Äbten der Reichsklöster. Die sonst üblichen Höflichkeitsfloskeln, wie man sie in Urkunden findet, fehlen hier. Der Abt wird wie ein niederer Beamter des Königs behandelt.

Land- und Zehntschenkungen des Königs an Klöster waren also kühle Berechnung und hatten nichts mit der Sorge um sein Seelenheil zu tun. Es waren im Grunde auch keine Schenkungen, sondern es wurde lediglich die Verwaltung jener königlichen Güter und die Art der Eintreibung der Steuern geändert – beides wurde in die Hände der Klöster gegeben. Aber auch bei den Landschenkungen von Privatpersonen an beide Klöster spielen religiöse Gründe, wie sie oft in den Urkunden angeführt werden, die geringere Rolle. Die Gründe sind allerdings nicht so einfach zu erklären, wie bei den königlichen Schenkungen. Sie sind von Fall zu Fall verschieden.

Zunächst gibt es Urkunden, in denen nur eine oder zwei Hufen Land verschenkt werden. Es sind Schenkungen einfacher Bauern, die dem Kloster ihr gesamtes Land übereignen. Dieses Land blieb in ihrer Nutzung. Meist wird das auch in den Urkunden vermerkt. Es war technisch auch gar nicht anders möglich. Was sollten die Klöster mit einem Besitz anfangen, wenn er brachlag? Die Schenker lieferten an die Klöster nur den Zehnt. Den aber mußten sie als Kirchenzehnt sowieso bezahlen. Wenn ihnen das Land aber nicht mehr gehörte, entfiel für sie der Kirchenzehnt und wurde als Fiskalzehnt dem Kloster bezahlt. Dem Bauer war es egal, als was und an wen er diesen Zehnt abliefern mußte. Hinzu kam jedoch, daß er sich durch die Schenkung vom Heeresdienst befreien konnte. Ursprünglich mußte jeder, der eine Hufe besaß, Kriegsdienst leisten. Unter Karl dem Großen wurde das geändert, nur die Besitzer von drei, später vier Hufen mußten einrücken. Wer weniger hatte, mußte eine Heersteuer zahlen, um damit einen anderen auszurüsten. Diese Heereszüge waren für die Bauern eine ungeheure Belastung. Gerade zur Zeit Karls des Großen fanden sie fast in jedem Jahr statt, sie begannen im Frühjahr und endeten im Winter, das heißt der Bauer war immer dann abwesend, wenn er am meisten zu Hause gebraucht wurde. Wer aber nur Klosterland bearbeitete, hatte sich damit vom Heeresdienst befreit.

Bei den Landschenkungen Adliger gab es noch andere Gründe. Sie verschenkten neben einzelnen Hufen auch ganze Dörfer. Auch sie behielten sich oft die lebenslange Nutzung vor, verschenkten also faktisch nur den Zehnt. Um die Hintergründe dieser Schenkungen zu verstehen, müßte man im Einzelfall wissen, wie die Adligen zu diesem Eigentum gekommen waren. Dies ist aber wegen fehlender Urkunden schwer möglich. Man kann jedoch davon ausgehen, daß es sich dabei meist um ehemaliges Königsland handelte, das sich der Amtsadel privat angeeignet hatte. Durch die Übertragung an ein Kloster entging man der Gefahr der Enteignung. Nur so erklärt sich ein Kapitular Karls des Großen, mit dem er versuchte, der Schenkungswut Einhalt zu gebieten, denn was einmal an Klöster verschenkt war, konnte später nicht mehr verstaatlicht werden. Diese Rückübertragung staatlichen Eigentums und die damit verbundene Markensetzung führte Ende des achten Jahrhunderts zu einem für das Königtum gefährlichen Aufstand des thüringisch-sächsischen Adels.

Der Aufstand des Hardrad

In fast allen älteren Klosterannalen wird von diesem Aufstand unter einem gewissen Hardrad berichtet. In den offiziellen Reichsannalen allerdings steht darüber kein einziges Wort. Sich gegen den ruhmreichen Karl zu empören war dort nicht wert, festgehalten zu werden. Der Anlaß dieses Aufstandes war den Lorscher Annalen zufolge die Weigerung eines Thüringer Adligen, seine Tochter einem vornehmen Franken zur Ehe zu geben, obwohl beide verlobt waren. Dieser Franke hatte bereits „nach fränkischem Recht" das Brautgeld bezahlt, nun aber sei er darum betrogen worden. Er beschwerte sich bei Karl, und der schickte einen Gesandten. Die ostfränkischen Adligen schlossen sich daraufhin zusammen und trachteten Karl nach dem Leben. Im Jahr darauf zog ein fränkisches Heer nach Thüringen und verwüstete die Besitztümer dieser Adligen. Die Verschwörer flohen in das Kloster Fulda und baten den Abt Baugulf, sich bei Karl für sie zu verwenden. Karl lud sie daraufhin in seine Pfalz Attigny und gewährte ihnen freies Geleit. Bei dieser Zusammenkunft, so die Lorscher Annalen, *„sagte einer frech zum König, wenn meine Kameraden einverstanden wären, würdest du den Rhein nicht lebend überschreiten!"* Daraufhin wurden sie gefangengenommen und einzeln in verschiedene Städte des Reiches gebracht. Dort mußten sie über den Reliquien berühmter Heiliger dem König die Treue schwören. Auf der Rückkehr wurden einige ermordet, andere geblendet. Der Reichstag in Worms, der sich ausführlich mit diesem Aufstand befaßte, bestätigte Karls Befehl, die Güter der Rebellen zu konfiszieren.

Die wirklichen Ursachen dieses Aufstandes werden nirgends genannt. Die Geschichte mit der verhinderten Hochzeit, die im übrigen nur in den Lorscher Annalen vorkommt, war sicherlich nicht die wahre Ursache für den Ausbruch des Aufstandes. Es ging um mehr. Die germanischen Hochzeitsbräuche waren überall gleich. Sowohl nach salfränkischem Recht als auch nach thüringisch-sächsischer Gewohnheit hatte der Bräutigam bei der Verlobung ein Brautgeld an den künftigen Schwiegervater zu zahlen. Beim Nichtzustandekommen der Hochzeit bekam er das Geld oder sonstige Gaben selbstverständlich zurück. Franken aber waren beide, sowohl der Bräutigam als auch der Schwiegervater. Die Adligen in Thüringen waren die Nachfahren der Radulf-Heden-Sippe und ihres Klüngels. Allerdings hatten sich etliche Franken im Laufe der Zeit mit einheimischen Sachsen und Thüringern vermischt. Für die

Klosterschreiber galten sie daher als Sachsen und Thüringer. Diese Verlobungsepisode hat, wenn sie überhaupt so stattfand, nur symbolischen Charakter. Bei Adligen handelte es sich beim Brautgeld um Land und Leute, die der Franke nun zurückforderte. Als die Rückgabe nicht erfolgte, wandte er sich an Karl. Es ging bei diesem Aufstand nicht nur um ein kleines Brautgeschenk, sondern wahrscheinlich um Güterforderungen großen Stils. Der einst fränkische, aus der Umgebung der Radulf-Heden-Sippe stammende und nunmehr für sächsisch-thüringisch gehaltene Adel hatte das ehemalige Königsgut privatisiert. Karl hatte Beamte geschickt, sogenannte Markscheider, die dieses Königsgut feststellten und Grenzen zogen. Diese Rückübertragung wurde als Enteignung aufgefaßt und hatte für böses Blut gesorgt. Allerdings nur beim Adel, wie die Quellen berichten, denn den einfachen Leuten war es egal, welche Franken über sie herrschten.

Im Zusammenhang mit diesem Aufstand klärt sich auch die oben bereits erwähnte Schenkung des Bischofs Lull, das heißt die Übertragung seiner *„in Fargala zusammengekauften Güter"* an das Kloster Fulda im Jahre 785. Bisher sah man darin eine fromme Geste. Lull wollte sich damit noch kurz vor seinem Tode mit seinem Erzfeind Fulda aussöhnen. Er bat auch seine Getreuen, die Edlen Walto, Reginold, Warmund und Burchrat, ebenfalls ihre dortigen Güter Fulda zu übertragen. Fargala, Großvargula, war ehemaliges Gut der Altthüringer Könige, es wurde nach 531 fränkisches Staatseigentum und gehörte später auch zum Gut des Herzogs Radulf. Nachdem die Radulf-Heden-Sippe ihren Sitz nach Würzburg verlegt hatte, wurde es von dort aus verwaltet. Nach dem Sturz der Heden-Familie nahmen diese vier Edlen die „fargalahmarca", wie das Gebiet in einer der Urkunden heißt, in treuhänderische Obhut, das heißt, sie eigneten sich die Mark an. Auch Lull muß dabei bedacht worden sein. In der Urkunde heißt es, Lull habe *„zusammengekaufte Güter"* geschenkt. Der Kaufpreis bei solchen Treuhandgeschäften war auch damals nur symbolisch. Als Käufer geriet man in Verdacht, bei der Aneignung mitgewirkt zu haben. Lull mußte also fürchten, in den Augen Karls in den Kreis der Aufständischen zu geraten. Die Schenkung geschah noch rechtzeitig, gerade als der Aufstand begann, im Jahre 785. Daß Fulda beschenkt wurde, ist verständlich. Hätte Lull diesen Besitz an Hersfeld geschenkt, dessen Abt er ja war, hätte er es gleich behalten können. Durch diese Schenkung aber hatte sich Lull von den Verschwörern abgegrenzt. Den anderen Schenkern, seinen *„Getreuen Walto, Reginold, Warmund und Burchrat“*, scheint das nicht gelungen zu sein. Ihre Namen tauchen später unter den Adligen Thüringens nicht mehr auf.

Als Haupt des Aufstandes wird ein gewisser Hardrad genannt. Er muß eine herzogsähnliche Stellung gehabt haben. In den alten Ortsnamen Sachsens und Thüringens erscheint dieser Name allerdings nicht. Es gibt weder einen -leben-/-ingen- noch einen -hausen-/-heim-Ort mit vorangestelltem Hardrad-. Auch Bonifatius nennt ihn nicht unter den Thüringer Großen. Nur drei Orte im Friesenfeld könnten mit ihm in Beziehung stehen, es sind die Wüstung Hartenrode (Hardaradesrod) zwischen Gleina und Steigra nordöstlich der Unstrut, die Wüstung Hackerode (Hardaredesrod im Hersfelder Zehntverzeichnis) nordwestlich von Sangerhausen, sowie der Ort Erdeborn (Hardabrunno) südöstlich der späteren Königspfalz Helfta bei Eisleben.

Es gibt aber eine Urkunde, die Hardrads Verhalten erklärt. Im Jahre 781 schenkte Karl die „villa Rostorp“ dem Kloster Fulda. Dabei wird erwähnt, daß sie bereits eine Zeitlang dem Kloster Fulda gehörte hatte, dem sie von einem Hardrad geschenkt worden sei. Danach aber sei diese Schenkung durch königlichen Befehl annulliert und die „villa Rostorp“ von Königsboten eingezogen worden. Nun aber schenkte sie Karl dem Kloster offiziell zurück. Hardrad hatte also etwas verschenkt, was ihm gar nicht gehört hatte, Eigentum des Königs. Die „villa Rostorp“ ist das hessische Rasdorf zwischen Hünfeld und Vacha, alter merowingischer Besitz an der Heerstraße zwischen Mainz und Thüringen. Diese Urkunde belegt, daß Karl mit der Einziehung königlichen Eigentums bereits etliche Jahre vor diesem Aufstand begonnen hatte. Im Jahre 785 lief wohl das Faß über. Durch die Einziehung der merowingischen Güter und die Enteignung der Aufständischen wuchs das Königsgut in Thüringen und Sachsen ungeheuer an. Der größte Teil davon wurde den Klöstern Hersfeld und Fulda übertragen, das andere Staatseigentum erscheint in späteren Urkunden als Reichsgut der Ottonen.

IV.

„… den Gott des Himmels und der Erde aber kannten sie nicht"
Die geistigen Feldzüge der Karolinger

Die karolingische Geschichtsschreibung

Karl der Große konnte weder lesen noch schreiben. Er legte aber viel Wert darauf, daß es andere konnten. Unter seiner Regierung erlebte die Geschichtsschreibung einen gewaltigen Aufschwung. Die Klöster mußten Schreibstuben einrichten, Heiligenlegenden verfassen, Jahrbücher führen und wichtige Bücher, so die Bibel, Werke der Antike und die alten Kirchenlehrer, abschreiben. In seiner Hofschule in Aachen versammelte er die größten Geister seiner Zeit. Dort ließ er auch alte germanische Sagen sammeln und aufzeichnen. Allerdings ist nur weniges davon erhalten geblieben, da sein Sohn Ludwig der Fromme später auf den Rat seiner Geistlichen hin dieses „heidnische Teufelszeug" vernichten ließ.

Ein Exemplar von den wichtigsten Büchern jener Zeit befand sich in der Aachener Hofbibliothek. Das betraf auch die Werke der offiziellen Geschichtsschreibung, die Jahrbücher, die Annalen. Karl ließ sich oft daraus vorlesen. Das wußten die Verfasser der Annalen, und deshalb ist die Eigenart der karolingischen Geschichtsschreibung verständlich. Über die Könige fand sich in verdächtiger Einhelligkeit kein böses Wort, kein Ansatz einer Kritik. Ihr Königtum war, anders als das der Merowinger, von Gott. Sie waren „Gesalbte des Herrn", ihre Taten führten einen göttlichen Plan aus. Irgendeine ihrer Maßnahmen zu kritisieren war unmöglich. Schon sie nicht zu loben wäre Gotteslästerung gewesen. Unter diesem Aspekt wurde auch die Vergangenheit aufgearbeitet. Pippins Machtergreifung war in Wahrheit ein gewöhnlicher Putsch. In den Annalen aber erfüllte Pippin nur den Befehl des Papstes, also den Willen Gottes. Oder ein anderes Beispiel: Aus dem Urahn der Karolinger, dem Bischof Arnulf von Metz (582–640), wird ein Heiliger. Er war, wie bereits geschildert, ein normaler fränkischer Adliger, verheiratet, hatte Kinder, ging zur Jagd und auf Kriegszüge. Er mißbrauchte seine Vormundschaft über den jungen König Dagobert, spann Intrigen und ließ Konkurrenten umbringen. Später wurde er dafür von Dagobert bestraft, er wurde entmachtet und in ein Kloster gesperrt. Die karolingische Geschichtsschreibung sieht das anders. Sie läßt Arnulf freiwillig dem Trubel der Welt entsagen und in klösterlicher Einsamkeit unter Gebet und frommen Werken sein Leben beenden. Er wird heiliggesprochen, und es werden Kirchen nach ihm benannt.

Neben der Aufwertung der eigenen Sippe fand in der Geschichtsschreibung der Karolinger auch eine Diffamierung der Merowinger statt. Dabei ging es weniger um die Merowingerkönige selbst, sie waren entmachtet. Vielmehr ging es um deren Gefolgsleute, vor allem um die Herzöge von Bayern und Thüringen. In Thüringen gab es zwar keine Herzöge mehr, aber ihre weitverzweigte Sippe und deren Günstlinge waren für die Karolinger immer noch gefährlich, wie der Aufstand des Hardrad zeigte.

In Bayern allerdings herrschte zur Zeit Karls des Großen noch ein Herzog, es war Tassilo III. Ihm und seiner Mutter hatte Pippin, wie bereits erwähnt, sein väterliches Erbe, das Pippins Stiefbruder Gripho sich aneignen wollte, zurückgegeben. Dafür leistete Tassilo, als er erwachsen war und das Amt übernommen hatte, im Jahre 757 dem König Pippin den Vasalleneid. Er nahm es jedoch, so die Reichsannalen, damit nicht so genau. Auf einem Kriegszug gegen die Aquitanier im Jahre 763 verließ er mit seiner Mannschaft Pippins Heer, was als „harisliz“ ein schweres Vergehen war. Er erneuerte die engen Beziehungen zu den Langobarden, baute eine eigenständige Landeskirche auf und ließ seinen Sohn vom Papst zum Herzog salben. Tassilo eroberte Gebiete im Alpenraum und kontrollierte wichtige Pässe nach Italien. Mit den Awaren, seinen östlichen Nachbarn, schloß er Verträge. All das waren für Karl den Großen Anlässe, ihn zu entmachten. Im Jahre 788 wurde ihm auf der Reichsversammlung in Ingelheim vorgeworfen, das Bündnis mit den Awaren geschlossen zu haben, um Karl zu stürzen. Das dort gesprochene Todesurteil über ihn und seine gesamte Familie *„milderte der gnädige Karl"*, wie in den Reichsannalen steht, in lebenslange Klosterhaft. Das Herzogtum Bayern aber wurde eingezogen. Damit war die Macht und das Ansehen der Agilolfinger-Sippe in Bayern aber noch lange nicht erloschen. Diese Sippe hatte jahrhundertelang das Herzogsamt besessen, ihr Name und ihr Herrschaftsanspruch waren im bayrischen Volksrecht verankert. Karl der Große wurde als Fremdherrscher betrachtet.

Die Integration Bayerns ins fränkische, später deutsche Reich dauerte über zwei Jahrhunderte. Sie fand erst einen relativen Abschluß, als im Jahre 1002 der bayrische Herzog als Heinrich II. deutscher König wurde. Diesen inneren Widerstand, den die Bayern dem fränkischen König und der Okkupation ihres Herzogtums durch ihn entgegenbrachten, versuchten die Frankenkönige nicht nur mit militärischen, sondern auch mit geistigen Waffen zu brechen. Für jeden Machtwechsel braucht man zudem eine moralische Rechtfertigung, am besten wirkt da eine Diffamierung der ehemals Herrschenden. Die Besiegten freunden sich dann leichter mit der neuen Herrschaft an, wenn sie meinen, einst von Schurken regiert worden zu sein.

Arbeo von Freising

Beim damaligen Machtwechsel in Bayern übernahm diese Aufgabe unter anderen der Bischof Arbeo von Freising. Er lebte etwa von 723 bis 784 und war ein treuer Anhänger Karls des Großen. Deshalb zog er sich den Zorn des Bayernherzogs Tassilo zu, der ihn seines Bischofsamtes enthob. In zwei Heiligenlegenden diffamierte

Arbeo das bayrische Herzogshaus. In der ersten Legende Arbeos handelt es sich um den Bischof Korbinian (ca. 680–725), einen der Vorgänger Arbeos auf dem Freisinger Bischofsstuhl. Korbinian, so der Kern der Legende, hatte die Ehe seines Herzogs Grimoald mit Plektrudis, der Witwe seines Bruders, mißbilligt. Grimoald trennte sich von seiner Frau, die aber plante aus Wut darüber ein Attentat gegen den Bischof Korbinian, der in sein Kloster nach Kains floh.

Diese Legende haben bayrische Historiker entschlüsselt. Die Gattin Grimoalds war demnach nicht nur die Witwe seines Bruders, sondern auch seine Blutsverwandte. Diese Unsitte der Verwandtenehe hatte besitzrechtliche Gründe. Inzest aber war sowohl im bayrischen Gesetz als auch von der Kirche verboten. Die Flucht Korbinians hatte jedoch mit dieser Ehe nichts zu tun. Sie war in Wahrheit die Folge eines erbitterten Machtkampfes zwischen Grimoald und seinem Neffen Hugibert. Hugibert rief Karl Martell zu Hilfe, und Grimoald wurde getötet. Korbinian, ein Anhänger Grimoalds, hatte sich durch seine Flucht nur diesen Auseinandersetzungen entzogen. In der Legende aber erscheint Korbinian als sittenstrenger Wächter, der sich nicht scheut, seinen Herrn an die Gebote zu erinnern. Dafür sei er von diesem unsittlichen Herzogshaus verfolgt worden.

In der zweiten Legende berichtet Arbeo von einem Missionar namens Emmeram. Dieser kam als Missionsbischof angeblich um das Jahr 649 nach Bayern und ließ sich in Regensburg nieder. Emmeram hatte nicht nur zu Herzog Theodo, sondern auch zu dessen Familie ein gutes Verhältnis. So auch zu Ota, der Tochter des Herzogs. Sie war mit dem Beamten Sigibald befreundet und erwartete von ihm ein Kind. Beide fürchteten deshalb, bestraft zu werden. Sie vertrauten sich Emmeram an, und dieser nahm die Schuld des Kinderzeugers auf sich. Wenig später begab er sich auf eine Pilgerreise nach Rom. Unterwegs gab er sich als Vater des unehelichen Kindes der Herzogstochter aus, um den richtigen Vater vor der Bestrafung zu schützen. Otas Bruder Lantfried verfolgte Emmeram und nahm ihn gefangen. Er ließ ihn zur Strafe an eine Leiter binden, hackte ihm die Glieder stückweise ab, riß ihm die Augen heraus und schnitt ihm Nase und Ohren ab. Noch lebend bat Emmeram um einen Schluck Wasser, was Vitalis, seinen Diener, zu der Frage bewog: *„Wozu willst Du erquickt werden, wo Du doch nur noch ein verstümmelter Körper ohne allen Schmuck der Glieder bist? Mich dünkt, Du solltest eher Deinen Tod herbeiwünschen als, von solcher Schmach betroffen, danach trachten, weiterzuleben.“* Doch Emmeram antwortete ihm, daß man nicht eilig dem Tod zustreben dürfe, vielmehr solle man ihn hinauszögern, um durch fromme Fürbitten das Antlitz Gottes gnädig zu stimmen. Er wurde schließlich enthauptet. Aus dem Himmel wurde ihm daraufhin eine Leiter als Symbol seiner Unschuld herabgereicht.

Die ganze Geschichte ist frei erfunden. Uneheliche Kinder waren damals keine Schande, wenn die Erzeuger gleichen Standes waren. Die möglichen Väter, ob Emmeram oder Sigibald, waren Adlige. Auch Karl der Große hatte zahlreiche uneheliche Kinder, darunter etliche Töchter. Sie durften nach dem Willen des Vaters nicht heiraten, weil er sie am Aachener Hof stets um sich haben wollte. Aber auch sie bekamen von Hofbeamten uneheliche Kinder, die dann standesgemäß versorgt wurden. Bayrische Historiker haben auch hier den geschichtlichen Hintergrund untersucht. Sie fanden heraus, daß es tatsächlich einen Priester Emmeram gab, der ermordet wurde. Als Parteigänger des Herzogs Theodo fiel er einer internen Hofintrige zum Opfer. Religiöse oder sittliche Gründe aber spielten dabei überhaupt keine Rolle.

Kilian

Um das Herzogshaus der Thüringer zu diffamieren, wurde ebenfalls eine Legende erfunden. Sie wurde nach Art des Arbeo geschrieben und vereint beide bayrischen Legendenmuster in einer einzigen. Ihr Verfasser ist unbekannt, er stammt wohl aus dem Umfeld des Würzburger Bischofs. Es geht in der Legende um Kilian, den Bistumsheiligen von Würzburg. Diese „Passio Kiliani“, die Leidensgeschichte Kilians, ist in zwei Fassungen überliefert, einer kürzeren und einer längeren. In letzterer heißt es:

„Es gab einen Mann mit Namen Killena, der ein verehrungswürdiges Leben führte und aus einem angesehenen Geschlecht in Irland stammte. Von Kindheit an zeigte er großen Eifer, die heiligen Schriften kennenzulernen, und machte darin so große Fortschritte, daß er danach in der Lage war, das hohe Amt eines Bischofs zu bekleiden. Und bereits damals erhielt er den anderen Namen Kilian und war angesehen bei der Geistlichkeit und dem ganzen Volk. So geschah es eines Tages, daß der heilige Mann, durch die Stimme des Evangeliums und des Herrn ermahnt, wo gesagt wird: «Wer mir nachfolgen will, verleugne sich selbst, nehme sein Kreuz auf sich und folge mir nach», diese Worte mit der ganzen Leidenschaft seines Herzens und Sinnes bei sich prüfte und alle seine Gefährten und Schüler um sich scharte, d. h. die Priester Colonat, Gaib und Arnuvalis, den Diakon Totnan und außerdem dazu noch sieben andere. Diese überredete er, ihr Eigentum zu verachten, Heimat und Eltern nach dem Evangelium des Herrn zu verlassen und ohne jeglichen Besitz Christus zu folgen. Unverzüglich gehorchten sie der frommen Ermahnung des heiligen Mannes, verbanden sich fest miteinander, ließen alles zurück, gingen aus ihrer Heimat weg und kamen in einen Teil der südlichen Gegend zu einer befestigten Stadt, die Würzburg heißt. Dort hielten sie sich eine Zeitlang auf. Damals herrschte hier ein Herzog namens Gozbert, der Sohn des älteren Hetan, der wiederum der Sohn des Hruod war. Gozbert selbst und das ganze ihm untertane Volk lebten noch nach heidnischer Sitte; sie beteten Götzenbilder an, den Gott des Himmels und der Erde aber kannten sie nicht …“

An der historischen Existenz des Iren Kilian (zu deutsch Kämpfer) besteht kaum Zweifel, denn ein Priester Killena wird nach einer glaubhaften Quelle Mitte des siebenten Jahrhunderts in Westfranken als Priester einer adligen Eigenkirche genannt. Irische Mönche waren als Gastarbeiter in Franken nichts Ungewöhnliches. Zu dieser Zeit herrschte in Würzburg Herzog Gozbert, der sicherlich zu Recht mit Theotbald gleichgesetzt wird, allerdings war er, entgegen der Darstellung in der Passio, kein Heide, der Götzenbilder anbetete, sondern Christ. Er ließ Kirchen bauen, wie die bereits erwähnte in Aschaffenburg, und besorgte Priester. Im Zuge dieser Bemühungen kamen Kilian und seine Gefährten nach Würzburg. Da die Radulf-Heden-Sippe ursprünglich aus Westfranken kam, wird dieser Killena durch verwandtschaftliche Beziehungen vermittelt worden sein.

Wahr an dieser Legende sind wahrscheinlich auch die Namen der Thüringer Herzöge Hruodi (Radulf), Heden (der Ältere), Gozbert (Theotbald) und Heden (der Jüngere). Allerdings war Gozbert nicht, wie die Passio Kiliani meint, der Sohn Hedens des Älteren, sondern, wie Willibald in der Lebensbeschreibung des Bonifatius berichtet, wohl sein älterer Bruder. Die Namen der Thüringer Herzöge Hruodi und Gozbert sind nur in der Kilianslegende überliefert. Es bestand aber kein Anlaß, diese Namen zu fälschen oder zu erfinden, im Gegenteil. Alle Heiligenlegenden haben irgendeinen historisch gesicherten Rahmen. Wäre alles in ihnen erfunden, hätten sie wenig Chancen gehabt, geglaubt zu werden. Im Bewußtsein des Volkes werden die Namen der Herzöge noch gelebt haben. Um sie herabzuwürdigen, war es besonders wichtig, diese Namen korrekt wiederzugeben.

Kilian und seine Gefährten zogen angeblich von Würzburg aus nach Rom, um sich vom Papst einen Missionsauftrag für Thüringen zu holen. Auf dem Rückweg, so heißt es in der Kilianslegende weiter, *„trennten sie sich aber, freilich nur körperlich, nicht geistig. Bei ihrem Bischof Kilian blieben der Priester Colonat und der Diakon Totnan. Sie gelangten in das Gebiet der östlichen Franken zu der befestigten Stadt, die Würzburg heißt, und verkündeten vor allem dort das Wort Gottes. Als der Herzog Gozbert davon hörte, ließ er sie zu sich rufen. Sie wurden ihm vorgestellt, und der Bischof Kilian und der treffliche Herzog Gozbert führten ein Gespräch miteinander; nicht lange danach riet der gottesfürchtige Bischof Kilian ihm, Christ zu werden. Nach Gottes Willen stimmte dieser seinen frommen Ermahnungen zu und ließ sich von ihm taufen und firmen, und ebenso das gesamte Volk, das unter seiner Herrschaft stand. Der Herzog Gozbert aber hatte die Frau seines Bruders geheiratet, wie es von alters her Brauch war. Doch der heilige Priester des Herrn wollte sie, wie ja der Weise immer weise handelt, ihm nicht verbieten, bevor er nicht ganz* *fest im christlichen Glauben erstarkt war. Dann aber sprach er ihn mit folgenden Worten an: ‚Mein geliebter Sohn Gozbert, du bist soeben Christ geworden und in allem Gott wohlgefällig, wenn du nur das eine noch tust, was du unbedingt tun mußt, nämlich daß du deine Gattin fortschickst, mit der du dich zu Unrecht verbunden hast, da du ja nicht die Gattin deines Bruders besitzen darfst.' Auf diese Worte antwortete Gozbert, wie aus einem tiefen Schlaf erwachend, und sprach: ‚Du forderst von mir und verlangst Schwereres und Härteres als zuvor. Doch bei der Liebe zu dem allmächtigen Gott, den du verkündet hast und verkündest, ich habe alles aufgegeben, was ich liebte und als liebenswert besaß. Bei dieser Liebe werde ich auch meine heißgeliebte Frau, wenn es nicht erlaubt ist, sie zu besitzen, aufgeben, da mir nichts teurer und lieber ist als die Liebe zu Gott.' Sobald das die Gattin des edlen Herzogs Gozbert erfuhr, entbrannte sie von Zorn und Haß und überlegte Tag und Nacht, wie sie die frommen Gottesmänner vernichten könnte …"*

Heden der Ältere war, wie oben erwähnt, von einer Reise ins westfränkische Reich nicht zurückgekehrt. Daraufhin hatte Gozbert das gesamte Herzogtum übernommen. Von Kilian zum Christentum bekehrt, erklärte er sich bereit, sich von seiner Gattin Geilana, der Witwe seines Bruders, zu trennen. Kilian hatte darauf bestanden, weil er diese Verwandtenehe als kanonisch unerlaubt ansah. Die empörte Geilana soll daraufhin einen Mörder gedungen haben, der des Nachts Kilian und seine beiden Gefährten mit dem Schwert umbrachte. Die Strafe aber für dieses Verbrechen folgte sofort:

„Denn in Geilana fuhr ein böser Geist und trieb sie unstet hin und her, bis sie ihr Leben beendete. Den Gozbert töteten seine eigenen Diener mit dem Schwert, seinen Sohn Hetan aber trieb das Volk der Ostfranken aus dem Reich. Seine Nachkommen verfolgten sie so, daß kein einziger von seinem Stamme übrigblieb …"

Der Leichnam Kilians wurde einem späteren Bericht zufolge in einem Pferdestall gefunden. Dort hatte er fast einhundert Jahre lang unbeachtet gelegen. Daher ist es schwer vorstellbar, daß sich die Sache wirklich so zugetragen hat, wie sie in der Legende berichtet wird. Der Heiligen- und Reliquienkult war von Beginn an ein wesentlicher Bestandteil der christlichen Religion. Einem solchen Märtyrer wie Kilian hätten die Würzburger Katholiken schon früher ein entsprechend würdiges Grabmal errichtet. Aber erst als man einen Zeugen für das brutale Regime der Heden-Sippe brauchte, grub man Kilians Leiche aus, setzte sie ehrenvoll bei und errichtete über ihrem Grab eine Kirche. Man erfand die Passio, ließ Kilian heiligsprechen, machte ihn zum Bistumsheiligen und benannte nach ihm zahlreiche Kirchen in Franken und Südthüringen.

V.

„... aus den Grafschaften Alberichs und Markwards“

Die karolingische Verwaltung Thüringens

Kölleda

Beim Nachspüren des Schicksals jener fünf „viri magnifici“, die Bonifatius während seines ersten Aufenthaltes in Thüringen ihre Hilfe angeboten hatten, war bereits von einer Urkunde aus dem Jahre 802 die Rede. Ausgestellt wurde sie *„ad Erphesfurt in palatio publico“*, in der Königspfalz Erfurt. Darin schenkten die Grafen Katan, Günther, Gumbraht, Rimis, ein anderer Günther, Asolf und die Nonne Berthrat dem Kloster Hersfeld ihre jeweiligen Anteile an der Kirche „Peter und Paul“ in Kölleda im Gau Engilin. Fast entschuldigend heißt es in dieser Urkunde, es komme nicht auf die Größe des Geschenkes an, sondern auf die Haltung der Schenker. Es war also nicht sehr viel, was hier den Besitzer wechselte, das übliche Zubehör einer Eigenkirche, also Ackerland, Wald und Wiesen, Gehöfte und Leibeigene sowie einiges Kirchengerät aus Gold und Silber. Um so mehr erstaunt die Reihe derer, die diese angeblich geringe Schenkung bezeugten. Neben den Schenkern selbst, dem kaiserlichen Gesandten Wernher und dem Erzbischof von Mainz,

Richolf, sowie zwei Priestern sind es dreiundzwanzig einheimische Grafen und Adlige. Der Grund für diese Zusammenkunft in der Erfurter Königspfalz wird also nicht diese Schenkung gewesen sein, sondern ein anderer. Die Anwesenheit des Mainzer Erzbischofs sowie eines persönlichen Gesandten Karls des Großen legt nahe, daß es um etwas sehr Wichtiges gegangen sein muß. Das einzig Bedeutende für Thüringen in diesen Jahren war die Aufzeichnung der Volksrechte. Nachdem Karl in Rom zum Kaiser gekrönt worden war, ließ er in allen Teilen des Reiches die bislang nur mündlich überlieferten Volksrechte aufzeichnen. Die Versammlung in Erfurt diente dazu, für Karl eine Vorlage zu schaffen, um die Gesetze der Thüringer herauszugeben. Die Schenkung der Kölledaer Kirche geschah am Rande. Die in Erfurt versammelten Adligen hatten sich nicht an der Hardrad-Verschwörung beteiligt und ihre unter Bonifatius und Karl Martell erworbenen Güter behalten und vermehren können. Ihre Schenkung an Hersfeld im Beisein der hohen Herren aus Mainz und Aachen zeigt, daß sie von ihren Vorfahren, den „viri magnifici", gelernt hatten, wie man sich die Gunst der Macht erwerben kann. Später erhielt Hersfeld in Kölleda und Umgebung noch weiteren umfangreichen Besitz. Zur Verwaltung dieser Güter wurde in Kölleda eine Hersfelder Filiale, ein Nonnenkloster, gegründet und, um diesen Besitz zu manifestieren, die Peter- und Paulskirche in St. Wigbert umbenannt. Diesen Namen trägt sie heute noch.

Gesetze der Thüringer und Sachsen

Die Gesetze der Thüringer sind in zwei Handschriften überliefert. Eine davon trägt die Überschrift „Lex Angliorum et Werinorum hoc est Thuringorum", das „Gesetz der Angeln und Warnen, das heißt der Thüringer". Dies wird die originale Überschrift gewesen sein, da auch bei anderen Volksrechten auf Ursprünge verwiesen wird. So finden sich beispielsweise bei den Gesetzen der Sachsen und Friesen Hinweise, wie sich einzelne Paragraphen, Bestimmungen und Bußen bei den jeweiligen Volksteilen unterscheiden. Diese

Unterschiede stammen aus jener Zeit, als sich die germanischen Völker zu Großstämmen vereinigten. Dabei bewahrten sich manchmal einige Kleinstämme einen Teil ihrer rechtlichen und ethnischen Eigenheiten. Das Gesetz der Thüringer ist demnach altes anglisch-warnisches Volksrecht. Das kommt auch in der Verwendung des altgermanischen Begriffs „adalingus" zum Ausdruck, denn Franken bezeichneten einen Adligen als „nobilis".

Die Gesetze der Thüringer lesen sich wie ein Bußgeldkatalog. Aufgeführt werden die uralten Vergehen wie Totschlag, Mißhandlung, Frauenraub, Diebstahl und Sachbeschädigung. Ein Kapitel regelt die Erbfolge. Insgesamt gesehen sind im Gesetz der Thüringer vergleichsweise wenig Paragraphen aufgeführt, die Gesetzessammlungen anderer Völker sind umfangreicher. Bei den Thüringern fehlen beispielsweise die im sächsischen Recht ausführlich behandelten Vergehen gegen Staat und Kirche. Das liegt wohl daran, daß im Thüringer Gesetz nur die Besonderheiten der Thüringer aufgeführt werden. Die nicht genannten Straftaten wurden nach fränkischem Recht geahndet.

Eine Besonderheit der Thüringer bestand darin, daß es bei ihnen nur drei Stände gab, den Adligen (adalingus), den Freien (liber) und den Unfreien (servus). Die Zugehörigkeit zu einem Stand wurde vererbt. Heirat war nur innerhalb eines Standes erlaubt. Der „Wert" eines Menschen drückte sich in der Höhe der Bußgelder aus, dem sogenannten Wergeld. Für die Tötung eines Adligen betrug es 600 Schillinge, für die eines Freien 200 und für die eines Unfreien 30. Dreißig Schillinge mußte man auch bezahlen, wenn man einem Adligen *„einen Hieb versetzte"*. Wenn man einen Freien schlug, zahlte man zehn Schillinge, bei einem Unfreien nichts. Alle Arten von Körperverletzungen, wie beispielsweise Knochenbrüche, Abschneiden der Gliedmaßen oder Augenausstechen, werden detailliert in dem Gesetz aufgeführt. Auch hier wurde das Verletzen von Adligen mit dem dreifachen Bußgeld geahndet. Unfreie durfte man, wenn es die eigenen waren, straffrei mißhandeln. Gehörten sie einem anderen, wurde ihre Mißhandlung wie beim Vieh als Wertminderung einer Sache geahndet.

Diese servi, Unfreien, werden in den Urkunden „mancipia" genannt, vom lateinischen mancipium, das Eigentum. Sie wurden beim Besitzwechsel mit übertragen. Die Begriffe, die für sie in der modernen Geschichtsschreibung gebraucht werden, wie Unfreie, Hörige, Knechte oder Gesinde, sind beschönigend. Ihre tatsächliche Lage gibt ein anderes Wort besser wieder. Da die Wenden, die auch Slawen hießen, ihre Kriegsgefangenen oft im Westen verkauften, wurden mancipia früher im Deutschen mit dem Wort S(k)laven bezeichnet. Die Bezeichnung Sklave und das, was man heute mit diesem Begriff verbindet, scheint die Lage der „servi" am besten wiederzugeben. In Thüringen und Sachsen waren die wenigsten Sklaven slawischer Herkunft. Sie stammten, wie die Stände an sich, noch aus dem 3./4. Jahrhundert, aus der Zeit der Eroberung Mitteldeutschlands durch die Angeln und Warnen.

Nach germanischer Gewohnheit wurden nach diesen Kämpfen aus den Anführern der Eroberer die Adligen. Die Thüringer Adligen waren also die Nachfahren der einstigen anglisch-warnischen Heerführer. Sie hatten nach der Eroberung einen außerordentlichen Beuteanteil an Land und Kriegsgefangenen erhalten. Ihre Nachkommen waren dann ihren Volksgenossen gegenüber wirtschaftlich im Vorteil, und nur darin bestand ihr Adel. Aus ihren Reihen stammte das Geschlecht der Könige. Die einfachen anglischen und warnischen Soldaten wurden zu allgemein Freien, zu sogenannten Gemeinfreien. Adel und Gemeinfreie versammelten sich im Thing. Sie bestimmten das Recht und die Geschicke des Stammes. Nur sie besaßen die volle Waffenausrüstung. Die besiegten einheimischen Hermunduren waren enteignet und versklavt worden. Den späteren Urkunden nach zu urteilen, bildeten sie die zahlenmäßige Mehrheit bei den Thüringern und Sachsen.

Bei den Sachsen standen zwischen den Sklaven und den Gemeinfreien die sogenannten Liten. Sie waren halbfrei. Auch die Liten stammen aus jener Zeit, als sich der Großstamm der Sachsen aus zahlreichen Einzelvölkern gebildet hatte. Das geschah durch Kriege. Hatte sich ein Volk freiwillig unterworfen, so wurde es nicht versklavt, sondern erhielt den Status der Halbfreiheit. Das

Wergeld eines Halbfreien betrug, wie das Wort „halb“ auch sagt, die Hälfte eines Freien. Der Lite hatte einen Herrn, für den er und seine Familie arbeiteten. Dafür war ihm ein Stück Land, Vieh und eine Hütte übergeben worden. Wurde das Land verschenkt oder verkauft, gehörten die Liten mit dazu. In seltenen Fällen konnte ein Lite so viel Überschuß erwirtschaften, daß er sich damit freikaufen konnte. Ein Lite besaß Rechte, er durfte Waffen tragen, und sein Vertreter nahm in Sachsen am zentralen Thing teil.

Die Bußgelder wurden in Schillingen (lat. solidi) angegeben. Da es in Thüringen und Sachsen kein Geld gab, war der Schilling eine Verrechnungseinheit. Sein Wert wurde in den Gesetzen angegeben. Demnach entsprach ein Schilling einem Kalb oder einem Schaf mit Lamm. Eine Kuh, die Milch gab, war zwei Schillinge wert. Bei den Wergeldern, das heißt bei dem Wert eines Menschen, handelte es sich um den Wert seines durchschnittlichen Gesamtbesitzes. Ein Thüringer Adliger besaß demnach ein Eigentum im Wert von 600 Schillingen, ein Freier von 200 Schillingen, und der Wert eines Sklaven wurde mit 30 Schillingen bemessen. Bei den Sachsen allerdings betrug das Wergeld für einen Adligen mehr als das Doppelte, nämlich 1440 Schillinge. Das war ein politischer Wert, denn der sächsische Adel war besonders gefährdet. Bei der Eroberung Sachsens hatte er mit den Franken offen kollaboriert. Er mußte also vor der Wut des Volkes besonders geschützt werden. Ebenso waren fränkische Beamte und Priester, die in Sachsen tätig waren, sowie Kirchen besonders geschützt. Daher wurde in Sachsen Aufruhr gegen den König, Mord in der Kirche, Pferdediebstahl und Einbruch in ein festes Haus mit dem Tode bestraft. Das waren Staatsverbrechen, denn der Staat, die Staatsmacht wurde verkörpert durch den König, die Kirche und den Adel, der beritten war und in festen Häusern wohnte. Diese Macht mußte nach über dreißigjährigem Widerstand der Sachsen gesetzlich besonders befestigt werden.

Das sächsische Recht galt für die Westsachsen, d. h. die Westphalen, Engern und Ostphalen im heutigen Niedersachsen. Nur sie hatten den Franken unter Karl dem Großen über dreißig Jahre erbitterten Widerstand geleistet. Die Ostsachsen, die im Gebiet des ehemaligen Thüringer Reiches lebten, wurden von diesen Kämpfen nur zum Teil berührt. Ihr Land war während der Sachsenkriege Karls des Großen zeitweilig Aufmarschgebiet der Franken. Die Bewohner des Nordthüringgaus, des Harzgaus, des Schwaben- und Hassegaus waren seit dem Jahre 531 vergleichsweise fest in das fränkische Reich integriert. Die Umritte der Merowinger Chlothar und Dagobert sowie die Feldzüge Karl Martells, Pippins und Karlmanns bezeugen das. Unter den Adligen dieser Gaue gab es eigentlich keine anglisch-warnischen „adalingi" mehr. Die Thüringer Adligen waren nach der Eroberung des Jahres 531 ermordet oder umgesiedelt worden. Die Macht und Verwaltung lag in den Händen fränkischer Militärs. Deren Führer bildeten den fränkischen Amtsadel. Sie hießen „nobiles" und werden auch im zweiten Teil der Thüringer Gesetzessammlung so genannt. Nur im ersten Teil, in dem es um Körperverletzung und Diebstahl geht, heißen die Adligen „adalingi". Demnach muß dieser erste Teil der ältere sein und noch aus der Zeit des Thüringer Königreiches stammen. Die Aufzeichnung der Gesetze ging mit dem Aufbau einer straffen Verwaltung einher. Wie solch ein Landstrich organisiert war, geht aus einem Verzeichnis des Klosters Hersfeld hervor.

Das Hersfelder Zehntverzeichnis

Dieses Hersfelder Zehntverzeichnis existiert nur in einer Kopie aus dem 11. Jahrhundert, die im Marburger Staatsarchiv aufbewahrt wird. Es trägt die Überschrift „Haec est decimatio, quae pertinet ad sanctum Uvigberhtvm in Frisonoveld", was soviel heißt wie: „Dies ist die Zehntzahlung, die dem heiligen Wigbert im Friesenfeld zusteht". Das Verzeichnis enthält vier Abschnitte, die zu unterschiedlichen Zeiten entstanden. Im ersten Abschnitt werden 239 Ortsnamen aufgezählt, im zweiten 19 Burgen (urbes), die „mit ihren Bewohnern und den ihnen gehörigen Orten dem heiligen Wigbert in Hersfeld den Zins geben müssen". Die Überschrift des dritten Abschnittes heißt: „Hec loca sancti Vvigberhdi sunt in potestate cesaris", diese Orte des heiligen Wigbert gehören dem Kaiser. Es sind dreizehn Ortsnamen angeführt. Der vierte Abschnitt schließlich zählt zwölf Orte auf, die dem „duci Otdonis“, dem Herzog Otto, gehören und ebenfalls an Hersfeld zinsen müssen. Die Abschnitte drei und vier, die Orte des Kaisers und des Herzogs, sind eine Zusammenfassung einzelner Urkunden, in denen Hersfeld der Zehnt geschenkt wurde. Die Orte liegen über ganz Thüringen verstreut. Bei dem Kaiser handelt es sich wahrscheinlich um Kaiser Arnulf, der im Jahre 899 gestorben war. Mit „duci Otdonis“ kann nur der Sachsenherzog Otto (herrschte von 880–912) gemeint sein, der Vater des späteren deutschen Königs Heinrich I. Er stammte aus dem Geschlecht der Liudolfinger, das vor allem im westlichen Vorland des Harzes begütert war. Otto hatte seine Stellung als Laienabt des Klosters Hersfeld benutzt, um sich Hersfelder Besitz in Thüringen anzueignen. Den Zehnt allerdings hatte er dem Kloster gelassen.

Der erste Abschnitt des Hersfelder Zehntverzeichnisses mit der Aufzählung der 239 Orte ist der älteste. Das beweisen die vielen altertümlichen Ortsnamen. Er muß kurz nach der Gründung des Bistums Halberstadt entstanden sein. Die genannten Orte liegen allesamt im Friesenfeld und Hassegau. Beide Gaue waren von Karl dem Großen dem Halberstädter Bistum zugeschlagen worden, das nun von den Bewohnern den Zehnt forderte. Im Jahre 780 aber hatte Karl der Große bereits „den Zehnt im Hassegau aus den Grafschaften Alberichs und Markwards“ dem Kloster Hersfeld geschenkt. Der nun beginnende Streit zwischen Hersfeld und Halberstadt war für Hersfeld der Anlaß, seine Urkunden für kommende Gerichtsprozesse in Ordnung zu bringen und die zehntpflichtigen Orte einzeln aufzuführen.

Die Geschichte dieses Fiskalzehnten beginnt mit den Jahren 555/556, dem ersten Aufstand der Sachsen und Thüringer, und der Rückkehr der Sachsen im Jahre 575. Seit dieser Zeit waren die drei Gaue Friesenfeld, Hassegau und Schwabengau fest umgrenzt, in Hundertschaftsbezirke eingeteilt und mit Burgen als Verwaltungsmittelpunkten versehen worden. Diese uralte Einteilung erscheint zweihundert Jahre später im Hersfelder Zehntverzeichnis.

Im ersten Abschnitt fällt auf, daß einige der 239 Ortsnamen mehrfach genannt werden. Das hängt damit zusammen, daß in der Liste neben größeren Dörfern auch einzelne Weiler erscheinen. Sie lagen etwas voneinander entfernt, trugen aber die gleiche Ortsbezeichnung. Deutlich wird das beispielsweise bei dem Namen Dussina, dem heutigen Teutschenthal. Er kommt fünfmal vor, es waren also fünf Weiler namens Dussina, die entlang des Würdebachs lagen. Fährt man heute durch Teutschenthal, merkt man, daß dieses Straßendorf sich mehrere Kilometer in die Länge zieht. Manche Orte des Verzeichnisses sind inzwischen wüst, bei einigen kennt man nicht einmal ihre Lage. Es wäre aber für Heimatforscher nicht schwer, diese Wüstungen zu lokalisieren, denn in dem Verzeichnis steckt ein ganz bestimmtes System. Man erkennt es, wenn man den zweiten Abschnitt des Verzeichnisses hinzunimmt. Dort sind die neunzehn Burgen aufgezählt, die jeweils den Mittelpunkt eines Zehntbezirkes bildeten.

Diese damaligen Zentren sind die heutigen Orte Helfta, Beyernaumburg, Allstedt, Merseburg, Schraplau, Bornstedt, Seeburg, Vitzenburg, Querfurt, Burgscheidungen, Burgwerben, Mücheln, Goseck, Kuckenburg, Lettin, Holleben, Markwerben und Burgstaden, westlich von Oberkriegstedt. Eine in der Liste unbekannte Burg heißt Gerburgoburg. Von Heimatforschern wurde schon oft versucht, sie zu lokalisieren. Im ersten Abschnitt des Hersfelder Zehntverzeichnisses erscheint ihr Name zwischen „Bablide“, dem heutigen Mönchpfiffel südlich von Allstedt, der unbekannten Wüstung Eindorf und dem Ort Heygendorf in der Nähe der Mündung der Helme in die Unstrut. Die einzige später überlieferte Burgstelle in dieser Gegend ist der Ort Riade, von wo aus Heinrich I. im Jahre 933 in die Schlacht gegen die Ungarn zog. Es ist das heutige Ritteburg. Da die anderen bekannten Burgen der Liste inmitten der zu ihnen gehörenden Orte stehen, kann diese Gerburgoburg nur zwischen Mönchpfiffel und Heygendorf gelegen haben, die Gerburgoburg kann eigentlich nur Ritteburg sein.

In jeder dieser neunzehn Burgen saß ein fränkischer vicecomes. Diese „Vizegrafen“ waren die Stellvertreter der beiden Grafen Alberich und Markward. Die Grafen selbst residierten wahrscheinlich in Allstedt und Merseburg, den Hauptorten des Friesenfeldes und des Hassegaus. Aus beiden Orten und ihrer Umgebung ist umfangreiches Staatsgut überliefert, das später zum Tafelgut der beiden dortigen Kaiserpfalzen wurde. In den Burgen fand das Centgericht statt. Die neunzehn Burgbezirke waren aus den ursprünglichen Hundertschaften hervorgegangen. Mit den Jahren hatte sich zwar die Bevölkerung vermehrt, aber die alte geographische Einteilung war beibehalten worden. In die Burgen mußten die Abgaben geliefert werden, von dort aus übten die Knechte der Grafen und ihrer Stellvertreter die Polizeigewalt aus. Obwohl die Zeit des Ablieferns und die Menge des Zehnten festgeschrieben waren, wird weder immer pünktlich noch in jedem Falle vollständig geliefert worden sein. Vor allem nach Mißernten und Viehseuchen, denen Hungersnöte folgten, wird kein Bauer gern den Zehnt geliefert haben. Die Knechte des vicecomes mußten also die Bauern nicht nur bisweilen mahnen, sondern auch Zwang ausüben. Dabei hatten sie eine bestimmte Marschroute, auf der sie die zehntpflichtigen Orte aufsuchten. Und genau diese Route wird im Hersfelder Zehntverzeichnis wiedergegeben. Es ist eine Art Wegekarte, die dem Kloster von den Grafen geliefert worden sein muß. Der Mönch in Hersfeld, der die einzelnen Routen in dem Verzeichnis zusammenstellte, wird kaum gewußt haben, wo das Friesenfeld lag. Er kannte nicht einmal den Unterschied zwischen Friesenfeld und Hassegau, denn er zählte in der Überschrift alle Orte des Verzeichnisses, von denen die meisten im Hassegau lagen, zum Friesenfeld. Die übliche Annahme, Hersfeld habe den Zehnt im Hassegau und Friesenfeld erhalten, um dort zu missionieren, erweist sich bei näherem Hinsehen als unbegründet. Es gibt nur drei Kirchen, die den Namen des Hersfelder Schutzheiligen Wigbert tragen, das sind die Kirchen in Allstedt, Riestedt und Osterhausen. Diese drei Kirchen aber waren königliche Eigenkirchen und samt Zubehör von Karl dem Großen an Hersfeld in einer besonderen Urkunde geschenkt worden. Sie hatten vordem wahrscheinlich ein fränkisches Martins- oder Dionysius-Patrozinium und wurden nach der Schenkung von Hersfeld umbenannt, um den Besitzanspruch zu dokumentieren. Missionarisch hat sich Hersfeld im Hassegau und Friesenfeld überhaupt nicht betätigt. Ihm war nur wichtig, daß der ihm von dort zustehende Teil des Zehnten geliefert wurde. Die systematische Christianisierung des Hassegaus und des Friesenfeldes geschah erst viel später durch das Bistum Halberstadt.

VI.
„... der sterbe des Todes"
Die karolingische Verwaltung in Sachsen-Anhalt

Das Land Sachsen-Anhalt

Im Nordosten des Harzes, im Tal der Selke, stehen heute noch die Reste einer mächtigen Burganlage, die Ruinen der Burg Anhalt. Sie war seit dem 11. Jahrhundert der Stammsitz der Askanier, d. h. des Ascherslebener Grafengeschlechts. Ursprünglich waren das die Grafen des Schwabengaues, aber mit der Zeit hatten sie ihre Macht weit darüber hinaus ausdehnen und sich zahlreiche umliegende Gebiete aneignen können. Ihren Hauptsitz hatten sie zunächst von Aschersleben nach Ballenstedt und später in den mehr Schutz bietenden Harz verlegt. Nach dieser Burg Anhalt nannten sie dann ihre Grafschaft, später ihr Fürstentum. Durch Erbteilung wurde es im Laufe der Zeit zersplittert, und es entstanden solche kleinen Fürstentümer wie Anhalt-Dessau, Anhalt-Aschersleben, Anhalt-Bernburg, Anhalt-Plötzkau, Anhalt-Köthen, Anhalt-Zerbst und andere. Nach 1815 kamen große Teile des heutigen Sachsen-Anhalt zu Preußen. Diese Region hieß dann, im Gegensatz zum damaligen Königreich Sachsen, „Provinz Sachsen". Im Jahre 1863 kam es noch einmal zu einem vereinigten Herzogtum Anhalt mit Dessau als Hauptstadt. 1918 schließlich wurde Anhalt zu einem Freistaat in der Weimarer Republik. Das „Land Sachsen-Anhalt" aber hat in seiner heutigen Gestalt eine sehr kurze Tradition, es existierte als solches nur von 1947 bis 1952. Im Zuge der Verwaltungsreform in der DDR wurde es wieder aufgelöst und in die Bezirke Halle und Magdeburg geteilt. Erst 1990 entstand das Land Sachsen-Anhalt wieder als eines der fünf neuen Bundesländer.

Der historische Raum Sachsen-Anhalt ist für die von uns betrachtete Zeit, die Epoche der fränkischen Besatzung, nahezu identisch mit dem Gebiet des Bistums Halberstadt. Da es über dieses Bistum, im Gegensatz zu den Grafschaften und Gauen, viele Nachrichten gibt und da meist kirchliche und staatliche Macht Hand in Hand gingen, sei hier die Geschichte des nördlichen Teils des einstigen Thüringer Reiches am Beispiel des Bistums Halberstadt erläutert.

Die Bistumsgrenze an Elbe, Saale und Unstrut

Zum Jahre 803 berichtet der „Sächsische Annalist", ein Mönch aus Halberstadt:

„In der Pfalz zu Salz hat Kaiser Karl dem heiligen Hildegrim, dem ersten Bischof von Halberstadt, seine Parochie auf alle Seiten genau begrenzt und durch kaiserlichen Befehl und ein unzweideutiges Privileg gesichert, im dritten Jahr seines Kaisertums, im dreiundzwanzigsten aber der Weihe des Bischofs Hildegrim, in der zwölften Indikation, am 15. Mai. Die Grenzen sind aber diese: der Fluß Elbe, die Saale, die Unstrut, der Graben bei Grone, die Höhe des Waldes, der Hart (Harz) heißt, die Ovacra (Oker), die Dasanek, die Druchterbike, die Eller (Aller), die Isunna (Ise), der Sumpf, welcher den Bardengau und Witingau trennt, die Aara (Ohre), die Milde, die Precekina und wieder die Elbe."

Als der „Sächsische Annalist" im 12. Jahrhundert diese Grenzen beschrieb, existierten sie schon lange nicht mehr. Im Jahre 968 hatte Otto I. das Erzbistum Magdeburg sowie das Bistum Merseburg gegründet, und Halberstadt mußte diesen beiden Bistümern große Teile seines Gebietes abtreten.

Der Annalist hat diese Grenzbeschreibung einer alten Urkunde entnommen. Die Grenze hält sich im wesentlichen an Flußläufe und entspricht in ihrem Verlauf den typischen Grenzziehungen fränkischer Markscheider, wie sie zur Zeit Karls des Großen üblich war. Die Beschreibung beginnt im Nordosten des Bistums, in einem Gebiet, das von den Flüssen Precekina, Biese und Elbe begrenzt wird. Noch heute heißt diese Gegend die Wische, feuchte Wiese. Damals war sie unbesiedelter Sumpfwald. Erst im späten Mittelalter wurde mit Hilfe flämischer Siedler begonnen, dieses Land zu entwässern und mit Dämmen vor dem ständigen Hochwasser der Elbe zu sichern. Auf der gegenüberliegenden Seite der Elbe wohnten Slawen, ihr Gau hieß Neletici. Auf einem Plateau über der Mündung der Havel in die Elbe stand eine ihrer Burgen, die spätere Bischofsburg Havelberg.

Die Bistumsgrenze verlief elbaufwärts über Arneburg, Tangermünde und Wolmirstedt, das damals noch direkt an der Elbe lag. Südlich von Wolmirstedt, an der Stelle der einstigen Hildagsburg, mündete zu jener Zeit die Ohre in die Elbe. Bei Magdeburg hatte sich die Elbe in mehrere Arme geteilt. Dadurch war sie flach und bildete eine Furt. Es war der einzige damals bekannte Übergang. Diesem Umstand verdankt das 805 erstmalig genannte „Magadaburg“ seine frühe Bedeutung. Zur Zeit der Halberstädter Bistumsgründung war Magdeburg ein von den Franken kontrollierter Handelsplatz. Hierher kamen die Slawen aus dem Osten mit ihren Gütern, vor allem Vieh und Sklaven. Handel war nur an dieser Stelle möglich, da sie hier mit ihrem Vieh den Fluß überqueren konnten. Wahrscheinlich ist Magdeburg auch die Stelle, an der im Jahre 9 v. u. Z. der römische Feldherr Drusus die Elbe erreichte. Der Bericht des Cassius Dio legt dies nahe:

„Von dort ging er (Drusus – R. A.) in das Gebiet der Cherusker, setzte über die Weser und rückte, alles verwüstend, bis zur Elbe vor. Auch diesen Fluß versuchte er zu überqueren, vermochte es aber nicht, sondern ließ nur Siegeszeichen errichten und trat dann den Rückzug an. Denn eine Frau von übermenschlicher Größe stellte sich ihm mit den Worten entgegen: Wohin willst du denn, unersättlicher Drusus? Dir ist es vom Schicksal nicht vergönnt, alle diese Lande zu schauen.

Zieh also ab; denn schon ist das Ende deiner Taten und deines Lebens da!"

Wenn Drusus mit seinem Heer die Elbe überschreiten wollte, wird er sich erkundigt haben, wo das am leichtesten möglich war. Die günstigste Stelle war den dort wohnenden Völkern bekannt. Für sie war diese Übergangsstelle ein geheiligter Ort. Flüsse galten den Germanen als weibliche Gottheiten. Nur an einer Furt konnte man ungefährdet mit dem Fluß/der Göttin in Berührung kommen, das heißt rituell baden, wie es beispielsweise noch heute Inder im Ganges tun. Göttinnen hatten Priesterinnen, die Größte von ihnen wird die Oberpriesterin gewesen sein. Magada-burg heißt Wohnstätte von Mädchen, Jungfrauen, Dienerinnen. Das Wort Magd hat diese Bedeutung bewahrt. Diese Mägde waren die Priesterinnen und die Magadaburg ihr Dorf. Bei der Ankunft der Römer werden sie ihre Magadaburg verlassen und sich auf das andere Ufer geflüchtet haben. Die Oberpriesterin, *„eine Frau von übermenschlicher Größe"*, wie Cassius Dio sie beschreibt, rief Drusus von dort diese Drohung zu, die er sich wahrscheinlich von seinem Dolmetscher übersetzen ließ. Er nahm diese Warnung ernst und kehrte um. Sein Rückweg führte ihn entlang der Elbe bis zur Einmündung der Saale. Der Zeitzeuge Strabo berichtet:

„Ferner gibt es einen Fluß Saale, zwischen ihm und dem Rhein starb Drusus Germanicus auf einem erfolgreichen Feldzug ..."

Diese Literaturstelle ist die älteste Erwähnung der Saale. Das Ziel des Rückmarsches der Römer war Mainz, das Kastell Moguntiacum. Hier errichteten sie später für ihren tödlich verunglückten Feldherrn Drusus ein Denkmal. Da die Saale von ihrer Mündung an flußaufwärts nach Südwesten, also in Richtung Mainz, verläuft, werden die Römer zunächst diesem Fluß gefolgt sein. Zwischen Bernburg und Halle, wo sich die Saale nach Südosten wendet, werden sie den Fluß verlassen haben. Hier muß es einen uralten Handelsweg gegeben haben, der quer durch den späteren Schwaben- und Hassegau in das Thüringer Becken führte und auf die alte Römerstraße nach Mainz, die spätere Via regia, stieß.

Die Halberstädter Bistumsgrenze aber hielt sich genau an den

Lauf der Saale. Als fränkische Staatsgrenze war sie von den Karolingern durch zahlreiche Burgen gegen die Slawen gesichert worden. Diese Festungen werden auch von dem arabischen Händler Ibrahim ibn Jakub erwähnt. Er reiste im Jahre 965 von Magdeburg nach Prag und schrieb:

„Der Weg von Madifurg (Magdeburg) nach dem Lande des Buislaw und von da nach der Feste Kalbe beträgt zehn Meilen und von da nach Nub Grad (Nienburg) zwei Meilen. Das ist eine Feste aus Steinen und Mörtel gebaut, und sie liegt ebenfalls am Fluß Salawa, und in ihn fällt der Fluß Bode. Von der Feste Nienburg bis zum Salzwerk der Juden, das auch an der Saale liegt, sind es dreißig Meilen. Von da nach der Feste Burdschin (Wurzen), die am Flusse Muldawa (Mulde) liegt, und von da bis zum Rande des Waldes sind es fünfundzwanzig Meilen. Dieser mißt von seinem Anfange bis zu seinem Ende vierzig Meilen und erstreckt sich über unwegsames Gebirge. Dort ist eine hölzerne Brücke über den Morast etwa zwei Meilen. Am Ende des Waldes betritt man die Stadt Braga (Prag).“

In Calbe, dessen Ortsname indogermanische Wurzeln hat und soviel wie kahle, erhöhte Stelle am Fluß bedeutet, stand ein fränkischer Königshof. Das dazugehörige Land wurde von unfreien Slawen bearbeitet. Otto I. hat später dieses Fiskalgut übernommen und es zu einem Teil dem Stift Quedlinburg, zum anderen dem Magdeburger Moritzkloster geschenkt. Calbe hatte schon damals einen Hafen, und von hier aus wurde das bei Staßfurt gewonnene Salz verschifft. Halberstadt richtete in Calbe einen Archidiakonatssitz ein. Die dortige Stephanskirche wird auf einen frühfränkischen Kirchenbau zurückgehen. Auch das anschließend erwähnte Nienburg, d. h. neue Burg, war eine fränkische Gründung. Spätere Quellen bezeichnen Nienburg als den Mittelpunkt eines Burgwardbezirkes und berichten von einem Reichskloster, das von Thankmarsfelde hierher verlegt wurde. Berühmt wurde dieses Kloster durch die von vielen Chronisten benutzten „Nienburger Annalen“, die allerdings verschollen sind.

Ein anderes Kastell hatten die Franken in dem Dorf Waladala, Waldau, errichtet. Es lag dem heutigen Bernburg gegenüber. Hier hatte die Saale ein starkes Gefälle, was heute an einem dort befindlichen Wehr erkennbar ist. Früher muß hier eine flache Stelle gewesen sein, wo man trotz der starken Strömung den Fluß überqueren konnte. Durch diese Furt zog im Jahre 806 ein fränkisches Heer gegen die Slawen. Der in Waldau zur Sicherung der Furt erbaute fränkische Königshof besaß eine Martinskirche, die später von Halberstadt in St. Stephan umbenannt wurde. Die fränkischen Reichsannalen vermerken zu diesem Feldzug:

„Von da begab er (d. h. Karl der Große – R. A.) sich wenige Tage später nach Aachen und schickte seinen Sohn Karl mit einem Heere in das Land der Slawen, welche Soraben heißen und an der Elbe ihren Wohnsitz haben. Auf diesem Feldzug wurde Miliduoch, der Herzog der Slawen, getötet, und von dem Heere wurden zwei Burgen erbaut, die eine am Ufer der Saale, die andere an der Elbe.“

Das von Ibrahim ibn Jakub erwähnte Salzwerk der Juden ist Halle, wo die Franken auf dem rechten Saaleufer ein Kastell errichtet hatten, um den Besitz der dortigen Salzquellen zu schützen. Die Ortschaften an den Ufern von Elbe und Saale gehören zu den ältesten Handelsplätzen in Mitteldeutschland, und da Handel oft von Juden getrieben wurde, findet man in diesen Orten schon früh jüdische Einwohner. Auch Magdeburg verdankt seine spätere wirtschaftliche Bedeutung vor allem jüdischen Kaufleuten. Im Jahre 965 vermerkt eine Chronik:

„Die Juden in Magdeburg brauchen weder Zoll noch Heeresdienst leisten. Sie sind nur für die Verleihung von Privilegien abgabepflichtig.“

Auch in Merseburg gab es Juden, wie eine Urkunde zeigt. Otto II. schenkte 980 in Merseburg *„alles, was die Mauern der Stadt einschließen“*, auch *„Juden und Kaufleute“*, dem Bistum Merseburg. In Halle soll einer Legende nach sogar schon vor Christi Geburt eine jüdische Gemeinde bestanden haben. Damit wollten die Schöpfer dieser Legende, wahrscheinlich die Hallenser Juden, beweisen, daß weder ihre Vorfahren noch sie Schuld am Kreuzestod Jesu hätten. Diese angebliche Schuld diente im Mittelalter nämlich als Vorwand für die immer wiederkehrenden Judenpogrome.

Die anderen Saaleburgen entlang der Halberstädter Bistumsgrenze sind die bereits im Hersfelder Zehntverzeichnis genannten Orte Lettin, Holleben, Merseburg, Burgwerben und Goseck. Neben der Funktion, die fränkische Grenze zu sichern, waren sie von alters her Verwaltungszentren und Abgabeorte der Zehnten ihrer Bezirke.

An der Einmündung der Unstrut in die Saale bei Naumburg verläßt die Halberstädter Bistumsgrenze die Saale und folgt dem Lauf der Unstrut. Dieser Fluß teilt den Hassegau im Norden vom südlichen Gau Engilin, dem Angelgau. Kurz vor Artern, bei den beiden Rieth-Dörfern Kalbsrieth und Ritteburg, mündet vom Norden kommend die Helme in die Unstrut. Hier verläßt die Grenze wieder die Unstrut und verläuft entlang der Helme flußaufwärts. An deren Unterlauf liegen solche alten Orten wie Heygendorf, (Mönch-)Pfiffel und Oberröblingen, die im Hersfelder Zehntverzeichnis genannt werden. Die dazwischenliegenden Dörfer Nikolausrieth, Katharinenrieth und Martinsrieth sind Gründungen der Flamen, die dieses Sumpftal im späten Mittelalter entwässerten und landwirtschaftlich nutzbar machten. Noch heute führt keine einzige Fahrstraße durch diesen ehemaligen breiten Sumpfstreifen der Helme. Etwa bei dem Dorf Martinsrieth macht die Helme einen Knick nach Westen. Hier beginnt der wohl seltsamste Teil der Halberstädter Bistumsgrenze, der sogenannte Sachsgraben.

Der Sachsgraben

Fährt man von Martinsrieth nach Sangerhausen, überquert man kurz hinter dem Dorf eine Helmebrücke. Hier beginnt der Sachsgraben. Er ist noch heute als Wall mit einem vorgelagerten Graben gut erhalten und zieht sich von dieser Brücke an fast schnurgerade nach Norden bis zu den Bergen des Vorharzes. Über diesen Sachsgraben gibt es viele Vermutungen und Gerüchte. Seine Geschichte und Funktion ist bis heute noch nicht endgültig geklärt. Erst vor kurzem war er wieder Gegenstand einer Erörterung. Beim Bau der Südharz-Autobahn war er durchschnitten worden, und dabei hatten Archäologen aus Halle das Gelände untersucht. Sie fanden

Siedlungsreste aus der Bronzezeit, die bewiesen, daß vor viertausend Jahren entweder die Helme einen anderen Lauf hatte oder der Grundwasserstand so niedrig war, daß das Flußgebiet bewohnbar war. Einen erhofften Hinweis auf eine Besiedlung während der fränkisch-sächsischen Zeit aber fanden die Archäologen nicht. Er war aber auch nicht zu erwarten, denn an der Grenze wohnte ja niemand. Was die Ausgräber im Wall selbst fanden, trug weniger zur Klärung als zur weiteren Verwirrung bei. Die Erde, aus der der Wall bestand, war fremd, sie stammte weder aus dem davorliegenden Graben, noch war sie mit dem Boden der weiteren Umgebung identisch. Sie mußte also von woanders herangeschafft worden sein. In einer Tiefe von etwa einem Meter fanden sich einige grüne und gelbbraun glasierte Scherben sowie der Rest einer grünen Ofenkachel aus dem 16./17. Jahrhundert. War also dieser Sachsgraben nur eine spätere Flurgrenze zwischen Sangerhausen und Wallhausen?

Die schriftlichen Quellen, die diesen Sachsgraben erwähnen, sprechen dagegen. Der „Sächsische Annalist" nennt im 12. Jahrhundert als Halberstädter Bistumsgrenze zwischen der Helme und dem Harz den „Graben bei Grone". Erstmalig wird dieser Graben in einer Urkunde Ottos II. aus dem Jahre 979 genannt. Dort heißt er „Graben, wo sich Thüringer und Sachsen scheiden und der auf deutsch Girophti heißt". Das altdeutsche Girophti steckt heute im Wort „Gruft" und bedeutet Graben. Daneben wird der Graben bei Wallhausen noch in weiteren zehn Urkunden und Chroniken des Mittelalters erwähnt. Wie aber lassen sich diese Erwähnungen mit den jüngsten Scherbenfunden in Übereinstimmung bringen? Beim Anblick dieser Anlage fällt ihr relativ guter Zustand auf. Die meisten Bodendenkmale sind, wenn sie auf dem Acker lagen, irgendwann durch den Pflug eingeebnet worden. Andere, die erhalten blieben, haben im Laufe der Jahrhunderte ihre ursprüngliche Form durch die landwirtschaftliche Nutzung sowie durch Wind und Wetter erheblich verändert. Der gute Zustand des Sachsgrabens kann nur bedeuten, daß er im Laufe der Jahrhunderte wahrscheinlich eine wechselnde Funktion hatte und mehrfach erneuert wurde.

Dieser Graben war einst nicht nur die Grenze zwischen dem östlich liegenden Friesenfeld und dem westlichen Helmegau, er war nicht nur die Bistumsgrenze zwischen Halberstadt und Mainz, sondern er war auch die Flurgrenze zwischen Wallhausen und Sangerhausen. Gerade aus dem 16./17. Jahrhundert sind in dieser Gegend solche Flurgrenzen als Wälle oder Gräben aus fast jeder Dorfflur überliefert. Der Ortsname Wallhausen hat allerdings nichts mit dem Wort Wall zu tun hat, sondern Walah-husen bezeichnete den Besitz eines fränkischen Adligen namens Walah. Die gefundenen Scherben zeugen somit wohl lediglich davon, daß diese Flurgrenze zwischen Wallhausen und Sangerhausen, oder genauer zwischen Wallhausen und den wüsten Dörfern Almensleben und Kieselhausen, damals erneuert oder instandgesetzt wurde. Eine Stammesgrenze zwischen den Sachsen und Thüringern war der Sachsgraben dagegen nie. Solch eine Grenze ist das Produkt späterer Phantasie. Erstens gab es für solch eine Stammesgrenze keinen Anlaß. Friesen, Sachsen und Thüringer waren verbündet beziehungsweise befreundet, und die Besatzungsmacht auf beiden Seiten des Grabens, erkenntlich an den -hausen-Namen, waren Franken. Zweitens hätte dieser Wallgraben nie wirksam ein Heer behindern können. Mit ein paar Schaufeln wäre er in einer halben Stunde so breit eingeebnet gewesen, daß ihn jede Truppe mit ihrem Troß bequem hätte überqueren können. Der Sachsgraben ist das Ergebnis einer Markensetzung aus der Karolingerzeit, einer Zeit, als aus den Gauen Grafschaften gebildet wurden. Er endet an der Stelle, wo Landwirtschaft nicht mehr möglich war und wo andere Merkmale die Grenzfunktion übernehmen konnten: im Wald, in steil ansteigendem Gelände.

Vom Harz zur Elbe

Im Anschluß an den Sachsgraben verlief die Halberstädter Bistumsgrenze quer durch den Harz, streifte dabei die Wipperquelle, führte unterhalb des Brockens entlang und verließ das Gebirge in der Gegend von Goslar. Hier stieß die Grenze auf die Oker und folgte dem Fluß nach Norden über Ohrum bis Braunschweig. Von dort verlief sie über Gifhorn bis zum Ort Wittingen. Dieser Ort war Archidiakonatssitz mit einer Stephanskirche. In Wittingen machte die Grenze einen scharfen Knick nach Südosten und folgte dem Lauf der Ohre. Diese durchfloß ein unbewohntes großes Niederungsmoor, den heutigen Naturpark Drömling. In Calvörde wendete sich die Grenze erneut nach Norden und führte über Gardelegen nach Osterburg. Hier traf sie wieder auf die Wische und auf die Elbe, unseren oben gewählten Ausgangspunkt.

Im Nordwesten des Bistums Halberstadt, im heutigen Niedersachsen, lag der Derlingau (oder Darlingau) und im Nordosten der Balsamgau. Die Slawen nannten diesen Gau Belcsem, was soviel wie weiße Erde oder Sand bedeutet. Für den nördlichen Teil dieses Balsamgaues ist auch der Name Mintga überliefert. Südlich vom Balsamgau, getrennt durch die damals unbesiedelte Letzlinger Heide, befand sich der große Nordthüringgau. Die Südgrenze des Derlingaues und Nordthüringgaus bildete das Große Bruch. Es ist der bereits erwähnte breite Sumpfstreifen, der sich aus der Gegend südlich von Braunschweig nach Osten in Richtung Oschersleben zieht. Dort erreicht er das früher ebenfalls sumpfige Bodegebiet und erstreckt sich dann bis zur Einmündung der Bode in die Elbe. Es ist ein sumpfiges Urstromtal, das zur fränkischen Zeit nicht überschritten werden konnte. Erst Jahrhunderte später wurden einige künstliche Dämme als Übergänge geschaffen. Wollte man vom Süden in den Norden oder umgekehrt, gab es im frühen Mittelalter nur zwei Möglichkeiten: entweder den Bodeübergang bei Oschersleben oder den in Staßfurt. Südlich des Großen Bruches lag der Harzgau im Westen und der Schwabengau im Osten. Die Grenze des Schwabengaus zum südlich sich anschließenden Hassegau und Friesenfeld war wiederum eine typisch fränkische Verwaltungslinie: Es waren die Flüsse Wipper und Schlenze.

VII.

„... die zu der Kirche zu gehen haben" Die Urkirchen des Bistums Halberstadt

Die Geschichte des Bistums

Die Anfänge des Bistums Halberstadt liegen im Dunkel. Die schriftlichen Quellen darüber versuchen, die Bistumsgeschichte möglichst früh beginnen zu lassen und so nah wie möglich an Karl den Großen heranzuführen. Karl war eine Autorität, und deshalb war es ein Sakrileg, einen von ihm verliehenen Besitz in Frage zu stellen. Dies geschah besonders im Jahre 968, als Otto I. das Erzbistum Magdeburg gründete und dafür dem Halberstädter Bistum große Teile seines Gebietes entziehen wollte. Der damalige Halberstädter Bischof Bernhard wehrte sich gegen diese Beeinträchtigung seines Sprengels. Zur Begründung seines Widerstandes benötigte er exakte Angaben über die Grenzen seines Bistums, die nach Möglichkeit durch den großen Karl bzw. seine Nachfolger verbrieft sein sollten. Deshalb, so meinen Urkundenforscher, seien alle schriftlichen Quellen vor 968, die das Halberstädter Bistum betreffen, mit größter Vorsicht zu genießen und wahrscheinlich gefälscht. Das Bild, das diese Quellen zeichnen, ist folgendes:

Auf dem Reichstag in Paderborn im Jahre 777 meinte Karl, die Sachsen bereits besiegt zu haben. Er beschloß daher, das Land in Grafschaften und Bistümer einzuteilen. So wird in einer Legende die Gründung des Bistums auf diesen Reichstag gelegt. Die erste offizielle Urkunde aber über das Bistum Halberstadt stammt angeblich erst von Ludwig dem Frommen aus dem Jahre 814. Schon der „Sächsische Annalist" beklagte, daß alle Quellen, die er nutzen konnte, unterschiedliche Angaben zur Entstehung des Bistums Halberstadt machten. Als ersten Bischof von Halberstadt nennt der „Annalist" einen gewissen Hildegrim. Dieser war ein Schüler Alkuins, stammte also aus dem Umfeld Karls des Großen. Er soll das

Kloster Werden an der Ruhr gegründet haben, danach ernannte ihn Karl zum Bischof von Châlons-sur-Marne, später auch zum Bischof von Halberstadt. Ursprünglicher Bischofssitz war Seligenstadt, das heutige Osterwieck. Hildegrim verlegte ihn nach Halberstadt. Der von ihm veranlaßte Halberstädter Dom wurde dem heiligen Stephan geweiht. Stephan, der erste Märtyrer der Christenheit, der „Erzmärtyrer" aus der Apostelgeschichte, war der Schutzpatron des Bistums Châlons-sur-Marne. Ihn brachte Hildegrim von dort mit und übertrug ihn als Schutzheiligen auf das gesamte Bistum. Seligenstadt lag an der Bistumsgrenze, Halberstadt dagegen in relativ zentraler Lage. Hier befand sich ein fränkischer Königshof mit einer Martinskirche. Die günstigere Verkehrslage und die stärkere Präsenz der Franken werden die Gründe für die Verlegung des Bischofssitzes von Osterwieck nach Halberstadt gewesen sein.

Der „Sächsische Annalist" berichtete auch, Hildegrim habe bis zu seinem Tode im Jahre 827 in seinem Bistum 35 Kirchen gegründet. Insgesamt gab es im Bistum Halberstadt 38 Archidiakonate. Drei davon lagen im Hassegau und Friesenfeld, nämlich Eisleben und Merseburg im Hassegau und das Kloster Kaltenborn im Friesenfeld. Um die Zehnten in diesen beiden Gauen wurde, wie schon erwähnt, zwischen Hersfeld und Halberstadt ein erbitterter Streit geführt. Hier hatte Halberstadt in der ersten Zeit nichts zu sagen. Zieht man also diese drei ab, bleiben 35 Archidiakonatsbezirke übrig. In jedem von ihnen könnte Hildegrim eine der 35 erwähnten Stephanskirchen gegründet haben.

In Thüringen, d. h. dem Thüringer Anteil des Mainzer Bistums, gab es nur vier große Archidiakonate, die in zahlreiche Unterbezirke, die Sedes, unterteilt waren. Im Bistum Halberstadt dagegen sind die Sedes und Archidiakonate identisch. Der Sitz des Archidiakons, der kirchliche Hauptort mit der Stephanskirche, war gleichzeitig auch der staatliche Mittelpunkt. Er war Abgabeort für die Zehnten, Sitz der fränkischen Verwaltung und Gerichtsort. Das wird ersichtlich aus der Art, wie diese Archidiakonate, die auch „Bann" hießen, verwaltet wurden. Der Halberstädter Bischof vergab einen Bann als Lehen. Archidiakone, die Inhaber der „Banngewalt", waren neben einzelnen Klöstern die vierundzwanzig Halberstädter Domherren. Manche von ihnen besaßen mehrere Archidiakonate. Ihnen standen ein Teil des Kirchenzehnts sowie Einkünfte aus dem geistlichen Gericht zu. Vor diesen geistlichen Gerichten wurden anfänglich nur religiöse Straftaten verhandelt. Es waren Verbrechen in der Kirche oder auf dem Friedhof, häufig auch die Verletzung kirchlicher Gebote und Satzungen, wie des Verbots von Sonntagsarbeit oder der Verpflichtung zur einmal im Jahr vorgeschriebenen Beichte und Kommunion. Außerdem ging es um unerlaubte Ehen, Ehebruch oder Gotteslästerungen. Da aber die anderen Verbrechen auch gegen kirchliche Gebote verstießen, wurden weltliche Straftaten ebenfalls vor geistlichen Gerichten verhandelt. Die Strafgelder und Gerichtskosten bildeten nämlich einen wichtigen Teil der Pfründe.

Die Archidiakone selbst begaben sich in der Regel nur zweimal im Jahr zum Sitz ihres Sprengels, um Gerichtstage und Synoden mit den in ihrem Bann tätigen Priestern abzuhalten. In der übrigen Zeit hatten sie dort einen Stellvertreter. Für die Synoden hatten die Bewohner des Bannes eine sogenannte Synodalsteuer zu entrichten. Die Eintreibung des Kirchenzehnts, der Synodalsteuern, der Bannbußen und Gerichtskosten von den erst kurz vorher bekehrten Sachsen konnte nicht ohne Präsenz staatlicher Macht geschehen. Die von Karl dem Großen für die Sachsen erlassenen Gesetze, die in der „Capitulatio de partibus Saxoniae" niedergeschrieben wurden, legen nahe, daß diese neuen sächsischen Urpfarreien nur existieren konnten, wenn sie durch eine starke Militärmacht gesichert wurden. In dieser Capitulatio heißt es:

Derjenige *„sterbe des Todes, der*

- *in eine Kirche gewaltsam eindringt und in ihr dieblich etwas wegnimmt oder diese Kirche durch Feuer einäschert;*
- *die heilige vierzigtägige Fastenzeit zwecks Herabsetzung des Christentums verschmäht und Fleisch ißt;*
- *einen Bischof, Priester oder Diakon tötet;*
- *nach Heidensitte glaubt, ein Mann oder eine Frau sei eine Hexe, und Menschen ißt und deshalb verbrennt oder ihr Fleisch zum Essen gibt;*

- *den Körper eines verstorbenen Mannes nach dem Brauch der Heiden durch Feuer verzehren läßt und die Gebeine zu Asche macht;*
- *ungetauft sich verbergen will und es verschmäht, zur Taufe zu kommen, und Heide bleiben will;*
- *einen Mann dem Teufel opfert und nach Sitte der Heiden den Dämonen als Opfer darbringt;*
- *mit den Heiden eine Verschwörung gegen die Christen eingeht oder mit ihnen in Gegnerschaft zu den Christen verharren will oder dies verabredet ...“*

Diese drakonischen Gesetze wurden später von Karl dem Großen gemildert und durch Bußgelder abgelöst. Die Gesetze legten ebenfalls fest, wie die Urkirchen ausgestattet werden sollten:

„... es sollen zu einer jeden Kirche diejenigen Gaugenossen, die zu der Kirche zu gehen haben, einen Hof und zwei Hufen Landes schenken, und je 120 Menschen, Adlige, Freie und Halbfreie, sollen einen Knecht und eine Magd der Kirche zuwenden.“

„... daß Kirchen und Pfarrern der zehnte Teil gegeben werde von jeder staatlichen Abgabe, sei es vom Friedensgeld, der Bannbuße oder sonst einer Leistung, die dem König gebührt.“

„... daß alle den zehnten Teil ihres Vermögens und ihres Erwerbes den Kirchen und Pfarrern schenken.“

Christentum und Staatsmacht, Urpfarrei und fränkische Villa mußten also eine Einheit bilden, sonst wären diese Gesetze nicht das Pergament wert gewesen, auf dem sie geschrieben wurden. Die 35 Sitze der Archidiakone, die Urkirchen, waren aus den altgermanischen Hundertschaftsbezirken hervorgegangen, wie die Zahlenangabe 120 nahelegt. Daß sie gleichzeitig die fränkischen Machtzentren in den neueroberten sächsischen Gebieten gewesen sein müssen, läßt sich in den meisten Fällen auch nachweisen.

Balsamgau und Derlingau

Der flächenmäßig relativ große, aber dünn besiedelte Balsamgau im äußersten Nordosten des Halberstädter Bistums bildete nur ein Archidiakonat. Sein Sitz war in Osterburg.

Osterburg besitzt eine Martinskapelle, die auf die Anwesenheit von Franken hinweist. Im Gegensatz zu Thüringen, wo Martinskirchen auch von Mainz gegründet sein können, sind Martinspatrozinien in Sachsen ausschließlich frühfränkische Gründungen, Kirchen in fränkischen Militärstationen.

Im nordwestlichen Derlingau lagen die Archidiakonate Atzum, Kalme, Kissenbrück, Lucklum, Meine, Ochsendorf, Osterwieck, Räbke, Schöningen, Schöppenstedt, Watenstedt, Westerode und Wittingen.

Sämtliche Orte außer Osterwieck befinden sich heute außerhalb Sachsen-Anhalts im Land Niedersachsen. Atzum (1051 Etlovesheim) und Lucklum (1059 Lucgenheim) sind durch ihre -heim-Namen als fränkische Gründungen ausgewiesen, Kissenbrück durch eine Martinskapelle. Kissenbrück, Schöppenstedt und Schöningen waren außerdem fränkische Stützpunkte an einer Ost-West-Heerstraße. Sie führte von Köln nach Braunschweig und weiter über den alten Oker-Übergang bei Ohrum nach Oschersleben und Magdeburg.

Osterwieck liegt an der Ilse, die heute nur noch ein schmales Flüßchen ist. Osterwieck heißt wörtlich: ein im Osten gelegener Handelsplatz am Wasser. Es ist jetzt schwer vorstellbar, daß auf diesem Gewässer einst Schiffe oder auch nur Boote verkehrten, aber damals führten die Flüsse mehr Wasser als heute. Nachdem Hildegrim Osterwieck zum Hauptort seiner Sachsenmission gemacht und den Bau einer Stephanskapelle veranlaßt hatte, nannte er den Ort Salingenstede, Seligenstadt. Später allerdings, nachdem der Bistumssitz nach Halberstadt verlegt worden war, bekam der Ort wieder seinen alten Namen Osterwieck. Über der Hildegrimschen Stephanskapelle wurde Mitte des zwölften Jahrhunderts jene imposante Stephanskirche errichtet, die heute noch die Besucher der „Straße der Romanik" beeindruckt. Die Franken werden nicht in Osterwieck/Seligenstadt selbst gesessen haben, sondern entweder auf der südlich Osterwiecks liegenden „Alten Schanze" oder, was wahrscheinlicher ist, auf der in mäßiger Entfernung liegenden Stötterlingsburg. Von hier aus überblickt man das gesamte Ilsetal und sämtliche Ortschaften des Bannes Osterwieck. Schon zu ottonischer Zeit, im Jahre 992, wurde dieses Kastell aufgegeben und der Halberstädter Kirche geschenkt, die an dieser Stelle ein Kloster gründete.

Harzgau

Im Harzgau befanden sich die Archidiakonate Dardesheim, Eilenstedt, Halberstadt, Hordorf, Quedlinburg, Westerhausen und Utzleben.

UTZLEBEN (936 Uttislevo) ist heute wüst, es liegt etwa zwei Kilometer westlich von Derenburg auf einem Plateau über der Holtemme. In Derenburg gibt es noch eine Utzlebener Straße. Unter dem Straßenschild ist eine Tafel angebracht, auf der steht, daß im Jahre 1877 auf der Dorfstelle von Utzleben noch Mauerreste zu sehen waren. Im Volksmund heißt die Dorfstelle auch Richteberg. Hier sollen im Mittelalter Hexen verbrannt worden sein. Heute gehört Utzleben zur Gemeinde Derenburg, und auf dem Areal der Wüstung wurden in den letzten Jahren Einfamilienhäuser errichtet. Derenburg selbst war eine ottonische Königspfalz und ursprünglich ein fränkisches Staatsgut. Tarneburc, der alte Name von Derenburg, bedeutet eine Burg, in der man sich tarnen, das heißt verstecken konnte. Utzleben/Derenburg wurde von einem Kranz von -hausen-Orten umgeben. Sie sind heute alle wüst, im Norden Sievershusen, im Süden Goddenhusen und im Westen Wieghusen. In diesen Ortsnamen stecken die fränkischen Personennamen Siegfried, Goddo und Wiego. Sie hatten ihre -husen-Orte um Uttislevo herum angelegt, den Besitz eines Thüringers namens Uttiso. Nachdem sie ihn enteignet hatten, wurde sein Hof in ein mit Gräben und Wällen befestigtes fränkisches Kastell verwandelt.

WESTERHAUSEN liegt zwischen Quedlinburg und Blankenburg. Der geographische -hausen-Name verweist auf eine fränkische Staatsgründung. „Wester-“ kennzeichnet die Lage gegenüber dem östlich davon liegenden fränkischen Königshof Quedlinburg. Die heutige Dorfkirche von Westerhausen heißt St. Stephan. Die Franken saßen im Süden Westerhausens. Dort stand ein später

„Junkershof" genanntes Gut, das nach Art einer Wasserburg befestigt war. Im Jahre 1312 wurde es als „castrum" bezeichnet.

QUEDLINBURG, ursprünglich Quitilingaburg, ist ein sehr alter Ortsname mit einer -burg-Endung. Zur Zeit des Thüringer Königreiches wird der Ort Quitilingen gehießen haben, was soviel wie Siedlung der Leute des Quitilo bedeutet. Wo die später erbaute namensgebende Burg stand, wurde noch nicht festgestellt. Dafür in Frage kommen etliche Höhensiedlungen, die um das Bodetal herum gruppiert sind, so die Bockshornschanze, der kleine und der große Strohberg, die Altenburg oder der heutige Schloßberg in der Talmitte. Sie alle sind zwar archäologisch gut erforscht und lieferten zahlreiche Funde aus fast allen frühgeschichtlichen Epochen, aber die Quitilingaburg konnte dort noch nicht lokalisiert werden. Am wahrscheinlichsten ist es, daß sie auf dem Schloßberg gestanden hat. Nachweisen läßt sich das nicht mehr, denn gerade diese Stelle war für alle Generationen und Machthaber ein günstiger Platz, der ständig bewohnt war und immer wieder neu bebaut wurde. Hier standen das fränkische Kastell und die ottonische Königspfalz, hier wurden immer wieder Kirchen- und Klostergebäude errichtet und umgebaut. In keiner anderen Pfalz hielten sich die ottonischen Herrscher so oft auf, wie in Quedlinburg. Heinrich I. und seine Frau Mathilde wurden hier begraben. Der zum Kastell und später zur Pfalz gehörige Wirtschaftshof lag im Tal und war eine der ersten Übertragungen Karls des Großen an Hersfeld. Der Sachsenherzog Otto machte diese Schenkung als Laienabt des Klosters rückgängig, eignete sich den Hof an und errichtete in Quedlinburg ein Zentrum der liudolfingischen Hausmacht. Der Königshof besaß eine von den Hersfeldern benannte Wigbertkapelle, deren Krypta heute wohl der älteste Steinbau Mitteldeutschlands ist. Der Einfluß Hersfelds und die dominante Rolle der Ottonen in Quedlinburg führten dazu, daß Halberstädter Bischöfe hier wenig zu sagen hatten. Unter den fünf heutigen Kirchen Quedlinburgs befindet sich keine Stephanskirche.

HORDORF: Dieser Bannort liegt südlich von Oschersleben am Westufer der Bode. Der Fluß bildet die Grenze zwischen dem Harz-

und dem Schwabengau. Das altdeutsche „horo“ bedeutet Schlamm oder Sumpf. Hordorf muß lange vor der Christianisierung seiner Bewohner gegründet worden sein, denn für die zu errichtende Kirche war innerhalb des Ortes kein Platz mehr. Die Stephanskirche von Hordorf steht außerhalb des Dorfes und befindet sich in einem traurigen Zustand. Der alte Friedhof ist verwahrlost und das Kirchenschiff eine Brandruine. In Hordorf stehen durchweg einfache kleine Bauerngehöfte. Es findet sich kein Hinweis auf ein größeres befestigtes Gut, das aus einer fränkischen Anlage hervorgegangen sein könnte. Der einzige Burgwall in der Nähe liegt jenseits der Bode. Er gehört zur Altenburg, einer ehemaligen Niederungsburg am Moddergraben. Im 18. Jahrhundert, so schreibt der Burgwallforscher Paul Grimm, waren dort noch Wassergräben zu sehen. Es ist anzunehmen, daß auf dieser Altenburg die fränkische Schutzmacht saß.

DARDESHEIM ist die nächste Urpfarrei des Harzgaues. Bei diesem Bannort verweist schon der Ortsname auf die militärische Präsenz der Franken. Zum fränkischen -heim kommt das Wort „tart“ bzw. „darth“, was Wurfspieß, Lanze bedeutet. Dardesheim bildet mit den benachbarten drei -heim-Dörfern Deersheim, Veltheim und Rohrsheim ein Viereck. In dessen Mitte wurde ein Altthüringer Friedhof mit Pferdegräbern entdeckt. Die Körpergräber waren zwar ausgeraubt, aber die von den Räubern übersehenen Reste waren so kostbar, daß die Archäologen hier ein Zentrum des Thüringer Hochadels, wenn nicht gar einen Altthüringer Königshof vermuten. Die Gräber stammen aus der Zeit um das Jahr 531. Unter diesen vier -heim-Orten befinden sich drei mit dinglichen Wortwurzeln (Feld, Schilfrohr und Wurfspieß). Nur ein Ort enthält einen fränkischen Personennamen – in Deersheim steckt der Name Dagarich. Er wird diesen Altthüringer Bezirk als Befehlshaber verwaltet haben.

HALBERSTADT war als Bischofsstadt auch Bannort, Sitz eines eigenen Archidiakons. Der Ortsname Halverstidi bedeutet Stätte an der Halver, die alte Bezeichnung für die Holtemme. Sie floß einst mitten durch die Stadt. An ihrem Ufer erstreckte sich ein etwa vierhundert Meter langes Plateau, die spätere Domburg. Bei Ausgrabungen an der steil abfallenden Nordseite stieß man auf Befestigungsreste aus der Zeit des Thüringer Reiches, und in der Nähe Halberstadts fand man in zwei Kiesgruben Altthüringer Gräber. In Halberstadt selbst wurden jedoch keine Spuren von ihnen gefunden, denn zu oft und zu intensiv wurde im Stadtgebiet durch die Jahrhunderte hindurch gebaut. Südöstlich der Domburg, ebenfalls auf einem Hügel, lag die Siedlung der Franken. Hier entstand bereits im frühen Mittelalter eine Kaufmannssiedlung. Heute befinden sich hier der Markt und die Martinskirche. In Halberstadt kreuzten sich im Mittelalter alle wichtigen Straßen des Nordharzgebietes.

EILENSTEDT: Dieser Bannort liegt etwa zehn Kilometer nördlich von Halberstadt. Er tritt relativ spät in die schriftliche Geschichte ein – erst 1084 wird er als Eylenstide, Wohnstätte eines Eilo, erwähnt. Neben dem Rittergut, dem Edelhof, befindet sich im Ort ein äußerst merkwürdiger Rest einer Steinburg, wahrscheinlich ein ehemaliger Bergfried. Im Mittelalter soll dieser als Wohnturm gedient haben. Sein Mauerwerk macht einen so altertümlichen Eindruck, daß ein Heimatforscher, der mit viel Phantasie die Varusschlacht in die Gegend um Halberstadt verlegte, meinte, dieser Eilenstedter Turm sei ein Werk der alten Römer. Die Kirche von Eilenstedt, deren Bau von 1138 stammen soll, trägt nicht den für die Halberstädter Archidiakonatskirchen üblichen Namen St. Stephan, sondern sie heißt St. Nikolai. Es ist daher wahrscheinlich, daß schon sehr früh der Archidiakonatssitz von Eilenstedt in das etwa drei Kilometer nördlich gelegene Schlanstedt verlegt wurde. Dafür gibt es mehrere Hinweise: Auf der großen Burg in Schlanstedt, dem späteren Schloß, sind zahlreiche Aufenthalte Halberstädter Bischöfe bezeugt, Schlanstedt besaß die Gerichtsbarkeit über das gesamte umliegende Gebiet, und nicht zuletzt deutet die Gründungssage von Schlanstedt diese Verlegung des Archidiakonatssitzes an. In dieser Sage kommt in abgewandelter Form sowohl eine kleine Kapelle als auch der Name des Bistumsheiligen Stephan vor:

Im Jahre 933 soll, so erzählt es die Sage, in der Nähe des Großen Bruchs eine Schlacht gegen die Ungarn stattgefunden haben. (Offenbar war dies die bereits erwähnte Ungarnschlacht unter Heinrich I., die nach Widukind von Corvey bei „Riade", dem heutigen Ritteburg an der Unstrut, geschlagen wurde.) An dieser Schlacht nahm auch Graf Stephan vom Regenstein teil. Da seine Gattin, Gräfin Theudelind, niedergekommen war, wollte er nach der Schlacht nach Hause auf den Regenstein. Dazu mußte er das Große Bruch in der Neujahrsnacht durchreiten, und auf diesem Ritt soll er umgekommen sein. Laut Sage ließ seine Gattin an der Stelle am Rande des Bruchs, an der der Leichnam gefunden wurde, eine Kapelle bauen. – Dies war das erste Gebäude des Dorfes Schlanstedt. Nachkommen des Grafen ließen an der Stelle der Kapelle eine Burg errichten, und um sie herum entstand der älteste Teil des Dorfes.

Nordthüringgau

Im Nordthüringgau lagen die Archidiakonate Alvensleben, Eschenrode, Gehringsdorf, Seehausen, Oschersleben, Selschen, Hamersleben, Wanzleben und Weddingen.

Alvensleben existiert heute nicht mehr, er wurde im Jahre 1950 mit dem Dorf Dönstedt zur Gemeinde Bebertal vereinigt. Der Ursprung des Ortes war dem -leben-Namen nach ein Gut des Thüringers Alwalach. Daraus entwickelte sich das Dorf Alvensleben. Direkt über dem Ort befand sich eine Burganlage, deren Funktion und Bezeichnung sich im Laufe der Zeit änderte. Zuletzt hieß sie Veltheimsburg nach einem Adelsgeschlecht, das vielleicht aus dem Harzgau stammte. Dort begegnete der Name Veltheim als einer der drei -heim-Orte bei Dardesheim. Ein Burgmannengeschlecht nannte sich „von Alvensleben". Dieses Geschlecht war im gesamten Nordthüringgau begütert. Als Alvensleben Archidiakonatssitz wurde, vergrößerte sich der Ort nach Osten hin und nahm städtischen Charakter an. Bis zum Jahre 1928 bestanden die drei Teile von Alvensleben, das Dorf, die Stadt und die Burg, noch getrennt. Die Stadt besitzt eine Jakobuskirche, das Dorf aber eine Kirche mit dem seltenen Namen St. Godehard. Die alte Friedhofskapelle soll die einstige Alvenslebener Stephanskapelle sein. Der Friedhof liegt etwa einen Kilometer vom Ort Alvensleben entfernt. Das schmucklose Kapellchen macht einen altertümlichen Eindruck und ist eine Sehenswürdigkeit auf der Straße der Romanik. Der Innenraum ist so klein, daß bei einer Beerdigung neben dem Sarg nur die nächsten Angehörigen Platz finden. Diese Friedhofskapelle St. Stephan konnte durch ihre Lage außerhalb des Ortes und ihre Funktion als bloße Friedhofskapelle ihren Ursprung aus dem 8. Jahrhundert bewahren. Sie ist die einzige der 35 angeblich von Hildegrim veranlaßten Urkirchen des Bistums Halberstadt, die im Original erhalten blieb. Ihre geringe Größe und ihre Schmucklosigkeit zeugen davon. Die Aufgabe, die Hildegrim oder die anderen frühen Kirchengründer hatten, bestand darin, innerhalb kürzester Zeit eine Art kirchlicher Grundversorgung im gesamten Bistum zu schaffen. Für große und kunstvolle Kirchengebäude hatte man weder Zeit noch Geld. Größere Kirchen waren damals auch angesichts der geringen Bevölkerungszahl und der Art des Gottesdienstes nicht nötig. Dic Gläubigen standen während der Messe; es gab, wie heute noch in den orthodoxen Kirchen, keine Bänke. In der Kirche selbst befand sich hauptsächlich der Altarraum. Die großen Türen waren weit geöffnet, das Volk stand im Freien, wie bei den heutigen Wallfahrtsmessen. Erst im 11. Jahrhundert begann man, diese Kapellen umzubauen. Meist wurden sie ganz abgerissen und an gleicher Stelle durch einen größeren Neubau ersetzt.

ESCHENRODE, das nächste Banndorf im Nordthüringgau, besitzt in seiner Stephanskirche solch einen Umbau aus dem 12./13. Jahrhundert. Der -rode-Name bedeutet, daß der Ort nicht viel älter sein kann, als die Urkirche, also frühestens im achten Jahrhundert entstand. Ortsgründung und Errichtung der Urpfarrei geschahen demnach gleichzeitig. Im Ort selbst gibt es nur kleine und mittlere Gehöfte. Es existiert weder eine Burg noch ein Gut oder ein größerer Bauernhof, der als Nachfolge einer fränkischen Einrichtung zum Schutz des Bannes angesehen werden könnte. Des Rätsels Lösung liegt im sogenannten Hallenberg. Er befindet sich am Südwestrand des Ortes und ist ein runder, steil abfallender Bergsporn über einem sumpfigen Gelände. Nach Aussagen älterer Leute im Ort soll der Hallenberg ein „altes heidnisches Heiligtum" gewesen sein. In ihrer Kindheit, so wurde mir berichtet, loderten dort noch die Osterfeuer. Im Altdeutschen heißt „hallr" großer Stein oder Berg/Abhang – die Wurzel steckt noch heute in dem Wort „Halde". Der Sumpf unterhalb des Bergsporns könnte ein Opfermoor gewesen sein. Altgermanische Heiligtümer wurden von den christlichen Missionaren mit Vorliebe dazu benutzt, an ihrer Stelle Kirchen oder kirchliche Zentren zu errichten. Das zeigen die Thüringer Archidiakonate Dorla und Jechaburg, die wegen des Opfermoors in Niederdorla beziehungsweise wegen des Jecha-Heiligtums auf dem Frauenberg zu dieser Ehre gekommen waren. So hat wohl auch Eschenrode sowohl seine Ortsgründung als auch sein Archidiakonat diesem Heiligtum zu verdanken. Der fränkische Schutz, die Verwaltung und Kontrolle geschahen vom nahen Walbeck aus. Dort befand sich auf einem Plateau über der Aller eine große frühgeschichtliche Fliehburg, auf deren Gelände der fränkische Herzog des Nordthüringgaus sein Kastell errichten ließ.

GEHRINGSDORF war zwar Archidiakonatssitz, aber keine größere Ansiedlung. Noch heute hat man Mühe, den Ort auf der Landkarte zu finden. Er liegt an einer Nebenstraße zwischen Oschersleben und Seehausen. Auf dem Urmeßtischblatt besteht er nur aus einem einzigen Viereck. Weder Bauernhäuser noch eine Kirche sind eingezeichnet. Auch heute besteht Gehringsdorf nur aus einem großen viereckigen Gebäudekomplex, einem ehemaligen Gut. Am Weg stehen lediglich vier kleine Häuser einstiger Gutsarbeiter. Das Gut selbst ist arg heruntergekommen. Das Haupthaus ist unbewohnt, und die Ställe, die Geräteschuppen und Scheunen, die ehemalige Schmiede und die Stellmacherei sind verfallen. Hinter dem Haupthaus führt ein schmaler Weg hinunter in einen kleinen verwilderten Park. Entlang einiger Teiche gelangt man zur Allerquelle. Von hier aus erkennt man das Befestigungssystem dieses Gutes – es ist eine ehemalige Wasserburg, die durch drei breite

Gräben geschützt war. Im 8. Jahrhundert war das eine befestigte Anlage für fränkische Beamte und Soldaten, eine Sammelstelle für die Zehntabgaben aus den umliegenden Dörfern. Eine Kirche gab es nicht, sie war überflüssig. Sinnfälliger ist die Funktion eines Bannortes nirgends erkennbar.

SEEHAUSEN war wohl ursprünglich nur ein burgartig befestigter Hof über dem dortigen See. An ihm entlang führte eine alte Heer- und Handelsstraße von Köln nach Magdeburg. Bis nach Magdeburg ist es ein Tagesmarsch, Seehausen war also die letzte Raststation auf dem Weg nach Magdeburg. In umgekehrter Richtung, ebenfalls einen Tagesmarsch weit von Seehausen, befand sich der fränkische Königshof Schöningen. König Pippin hielt sich hier in „Sconingi" auf, als er seinen zu den Sachsen geflüchteten Bruder Gripho verfolgte. Seehausen war als -hausen-Ort mit einer geographischen Wortwurzel fränkisches Staatseigentum, ein fränkischer Königshof, und als solcher gelangte es später in den Besitz der Ottonen. Vor allem Otto I. war ständig in Seehausen, wenn er, vom Westen kommend, seine Lieblingspfalz Magdeburg aufsuchte. Seehausen besitzt als Bannort des Bistums Halberstadt keine Stephanskirche. Die beiden Kirchen von Seehausen haben ein Laurentius- und ein Peter-Paul-Patrozinium. Die Peter-und-Pauls-Kirche steht am Ortsrand von Seehausen – sie war die Dorfkirche für die Bauern. Ihr ursprünglicher Zustand ist erhalten, auch sie gilt als Sehenswürdigkeit an der Straße der Romanik. Die Laurentiuskirche des fränkischen Königsgutes steht im heutigen Stadtzentrum. Irgendwann brannte das Kirchenschiff aus und steht seitdem als Ruine. Ursprünglich wird ihr Vorgängerbau als fränkisch-königliche Eigenkirche ein fränkisches Patrozinium gehabt haben. Als Otto I. die fränkische Pfalz übernommen hatte, ließ er diese Kirche nach seinem Lieblingsheiligen Laurentius nennen. Am 10. August des Jahres 955, am Namenstag des Heiligen, hatte Ottos Heer auf dem Lechfeld bei Augsburg die Ungarn besiegt. Er soll danach das Gelübde abgelegt haben, dem heiligen Laurentius, dem er diesen Sieg verdankte, ein eigenes Bistum zu stiften, das Bistum Merseburg. Daneben ließ er in Thüringen und Sachsen viele Kirchen nach diesem Heiligen umbenennen, wie eben diese Pfalzkirche in Seehausen.

SELSCHEN (1136 Seleske) liegt etwa auf halber Strecke zwischen den Königshöfen Seehausen und Schöningen. Der einstige Bannort ist heute eine Wüstung nordöstlich von Ummendorf. Die Flurbezeichnung „Selenscher Bruch“ auf dem Meßtischblatt von 1821 deutet ihre Lage an. Der auf dem Blatt eingezeichnete Feldweg ist heute eine befestigte Straße. Sie führt von Ummendorf nach Neu-Ummendorf, einer nach 1945 angelegten Neubauernsiedlung. Am Ortseingang informiert eine auf einem Feldstein angebrachte Tafel über die Wüstung Selschen. Das Dorf sei, so steht es dort, im Jahre 1487 im Zuge der Errichtung einer Landwehr zerstört worden. Das ist unglücklich formuliert, denn Selschen war schon vorher wüst. Durch den Bau der Landwehr sind lediglich die Reste des Dorfes beseitigt worden. Den Grund des Wüstwerdens erkennt man im Namen „Selenscher Bruch“. Neu-Ummendorf liegt auf einer Hochfläche, nach Norden zu fällt das Gelände steil ab und geht in eine feuchte, sumpfige Niederung über. Am Anfang des Bruches liegt die Wüstung Selschen. Eine Vertiefung im Gelände heißt noch heute „die alte Kirche“. Der Anstieg des Grundwasserspiegels im 13. Jahrhundert wird die Ursache des Wüstwerdens gewesen sein. Da aus dem nahen Ummendorf eine Burganlage überliefert ist, kann Selschen seinen militärischen Schutz von dorther bezogen haben. Im späten Mittelalter wird als Besitzer dieser Burg auch hier wiederum eine Familie von Veltheim erwähnt, wohl ein Zweig der Alvenslebener Sippe.

OSCHERSLEBEN ist der südlichste Bannort des Nordthüringgaus. Zur fränkischen Zeit befand sich hier einer der beiden einzigen Übergänge durch das Große Bruch. Nur hier kam man über die Grenze zwischen dem Nordthüringgau und dem südlich davon gelegenen Harz- und Schwabengau. In Oschersleben lag auf einer erhöhten Stelle über der Bodefurt die alte Burg. Von hier aus wurde der Übergang kontrolliert. Unterhalb der Burg befand sich das Altthüringer Dorf Oschersleben. Im späten Mittelalter wurde es zur Vorstadt, und die Dorfkirche St. Stephan verschwand spurlos. Alle

Wege zwischen Halberstadt und dem Norden des Bistums führten durch Oschersleben, und deshalb fanden hier zahlreiche Generalsynoden der Halberstädter Archidiakone statt.

Hamersleben beherbergt eines der eindrucksvollsten romanischen Bauwerke Sachsen-Anhalts. Es ist die Klosterkirche St. Pankratius. Im Jahre 1112 wurde ein in Osterwieck bestehendes Kloster nach Hamersleben verlegt. Als Grund wird in der Bistumschronik der in Osterwieck störende Marktverkehr genannt, der die Mönche zu sehr vom Beten abgelenkt hätte. In Wahrheit ging es bei dieser Verlegung um andere ökonomische Interessen. Die Verwandten eines gewissen Widechinus (Widukind) machten dessen Eintritt in das Kloster und damit verbundene umfangreiche Landschenkungen von der Verlegung des Klosters in das Hoheitsgebiet der Schenker abhängig. Bischof Reinhart von Halberstadt stimmte diesem Umzug zu, da ihm auch Hamersleben als Bannort unterstellt war. Daneben besaß das Bistum Merseburg in Hamersleben einen Gutshof. Der war dem Bistum Merseburg im Jahre 1021 vom König Heinrich II. geschenkt worden. Heinrich hatte ihn als Reichsbesitz übernommen, er muß also zuvor fränkisches Staatseigentum gewesen sein. Das zeigt, daß auch in Hamersleben einst Archidiakonatssitz und fränkische Staatsgewalt vereint waren.

Wanzleben und Weddingen, die ursprünglich Archidiakonatssitze im Bistum Halberstadt waren, wurden nach 968, dem Jahr der Errichtung des Erzbistums Magdeburg, dem Bistum entzogen und Magdeburg zugeteilt. Die Wanzlebener Stadtkirche heißt St. Jakob. Über dem Ort steht eine gewaltige Burganlage, hier wäre eine Stephanskapelle zu suchen. Bei Weddingen ist es zunächst unklar, ob damit Alten-, Langen- oder Osterweddingen gemeint ist. Da es aber eine Stephanskirche nur in Langenweddingen gibt, wird hier der Sitz des Archidiakons gewesen sein. Die Franken aber saßen im benachbarten Altenweddingen, denn dort gibt es eine alte Martinskirche.

Schwabengau

Im Schwabengau befanden sich die Archidiakonate Aschersleben, Eilwardesdorf, Gatersleben, Hadmersleben, Nemoris, Wiederstedt und Kecklingen. Auch in diesen Orten läßt sich die Einheit von fränkischer Macht und kirchlicher Zentrale nachweisen.

ASCHERSLEBEN (Ascgaresleiban) war die Hauptstadt des Schwabengaues. Hier kreuzten sich etliche überregionale Wege. In Aschersleben war auch das zentrale Gaugericht. Südwestlich vor der Altstadt lag im Bogen der Eine auf dem Wolfsberg die Burg, der Sitz der fränkischen Gaugrafen. Den dazugehörigen Wirtschaftshof vermutet man an der Stelle des Sudenhofes. Die Nachfahren der Gaugrafen nannten sich Askanier. Sie latinisierten Aschersleben zu Ascharia und machten daraus den Wohnort von Askanius, dem Sohn des Trojaners Äneas. Ein fränkischer Gaugraf Madalwin ist bereits früh bezeugt. Er hatte schon lange vor Gründung des Bistums Halberstadt dem Kloster Fulda einigen Besitz in Aschersleben übertragen.

EILWARDESDORF ist eine Wüstung. Auf einer alten Bistumskarte liegt sie südöstlich von Gröningen. Dort aber befindet sich auf keinem der alten Meßtischblätter ein Hinweis auf eine Wüstung. Da an dieser Stelle im Umkreis von mehreren Kilometern weder eine Quelle noch ein Bach eingezeichnet ist, kann hier eigentlich kein Ort bestanden haben. Ein anderes Eilwardesdorf liegt wüst etwa einen Kilometer westlich von Querfurt. Es ist das spätere Kloster Marienzell. Da aber Querfurt im Hassegau liegt, muß das im Schwabengau liegende Eilwardesdorf erst noch gefunden werden.

GATERSLEBEN liegt an der Straße von Quedlinburg nach Staßfurt an einer Selkefurt. Das „castrum Gatersleve“ der Franken stand am Nordrand des Ortes. Es war durch ein doppeltes Graben-Wall-System gesichert. Der Gaterslebener Stephanskirche unterstanden 36 Tochterkirchen, die zweimal jährlich stattfindenden Synoden sind hier sogar schriftlich überliefert.

HADMERSLEBEN (936 Hathumareslevu) ist der nördlichste

Bann des Schwabengaues. Der Ort wird unterteilt in ein Dorf, eine Stadt, ein Kloster und eine Burg. Letztere befand sich östlich des Dorfes über dem Ufer der alten Bode. Auch sie war durch ein System von Wällen und Gräben geschützt. Der uralte Handels- und Heerweg von Halberstadt nach Magdeburg überschritt hier, von der Bodefurt in Gröningen kommend, zum zweiten Mal die Bode. Von der Burg aus wurde dieser wichtige Übergang kontrolliert. Die Burgkapelle wurde später zur Archidiakonatskirche St. Stephan.

„NEMORIS" ist die Bezeichnung für die im Inneren des Harzes gelegene Region um die Orte von Hasselfelde bis Greifenhagen. Dieser eigenartige Name ist der Genitiv des lateinischen Wortes „nemus" und bedeutet Wald. „bannus nemoris" heißt Wald-Bann. Dieser Bann wird erst in nachfränkischer Zeit eingerichtet worden sein. Der Hauptort des Bannes ist unbekannt.

WIEDERSTEDT, nördlich von Hettstedt im Mansfeldischen gelegen, wurde erst im Jahre 1945 aus den beiden Orten Ober- und Unterwiederstedt vereinigt. Als Bannort gilt das ehemalige Unterwiederstedt. Die dortige Kirche ist älter als das Bistum Halberstadt. Sie war eine königliche Eigenkirche, Karl der Große hatte sie dem Kloster Hersfeld geschenkt. Demnach war auch der gesamte Ort fränkischer Reichsbesitz. Er lag an einer wichtigen fränkischen Heerstraße, die vom Königshof Helfta zunächst nach Aschersleben führte. Die fränkische Burg in Oberwiederstedt wurde später zu einem Schloß umgebaut, in dem übrigens im Jahre 1772 der Dichter Friedrich von Hardenberg (Novalis) geboren wurde.

KECKLINGEN (984 Kakelingen, 1249 Kekeligge), dieser westlich von Staßfurt gelegene einstige Archidiakonatssitz, ist heute eine Wüstung. Auch dieser Ort besaß ein fränkisches Kastell, aus dem später eine Burg hervorging. Die Burgherren waren Reichsministeriale, die durch Heinrich IV. auch Grafen von Plötzkau wurden. Die heute noch gut erhaltene gewaltige Burganlage in Plötzkau war eine der nördlichen Saalegrenzburgen. Die Plötzkauer Grafen errichteten um 1070 neben der Stephanskirche in Kecklingen ihr Familienkloster. Im nahen Staßfurt befand sich ebenfalls an der

Stelle des späteren Schlosses ein fränkisches Kastell, das den dortigen Königshof und eine wichtige Bodefurt sicherte. Gleichzeitig war Staßfurt Versammlungsplatz des Heeres und Ausgangspunkt etlicher Eroberungszüge gegen die Slawen. Nach Staßfurt hatte Karl der Große, wie aus dem zuvor erwähnten Brief an den Abt Fulrad von Niederalteich hervorgeht, im Jahre 806 sein Heer zu einem dieser Feldzüge befohlen.

Hassegau und Friesenfeld

Der Hassegau und das darin eingeschlossene Friesenfeld unterstanden, wie schon erwähnt, zur fränkischen Zeit nur formal dem Bistum Halberstadt. Die beiden Gaue bildeten zwei Grafschaften, deren Einkünfte dem König und dem Kloster Hersfeld zustanden. Die staatliche Verwaltung dieser beiden Grafschaften, im Hersfelder Zehntverzeichnis festgehalten, war mit der kirchlichen identisch. Erst unter Heinrich I. änderten sich die dortigen Besitz- und Zehntverhältnisse, denn Heinrich tauschte viele Ortschaften und Zehntrechte von Hersfeld für sein Hauskloster Memleben ein. Hier, in der Nähe seiner Lieblingspfalz, wollte er ein eigenes Bistum errichten und ließ dafür den Bau einer gewaltigen Kathedrale beginnen. Sein Sohn Otto I. aber hatte andere Pläne, er gründete mit Blick auf die zu erobernden Ostgebiete das Erzbistum Magdeburg sowie das Bistum Merseburg. Beide Bistümer bekamen auch große Gebiete des Halberstädter Sprengels zugeteilt. Im Hassegau und Friesenfeld erscheinen Archidiakonate erst im Laufe des 12. Jahrhunderts. Der östliche Teil des Hassegaus war in zwei große Archidiakonatsbezirke geteilt: den Osterbann und den Bann Eisleben.

Das gesamte Friesenfeld bildete den Bann des Klosters Kaltenborn. Dieses Kloster wurde von einem Grafen Wichmann, einem Verwandten der Thüringer Landgrafen, im Jahre 1116 gestiftet und reichlich mit eigenem Land ausgestattet. Der Halberstädter Bischof Reinhart besetzte es mit Mönchen aus Hamersleben. Der Archidiakonatsbezirk Kaltenborn umfaßte 78 Dörfer und war damit wesentlich größer als die anderen Halberstädter Bannbezirke. Kaltenborn muß seine Zehntforderungen ziemlich unchristlich durchgesetzt haben, denn im Bauernkrieg wurde es ausgeraubt und angezündet. Nach der Niederschlagung des Aufstandes 1525 sollten die Bauern gezwungen werden, das Kloster wieder aufzubauen. Es war aber so zerstört, daß alle Fron und alles Geld, das die Bauern aufbringen konnten, nicht für einen Wiederaufbau reichten. So entschloß sich der Landesherr Georg von Sachsen, das Kloster aufzuheben und das Land an Privatleute zu verkaufen. Die Gebäudereste wurden als Steinbruch benutzt. Reste dieser Klosteranlage sind heute noch zwischen dem Ort Emseloh und dem Bahnhof Riestedt zu erkennen.

I.
„... jeder nach dem ihm beliebenden Gesetz"
Der Machtwechsel
in Thüringen und Sachsen

Die Nachfolger Karls des Großen

Als Karl der Große im Jahre 814 starb, übernahm sein Sohn Ludwig die Macht. Mit ihm begann der Zerfall des großfränkischen Reiches. Der Name Ludwig wird von nun an Leitname der fränkischen und später der französischen Könige. Ludwig ist das modernisierte Chlodwig. Das zeigt, daß das alte Königsgeschlecht der Merowinger bei den Franken noch in hohem Ansehen gestanden haben muß. Ludwig bekam von seinen späteren Biografen zu Recht den Beinamen „der Fromme". Sobald er am Hof in Aachen die Macht übernommen hatte, entließ er die Berater seines Vaters und ersetzte sie durch Bischöfe und Äbte. Seine Verwandten wurden vom Aachener Hof entfernt und seine Schwestern mit ihren unehelichen Kindern in Klöster gesteckt. Ludwig hörte nur noch auf die Einflüsterungen der Kleriker. Sie hatten ihn auch überredet, viele Aufzeichnungen seines Vaters vernichten zu lassen. Die Kleriker behaupteten, das alles sei „heidnisches Teufelszeug". Auf diese Weise fielen ihrer Säuberungssucht nicht wenige wertvolle Sagen, Lieder und Zaubersprüche aus altgermanischer Zeit zum Opfer.

Neue Eroberungen fanden zu Ludwigs Zeit nicht statt. Er hatte im Gegenteil große Mühe, das Reich seines Vaters zusammenzuhalten. Seine Frömmigkeit und Weichherzigkeit muß sich bei den Nachbarn herumgesprochen haben, denn immer öfter überfielen Normannen und Slawen das Frankenreich, vor allem Sachsen und Thüringen. Um diesen Einfällen zu begegnen, führte Ludwig das Herzogsamt wieder ein. Die Grafschaften in den Grenzregionen des Nordens und des Ostens wurden zu Grenzmarken zusammengefaßt, zur Nordmark und Sorbenmark. An ihrer Spitze standen Markenherzöge. Sie waren die Stellvertreter des Königs, hielten das zentrale Gericht ab, verwalteten das Königsgut und hoben bei Bedarf das Heer aus. Diese Markenherzöge in Thüringen und Sachsen waren Angehörige des fränkischen Hochadels. Von ihnen wird im nächsten Abschnitt die Rede sein.

Die Herrschaft Ludwigs des Frommen wurde durch den Streit seiner vier Söhne stark belastet. Er hatte ihnen die Leitnamen sowohl der Merowinger als auch der Karolinger gegeben, sie hießen Lothar (Chlothar), Ludwig (Chlodwig), Karl und Pippin. Der erbitterte Kampf zwischen ihnen und vor allem ihren Müttern um die Anteile des Reiches stürzte das Land in ein Chaos. Zeitweilig entmachteten die Söhne sogar ihren Vater. Erst nach seinem Tod einigten sich die drei überlebenden Brüder im Jahre 843 in Verdun. Sie teilten das Frankenreich unter sich auf: Karl, der wegen seiner Glatze Karl der Kahle genannt wurde, erhielt den Westteil, das heutige Frankreich. Lothar bekam den Mittelteil, das heutige Belgien und die Niederlande, die Schweiz, Österreich und Norditalien. Ein kleiner Teil dieses Reiches hat seinen Namen bis heute bewahrt: Lothar-ingen, d. h. Lothringen. Ludwig erhielt den Osten. Dazu gehörten Bayern, Schwaben, Franken, Thüringen und Sachsen.

Im Jahr vor dieser Einigung in Verdun hatte sich Ludwig mit seinem Bruder Karl in Straßburg getroffen. Beide schworen einen Eid, sich nicht mehr bekämpfen zu wollen. Diese Eide ließen sie aufschreiben, es sind die sogenannten Straßburger Eide. Das Bedeutende daran ist, daß sie erstmals in unterschiedlichen Sprachen abgelegt wurden. Karl schwor in altfranzösisch, Ludwig in althochdeutsch. Seitdem nennt man diesen Ludwig auch Ludwig den Deutschen. Sein ostfränkischer Reichsteil hieß fortan Deutschland.

Die Einigung in Verdun geschah nicht aus Bruderliebe. Noch zwei Jahre davor hatten sich ihre Heere bei dem Ort Fontanetum eine mörderische Schlacht geliefert, an deren Ende sich alle drei Heere fast völlig vernichtet hatten. Die Zeitgenossen sprachen von der „größten Katastrophe seit Menschengedenken“. Die militärische Macht der drei Könige lag danach am Boden. Das nutzten die Bauern Westsachsens für einen Aufstand. Der fränkische Geschichtsschreiber Nithard berichtet darüber:

„Bei dem Streit Lothars nun mit seinen Brüdern hatte sich der (sächsische – R. A.) Adel in zwei Gruppen gespalten, von der sich die eine Lothar, die andere Ludwig anschloß. So standen hier die Dinge, und als Lothar sah, daß nach dem Sieg seiner Brüder das Volk, welches auf seiner Seite gewesen war, abzufallen drohte, suchte er, von der Not getrieben, wo und wie er konnte, Hilfe. Darum verteilte er das Staatsgut zum Privatgebrauch, schenkte den einen die Freiheit und versprach sie anderen nach dem Sieg; so schickte er auch nach Sachsen und ließ den Frilingen und Lazzen, deren Zahl sehr groß ist, versprechen, ihnen, wenn sie ihm folgten, ihr Recht, wie sie es zur Zeit, als sie noch Götzendiener waren, hatten, wiederzugeben. Hiernach über die Maßen begierig, legten sie sich einen neuen Namen, Stellinga, bei, verjagten, zu einem starken Haufen vereinigt, ihre Herren beinahe aus dem Lande und lebten in alter Weise, jeder nach dem ihm beliebenden Gesetz …"

Nach der Einigung in Verdun gelang es Ludwig dem Deutschen, diesen Stellinga-Aufstand niederzuwerfen und die fränkische Macht wiederherzustellen. Eine andere Nachricht aus der Zeit Ludwigs des Deutschen betrifft sein Vorgehen gegen den sächsisch-thüringischen Adel. Dieser hatte die Kämpfe der Brüder benutzt, um sich das Königsgut anzueignen. Darüber berichten die Fuldaer Annalen:

„Hier (d. h. in Köln – R. A.) hatte er mit einigen Edlen seines Bruders Lothar eine Unterredung und zog dann nach Sachsen, vornehmlich um in Sachen derer Recht zu sprechen, welche von schlechten und betrügerischen Richtern hintangesetzt und, wie man sagt, durch vielfache Verzögerungen ihres Rechtes betrogen, schweres und langes Unrecht erlitten. Es waren darunter auch andere Fälle, die ihn persönlich angingen: Besitzungen nämlich aus großväterlichem und väterlichem Eigentum, die nach dem Erbrecht an ihn gekommen waren, mußten durch gerechte Wiedereinforderung von den unrechtmäßigen Eindringlingen an den gesetzmäßigen Herrn zurückgebracht werden.

Deshalb hielt er in Minden an dem Flusse, den Cornelius Tacitus (er hat aufgezeichnet, was die Römer bei diesem Volk ausgeführt haben) Visurgis, die Heutigen aber Weser nennen, einen allgemeinen Gerichtstag, wo er ebenso die an ihn gebrachten Händel des Volks nach gerechter Untersuchung schlichtete, wie er die ihm zustehenden Besitzungen nach dem Urteil der Rechtsverständigen des Volks zurückerhielt. Von hier durchzog er das Gebiet der Angrer, Haruden, Nordschwaben samt dem Hohsigau, und an jedem Aufenthaltsort, wo sich Gelegenheit bot, sprach er in Sachen des Volkes Recht. So kam er nach Thüringen, wo er auf einem Tag zu Erfurt unter anderem anordnete, kein Gaugraf dürfe innerhalb seines Gebiets oder ein Untersuchungsrichter innerhalb seines Bezirks für einen andern als Vogt aufzutreten sich unterstehen; aber in fremden Gebieten und Bezirken sollten die einzelnen nach Belieben die Sachen anderer führen dürfen. Von hier reiste er weiter und feierte den Geburtstag des Herrn in Regensburg."

Ludwig der Deutsche starb im Jahre 876 in seiner Frankfurter Pfalz und wurde anschließend im Kloster Lorsch beigesetzt. Er war der letzte Frankenkönig, der noch in Sachsen und Thüringen staatliche Macht ausüben konnte. Seine Nachfolger standen nur noch auf dem Papier. Der letzte Karolinger war ein Kind, genannt Ludwig das Kind. Er wurde als Siebenjähriger im Jahre 900 zum König gekrönt. Die wirkliche Macht in Thüringen und Sachsen besaßen der Mainzer Erzbischof Hatto und der Adel. Mit dem Tod des stets kränkelnden Königs im Jahre 911 erlosch die ostfränkische Linie der Karolinger. Danach übernahm ein Vertreter aus der süddeutschen Hochadelssippe der Konradiner, die vor allem in Mainfranken, Hessen und am Mittelrhein begütert waren, als König Konrad I. auch Thüringen und Sachsen. Sein Einfluß in Mitteldeutschland beschränkte sich allerdings nur auf ein paar verstreute Eigengüter in der Gegend um Mühlhausen, Sömmerda und Apolda. Das übrige Gebiet beherrschten bereits die Herzöge Sachsens, die Liudolfinger.

Zur Abwehr der Normannen und Slawen waren, wie gesagt, von Ludwig dem Frommen die Nordmark und die Sorbenmark eingerichtet worden.

Zur Nordmark gehörten der Balsamgau, der Nordthüringgau und der Derlingau. Sitz der Herzöge der Nordmark war die Burg Walbeck an der Aller. Ein Angehöriger dieser Herzogssippe war der berühmte Chronist Bischof Thietmar von Merseburg. Er berichtete in seiner Merseburger Chronik auch von seinem Stammbaum, den er bis zu seinem Urgroßvater Lothar zurückverfolgen konnte. Heute erhebt sich auf dem Walbecker Burgberg eine beeindruckende Ruine, die ehemalige Benediktiner-Stiftskirche. Sie wurde von Graf Lothar II. von Walbeck in der Mitte des 10. Jahrhunderts als Sühne für eine Verschwörung gegen Kaiser Otto I. gegründet. Der Leitname dieser Sippe Lothar (Chlothar) sowie ihre enge verwandtschaftliche Beziehung zu rheinfränkischen und süddeutschen Adelsgeschlechtern legen nahe, den Ursprung dieses Geschlechts im Umfeld des fränkischen Königshauses zu sehen. Ihr umfangreicher Besitz in der Nordmark sowie ihre geschickte Politik gegenüber den Liudolfingern ließen sie über viele Generationen hinweg dieses Amt behalten.

Anders verhielt es sich mit den Herzögen der Sorbenmark. Als Ludwig der Deutsche durch Thüringen zog, setzte er dort einen gewissen Thakulf als Markenherzog ein. Zu dessen Gebiet gehörten neben dem linkssaalischen Thüringen weite Teile des Sorbenlandes bis zur Mulde. Die Bildung dieses „limes Sorabicus", der Sorbenmark, geschah angeblich, um Angriffe der Slawen auf sächsisch-thüringisches Gebiet abzuwehren. Solche Angriffe aber gab es zu jener Zeit nicht. Den Zweck der Sorbenmark erkennt man am besten an diesem Thakulf selbst – seine umfangreichen Güter lagen in ehemals slawischen Gauen „in der Nähe Böhmens". Die Errichtung der Sorbenmark diente also in Wirklichkeit zur Annexion slawischen Gebietes. Der fränkische Adel gewann dadurch Landgüter und forderte von den slawischen Bewohnern Tribut- und Heeresleistungen. Zur Sicherung dieser Landnahme wurden in dem besetzten Gebiet entweder neue Burgen errichtet oder slawische Befestigungen mit deutschen Besatzungen belegt. Dabei blieb aber die Selbständigkeit der slawischen Stämme weitgehend erhalten. Es wurde nicht versucht, die Slawen zum Christentum zu bekehren. Ihre Fürsten hatten nur die Pflicht, an den jährlichen Reichsversammlungen teilzunehmen, Geschenke abzuliefern, im Bedarfsfall Krieger zu stellen und als Gewähr für ihre Gefolgschaft Geiseln zu stellen. Von den Nachfolgern Thakulfs im Amt des Herzogs sind außer ihren Namen Ratolf, Poppo, Egino, Konrad und Burchard nur einige Feldzüge gegen die Slawen überliefert. Diese Herzöge stammten nicht aus Thüringen, sondern waren Angehörige verschiedener fränkischer Adelssippen. Sie nutzten ihre Amtsführung, um sich und ihren Verwandten umfangreiches Landgut zu verschaffen. Als die Söhne des letzten Herzogs Burchard nach dessen Tod im Jahre 908 das Amt und den Besitz ihres Vaters übernehmen wollten, wurden sie von dem inzwischen mächtigen Sachsenherzog Otto, dem Vater des späteren Königs Heinrich I., außer Landes getrieben. Ihr Besitz wurde dem liudolfingischen Hausgut zugeschlagen und unter die Anhänger Ottos verteilt. Damit endete das Kapitel der Thüringer Markenherzöge.

Die Liudolfinger

Im Westen des Harzes fließt durch eine fruchtbare Ebene das heute kleine Flüßchen Gander. Nach der Eroberung Sachsens gründeten die Franken an einer Ganderfurt eine Militärstation, einen Ort namens Gandersheim. Er lag an der alten fränkischen Heerstraße von Hannover nach Frankfurt am Main. Diese Süd-Nord-Achse umging den Harz im Westen. Um Gandersheim herum liegen kranzförmig die Orte Dankelsheim, Ackenhausen, Seeboldshausen, Hachenhausen, Orxhausen, Kreien*(hau)*sen. Es sind ausschließlich fränkische Neugründungen. Der Oberbefehlshaber der Militärsiedlung Gandersheim und Leiter des gleichnamigen fränkischen Staatsbezirkes war ein fränkischer Adliger namens Brun. Direkt an

Gandersheim grenzte sein Privatgut Brunshausen. Heute ist es ein Stadtteil von Bad Gandersheim.

Die Vorfahren Bruns waren mit den Karolingern über viele Ecken verwandt. Bruns Sohn hieß Liudolf, und nach diesem nannte sich später das Geschlecht Liudolfinger. Liudolf hatte in den Machtkämpfen zwischen den Söhnen Ludwigs des Frommen auf die richtige Karte gesetzt, er war ein Anhänger Ludwigs des Deutschen. Dafür wurde er mit dem sächsischen Herzogsamt belohnt und bekam damit die Aufsicht über alle weit um den Harz herum liegenden Krongüter. Herzog Liudolf demonstrierte auch seine Frömmigkeit. Er ließ sich mit einem Empfehlungsschreiben Ludwigs des Deutschen ausstatten und pilgerte nach Rom. Dort erhielt er vom Papst die Reliquien der Märtyrer Anastasius und Innozenz. Nach seiner Rückkehr gründete er in Brunshausen/Gandersheim ein Kloster, das er bereits in Rom der ausschließlichen Autorität des Papstes hatte unterstellen lassen. Es wurde das spätere Hauskloster der Ottonen.

Sein Sohn Otto, auch „Otto der Erlauchte" genannt, war bereits nicht nur Herzog von Sachsen, sondern auch zusätzlich Graf in Südthüringen. Der Begriff Südthüringen meinte zu dieser Zeit – im Gegensatz zum Nordthüringgau – das Gebiet zwischen dem Thüringer Wald und dem Harz, der Werra und der Helme, also in etwa den Bereich des heutigen Freistaates Thüringen. Otto wurde damit automatisch auch oberster Vogt aller in Thüringen und Sachsen liegenden Güter der beiden Klöster Fulda und Hersfeld. Im Jahre 901 nutzte er seine Machtstellung als Klostervogt und ließ sich zum Laienabt von Hersfeld wählen. In dieser Funktion eignete er sich große Teile des Hersfelder Besitzes an. Dadurch war er so mächtig geworden, daß ihm nach dem Tod Ludwig des Kindes die Königswürde angetragen wurde. Er lehnte sie ab, und erst sein Sohn Heinrich nahm dieses Amt im Jahre 919 auf einer Reichsversammlung in Fritzlar an.

Heinrichs erste Heirat mit der Witwe Hatheburg, einer Tochter des in der Merseburger Gegend begüterten Grafen Erwin, war, so berichteten schon damals seine Zeitgenossen, eine taktische Angelegenheit. Sie verschaffte ihm die Grafschaft Erwins im Hassegau mit der wichtigen Grenzfeste Merseburg. Wenige Jahre danach trennte er sich unter einem religiösen Vorwand von Hatheburg, behielt allerdings ihr Erbe. Später heiratete er Mathilde, eine sächsische Adlige. Sie war eine Urenkelin jenes aufrührerischen Sachsen Widukind, der ein erbitterter Gegner Karls des Großen während der Sachsenkriege gewesen war. Sein Name hatte im sächsischen Stamm noch immer einen hervorragenden Klang.

Damit vollendete Heinrich, wonach die liudolfingische Sippe seit Brun strebte: die Integration dieser fränkischen Adelssippe in den Stamm der Sachsen. Aber erst mit Heinrichs und Mathildes Sohn Otto I. entstand ein neues Herrschergeschlecht, das als sächsisch galt und damit die fränkische Fremdherrschaft in Sachsen und Thüringen auch im Bewußtsein des Volkes endgültig beendete.

II.

„Von Winterbirnen habe man drei oder vier Arten ...“

Der Alltag in Thüringen und Sachsen

Capitulare de villis

Kehren wir noch einmal zurück zum Reiterstein von Hornhausen. Bisher ging es bei unserer Zeitreise durch Mitteldeutschland von 531 bis 919 im wesentlichen um die Geschichte der fränkischen Besatzungsmacht, des fränkischen Reiters und seiner Landsleute. Die schriftlichen Quellen berichten fast nur von ihnen. Gern hätten wir etwas mehr gewußt über den Alltag und die Lebensbedingungen der einfachen Franken, Thüringer und Sachsen. Die wenigen Nachrichten über die Arbeits- und Lebensbedingungen der Bauern sind oft nur durch Zufall auf ein Pergament geraten. Ergänzt man sie durch die Erkenntnisse der Archäologie und der vergleichenden Ethnologie – noch heute gibt es beispielsweise in Teilen Indiens oder Afrikas Bauern, die wie vor zweitausend Jahren ihre Wirtschaft betreiben –, dann läßt sich das Leben unserer Vorfahren doch einigermaßen genau rekonstruieren. Der weitaus größte Teil von ihnen war im Laufe dieser Jahrhunderte abhängig geworden. Ihr Land, oft auch ihre Hütten, ihre Ställe und ihr Vieh, ja ihr gesamter Besitz war geliehen, und dafür mußten sie dem Eigentümer nicht nur Zins zahlen, sondern auf seinem Hof auch vielfältige Dienste verrichten. Im bayrischen Volksrecht wurden diese Pflichten sogar gesetzlich geregelt. Da sie wahrscheinlich in ganz Ostfranken ähnlich waren, sei hier dieses Beispiel angeführt:

„Von Hörigen oder Knechten der Kirche, wie sie dienen oder welche Abgaben sie leisten sollen:

Dies aber sehe der Richter vor:

Gemäß dem, was einer hat, gebe er; von 30 Scheffeln gebe er 3 Scheffel, und den Weidezins entrichte er nach des Landes Brauch.

Die gesetzmäßigen Feldstücke, d. h. 4 Ruten in der Breite, 40 in der Länge, die Rute zu 10 Fuß gerechnet, soll er pflügen, besäen, umzäunen, den Ertrag sammeln, bringen und einlagern; eine gehörig große Wiese soll er umzäunen, das Gras mähen, sammeln und einbringen.

Von einer Tremisse soll jeder Bauer 2 Scheffel Saat herauslesen, säen, sammeln und lagern, und Weinstöcke soll er pflanzen, umzäunen, umgraben, aufpfropfen, beschneiden und lesen.

Vom Lein sollen sie ein Bündel leisten; von Bienenhonig 10 Fäßchen; 4 Hühner, 15 Eier sollen sie leisten.

Reitpferde sollen sie stellen oder selbst dahin gehen, wohin es ihnen aufgetragen ist. Frondienste mit Wagen sollen sie bis zu einer Entfernung von 50 Meilen leisten; weiter sollen sie nicht fahren.

Um die Herrenhäuser zu unterhalten, zur Wiederherstellung von Heuschober, Kornspeicher oder Zaun sollen sie ihre angemessene Teilarbeit übernehmen, und wenn es nötig ist, sie ganz aufbauen.

Den Kalkofen sollen, wofern er nahe ist, 50 Mann mit Brennholz und Steinen beliefern; wofern er weit ist, sollen 100 Mann es ausführen; und zu dem Ort oder zu dem Hof, wo er nötig ist, sollen sie diesen Kalk hinbefördern.

Die Knechte der Kirche aber sollen gemäß ihrem Besitz Abgaben leisten.

3 Tage in der Woche aber tue er Dienst für die Herrschaft, 3 aber arbeite er für sich. Wenn aber sein Herr ihm Rinder oder andere Sachen, die er hat, gibt, diene er soviel, wie ihm nach Können auferlegt ist. Aber niemanden bedrücke man ungerecht!"

Eine weitere hervorragende Quelle für den Alltag jener Zeit ist das „Capitulare de villis", eine Verordnung Karls des Großen für die Leiter seiner Staatsgüter. Da dieses Kapitular selten abgedruckt ist, seien hier die wichtigsten Passagen wiedergegeben:

„Wir wünschen, daß unsere Landgüter, die wir zur Besorgung unserer Wirtschaft eingerichtet haben, nur uns allein dienen und nicht anderen Leuten. Daß unser Gesinde gut unterhalten werde und durch niemanden ins Elend gerate.

Daß unsere Verwalter sich nicht unterfangen, unser Gesinde zu ihrem Dienste zu gebrauchen, nicht zu Fron und nicht zum Holzfällen, noch sie andere Arbeiten zu vollbringen zwingen. Daß sie keine Geschenke von ihnen annehmen, kein Pferd, keinen Ochsen, keine Kuh, kein Schwein, kein Schaf, kein Ferkel, kein Lamm noch sonst etwas außer Getränk, Hülsenfrüchten und Hühnern und Eiern.

Wenn unsere Amtleute Arbeiten für uns zu verrichten haben, wie Säen, Ackern, Ernten, Heumachen oder Weinlesen, soll ein jeder zur Arbeitszeit an jedem Ort achthaben und Einrichtung treffen, daß alles, wie es gemacht worden ist, gut und vollständig sei. Ist jedoch der Beamte außer Landes oder kann er sonst an den Ort nicht kommen, so soll er einen treuen Mann aus unserem Gesinde auslesen oder einen anderen wohlerfahrenen Mann, ihm die Fürsorge für unsere Sachen anvertrauen, damit sie vollendet werden, und es soll der Amtmann darauf achtgeben, daß er einen zuverlässigen Menschen zur vollen Führung der Arbeiten entsende …

Es sollen unsere Verwalter unsere Weinberge übernehmen, welche in ihrem Bezirke liegen, sie gut versorgen und den Wein selbst in gute Gefäße tun und sorgfältig darauf achten, daß er in keinerlei Weise Schaden leide. Auch sollen sie von anderen Leuten Wein kaufen, um damit die königliche Pfalz zu versorgen … Von unseren Weinbergen sollen sie uns für unsere Tafel Wein senden. Der Wein, der von unseren Gütern als Zins gegeben wird, soll in unsere Keller geschickt werden …

So viele Landgüter einer in seinem Bezirke hat, so viele Leute soll er dazu bestimmen, die Bienen für unsere Wirtschaft dazu zu besorgen. In unseren Mühlen sollen sie im Verhältnis zur Größe derselben Hühner und Gänse halten, soviel man kann. Auf den Hauptgütern soll man bei unseren Scheuern nicht weniger als 100 Hühner und mindestens 30 Gänse halten, auf den Hufengütern aber mindestens 50 Hühner und nicht weniger als 12 Gänse. Jeder Verwalter soll Jahr für Jahr reichlich Federvieh und Eier an den Hof liefern und außerdem drei, vier oder mehrere Revisionen darüber halten …

Ein jeder Amtmann soll achthaben auf das, was er für unseren Tisch zu liefern hat, damit, was er abzuliefern hat, sehr gut und ausgesucht und sauber sei …

Wir wünschen, daß jährlich in der Fastenzeit, am Palmsonntage, nach unserer Verordnung das Geld von unserem Wirtschaftsertrage, nachdem wir die Rechnungen von dem laufenden Jahr durchgesehen haben, eingezahlt werde …

Es ist mit aller Sorgfalt darauf zu achten, daß, was die Leute mit ihren Händen verarbeiten oder verfertigen, wie Speck, getrocknetes Fleisch, Wurst, eingesalzenes Fleisch, Wein, Essig, Maulbeerwein, Senf, Käse, Butter, Malz, Bier, Met, Honig, Wachs, Mehl, alles mit der größten Reinlichkeit hergestellt und bereitet werde. Wir wollen, daß von Masthammeln wie von Schweinen Talg gewonnen werde. Dazu soll man auf jedem Gut mindestens zwei Mastochsen haben, damit man entweder dort von ihnen Talg gewinne oder sie zu uns sende.

Unsere Wälder und Forsten sollen gut in Obacht genommen werden. Wo ein Platz zum Roden ist, rode man aus und dulde nicht, daß Felder sich bewalden, und wo Wald sein soll, da dulde man nicht, daß er zu sehr behauen und verwüstet werde. Und unser Wild im Walde sollen sie gut besorgen, desgleichen Falken und Sperber zu unserm Gebrauch hegen, auch den Zins für die Mast sorgsam einfordern. Ferner sollen die Verwalter oder deren Leute, wenn sie die Schweine zur Mast in den Wald schicken, den Zins zu gutem Beispiel zuerst geben, damit alsdann auch die anderen Leute den Zins vollständig zahlen …

Sie sollen gemästete Gänse und Hühner zu unserm Gebrauch jederzeit bereit und reichlich vorrätig haben, daß sie an uns geschickt werden können. Wir wollen, daß sie die Hühner und Eier, welche die Knechte und Hörigen abgeben, alljährlich vereinnahmen und, wenn wir ihrer nicht bedürfen, sie verkaufen lassen. Ein jeder Amtmann soll auf unseren Landgütern einzelne edle Vögel, Pfauen, Fasanen, Enten, Tauben, Rebhühner, Turteltauben, um des Schmuckes willen auf jede mögliche Weise halten …

Auf jedem Gute sollen innerhalb des Wohnraums sich befinden: Bettstellen, Pfähle, Federbetten und Tücher für Tische und Bänke, Gefäße von Kupfer, Blei, Eisen und Holz, Feuerböcke, Ketten, Kesselhaken, Äxte, Beile, Bohrer und dergleichen Geräte, so daß man es nicht nötig hat, sie woandersher holen zu lassen und zu borgen. Und das Eisenzeug, das man im Kriege braucht, sollen sie im Verwahrsam haben, damit es sich gut hält. Und sobald man zurückkehrt, soll man es wieder verwahren. In unsere Weiberhäuser sollen sie der Bestimmung nach den Stoff zur Arbeit geben lassen, nämlich Flachs, Wolle, Waid, Scharlach, Krapp, Wollkämme, Kardendisteln, Seife und anderes, was hier notwendig ist …

Ein jeder Verwalter soll in seinem Bezirk gute Handwerker haben, wie Eisenschmiede, Gold- und Silberschmiede, Schuster, Dreher, Zimmerleute, Schildmacher, Fischer, Falkner, Seifensieder, Brauer, das sind Leute, die Bier, Apfel- und Birnenmost oder irgendein anderes zum Trinken geeignetes Getränk bereiten können, Bäcker, die Semmeln für unsere Wirtschaft zu backen verstehen, Netzemacher, die Netze zu spinnen imstande sind, sei es zur Jagd, sei es zum Fischfang, sei es zum Vogelfang. Ferner andere Handwerker, die aufzuzählen hier zu weit führen würde …

Ein jeder Landmann liefere Jahr für Jahr zu Weihnachten uns ein Verzeichnis von all unserem Gute und Ertrage: was von Ochsen vorhanden ist, die unsere Ochsenknechte besorgen, von Hufen, die gepflügt werden sollen, von Acker- und anderen Zinsen, von geschlossenen Vergleichen oder Friedensgeld, von dem ohne unsere Erlaubnis in unseren Forsten gefangenen Wild, von verschiedenen Strafen, von Mühlen, von Forsten, von Feldern, von Brücken und Fähren, was von freien

Leuten und solchen, die unserem Fiskus zinspflichtig sind, von Märkten, von Weinbergen, von denen, die Weinzins zahlen, von Heu, von Holzöfen, von Kien, Schindeln und anderem Bauholz, von Brachland, von Hülsenfrüchten, von Wolle, Flachs und Hanf, von Baumfrüchten, von großen und kleinen Nüssen, von veredelten Bäumen, Gärten, von Rübenland und Fischteichen, von Leder, Fellen und Hörnern, von Honig und Wachs, von Fett und Seife, von Maulbeerwein, Met und Essig, von Bier, jungem und altem Wein, von altem und neuem Getreide, von Hühnern, Eiern und Gänsen, von Fischern, Schmieden, Schildmachern und Schustern, von Kisten und Schränken, von Drehern und Sattlern, von Schmiedewerkstätten, von Eisen- und Bleigruben, von Abgabepflichtigen, von Hengst- und Stutenfohlen – und zwar alles getrennt voneinander und wohlgeordnet, daß wir imstande sind, zu wissen, was und wieviel wir von jeder Art haben.

Wir wollen, daß sie in den Gärten alle Pflanzen haben, wie Lilien, Rosen, Klee, Krauseminze, Salbei, Raute, Beifuß, Gurken, Melonen, Kürbisse, Feuerbohnen, Kümmel, Rosmarin, Karbe, italienische Kichererbsen, Meerzwiebel, Siegwurz, Schlangenwurz, Anis, Sonnenblumen, Bärwurz, Lattich, weißen Gartensenf, Kresse, Petersilie, Sellerie, Liebstöckel, Sadebaum, Dill, Fenchel, Wegwarte, Weißwurz, Senf, Pfefferkraut, Wasserkresse, Gartenkresse, rundblättrige Kresse, Rainfarn, Katzenkraut, Tausendgüldenkraut, Mohn, Mangold, Haselwurz, Malven, Karotten, Pastinak, Melden, Kohl, Kohlrabi, Zwiebeln, Schnittlauch, Porree, Rettiche, Schalotten, Lauch, Knoblauch, Krapp, Kardendisteln, Saubohnen, maurische Erbsen, Koriander, Kerbel, Springwurz, Scharlei. Und der Gärtner soll an seinem Hause Hauslauch ziehen. Von den Bäumen aber, so wünschen wir, sollen sie haben Obstbäume von verschiedenen Sorten, ebenso Birnbäume und Pflaumenbäume verschiedener Art, Ebereschen, Mispeln, Kastanien, Pfirsichbäume verschiedener Art, Quittenbäume, Haselnüsse, Mandelbäume, Maulbeerbäume, Lorbeerbäume, Kiefern, Feigen, Nußbäume, Kirschen verschiedener Art. Die Namen der Äpfel sind Gosmaringa, Geroldinga, Krevedellen, Spirauken, süße und herbe, alles aber Winteräpfel, und solche, die sogleich gegessen werden müssen, frühreife. Von Winterbirnen habe man drei oder vier Arten, süße, Kochbirnen und Spätlinge.“

Das „Capitulare de villis" galt für alle königlichen Höfe, vom Süden Frankreichs über Aachen bis beispielsweise nach Lupnitz und Gröningen. Auch die großen Klosterhöfe Hersfelds und Fuldas in Thüringen und Sachsen werden ähnlich wie die fränkischen Staatsdomänen aufgebaut und organisiert gewesen sein. Zwar werden nicht alle Vorschriften des Kapitulars für jeden Hof gleichermaßen gegolten haben, dafür waren die klimatischen Unterschiede in Karls Reich zu groß, aber die wesentlichen Anweisungen werden für alle Mustergüter gleichermaßen zugetroffen haben. Auf diesen Staats- oder Klosterhöfen mußten die thüringischen und sächsischen Bauern Fron leisten, und deshalb werden sie auch, soweit ihnen noch Zeit dafür blieb und sie technisch dazu in der Lage waren, von ihrer Fronarbeit vielfältige Anregungen für ihre eigene Wirtschaft mitgenommen haben.

Emmeram

Eine andere Art schriftlicher Quellen, aus denen man zufällig etwas aus dem Alltag jener Zeit erfährt, sind einige Heiligenlegenden. In Thüringen und Sachsen lebten zeitweilig fünf Heilige: Radegunde, Bonifatius und seine drei Schüler Wigbert, Willibald und Wunibald. Ihre Biographien enthalten allerdings wenig alltägliche Nachrichten. Ganz anders verhält es sich in einer bayrischen Heiligengeschichte, in der bereits erwähnten Legende vom heiligen Emmeram. In ihr erzählt der Autor Bischof Arbeo von Freising (723 bis 784) eine Episode, um die Wunderkraft seines Heiligen Emmeram zu zeigen, und schildert dabei die Zustände im nördlichen Sachsen, im Nordthüringgau. Diese Geschichte ist hier insofern interessant, als es im weitesten Sinne die Gegend ist, in der Hornhausen liegt. Das Schicksal des hier beschriebenen Mannes könnte dem des Steinmetzen des Reitersteins ähnlich gewesen sein. Arbeo schreibt:

„Dies habe ich einmal von einem frommen und besonnenen Manne gehört. Er erzählte, wie er eines Tages um Fürbitte wegen seiner Sünden zu der Kirche von Gottes heiligem Märtyrer gehen wollte und es sich traf, daß er allein des Weges zog. Als er aber in die Einöde ge-

kommen war, die im Volksmund Fernweide heißt, fiel er unter die Räuber, und diese plünderten ihn aus, nachdem sie seine Hände gebunden und seinen Mund geknebelt hatten, so daß er kein Wort hervorbringen konnte. Sie brachten ihn außer Landes und verkauften ihn an das Volk der Franken. Von diesen verkaufte ihn einer, der ihn käuflich erworben hatte, im nördlichen Teil des thüringischen Stammesgebietes an einen Mann nahe der Grenze der Porothanen, eines Volkes, das Gott nicht kennt. Und als der Alte sah, daß er in die nächste Nähe von Leuten gekommen war, die heidnische Götzenbilder verehrten, da begann er, seinem zeitlichen Herrn, ganz gleich ob er anwesend oder abwesend war, mit allen Kräften nach Gebühr zu dienen. Er war aber in handwerklichen Arbeiten wohl unterwiesen und konnte daher die Mühle seines Herrn nicht wenig verbessern; auch verstand er sich ungewöhnlich gut auf das Bauen von Häusern. Dadurch fand er Gnade in den Augen des Hausvaters.

Das tat er drei Jahre lang, so gut er konnte, und ließ doch nicht ab, Gott zu dienen, zu fasten und zu beten. Da geschah es, daß einer seiner Mitknechte starb, der ein junges und in Anbetracht der Fäulnis dieses Fleisches sehr hübsches Weib als Witwe hinterließ, ohne Kinder gehabt zu haben. Dem Alten befahl sein zeitlicher Herr, daß er sie heirate und die Nutznießung ihres Hauses und Besitzes habe. Der fromme Alte aber widersprach und sagte: ‚Ich habe ein Eheweib bei meiner Sippe zurückgelassen, als ich um meiner ungezählten Sünden willen gefangengenommen und von dort in die Fremde entführt wurde, so daß ich jetzt hier bin; doch wie sollte ich eine andere heiraten, solange jene lebt?‘ Darauf erwiderte mißtrauisch sein Herr mit den schärfsten Worten und sagte: ‚Nimmst du sie nicht, so soll mich der Herr strafen, wenn ich dich nicht dem Sachsenvolk überantworte, das aus lauter Götzendienern besteht. Denn ich weiß, wenn du dich weigerst, bei mir eine Frau zu nehmen ich spreche dabei aus Erfahrung , daß du nicht bleiben magst, vielmehr mit der Flucht liebäugelst, und ich sitze da und bin um deinen Kaufpreis betrogen.‘

So stritten sie länger mit Worten miteinander, und der Alte sah ein, daß er den Befehl seines Herrn nicht ablehnen konnte, wenn er sich nicht selbst in die Knechtschaft eines Volkes begeben wollte, das von

Gott nichts wußte und dessen Lebensweise, die ihm aus der Nähe wohlbekannt war, er wie den jähen Tod fürchtete. Darum beugte er sich der Notwendigkeit und erklärte, er werde die Frau heiraten, wie der Herr es wolle. Der aber ergriff die rechte Hand der Frau, umhüllte sie mit einem Tuch, wie der Brauch der Eheschließung es verlangte, und übergab sie ihm im Beisein der Mitknechte, seiner Frau und seiner Kinder mit froher Miene zur Ehe; denn wegen seiner Handwerkskunst hatte er ihn sehr gern. Darauf kehrte der fromme Alte mit derjenigen, die er zur Gefährtin erhalten hatte, in ihre Wohnung zurück, wo er sie sich ehelich verbinden sollte. Als sie in die Schlafkammer gegangen waren und, wie es bei Hochzeiten Brauch ist, etwas gegessen hatten, bestiegen sie das Bett, das sie hergerichtet hatte. Da versuchte der fromme Alte sie, so gut er konnte, zu ermahnen: ‚Bedenke nun, liebste Schwester, daß wir nicht durch dieses sündliche Beilager den himmlischen und höchsten Schöpfer der Dinge beleidigen; denn die Freude der vergänglichen Wollust schwindet in wenigen Tagen, und der künftige Schaden der Seelen wird ohne Ende bestraft. Freue dich nun meiner Kunstfertigkeit, die uns Annehmlichkeiten schafft; nur das ertrage, daß du mich nicht, solange mein Weib am Leben ist, durch das Beilager in das Verderben der Seele stürzest.‘

Jene aber war von fleischlicher Lust ergriffen und mit der Ermahnung ihres Gefährten ganz und gar nicht einverstanden; vielmehr drohte sie, die Worte, die er ihr behutsam beibringen wollte, ihrem Herrn zu offenbaren. Als der ehrwürdige Alte erkannte, daß er damit nichts erreicht hatte, da beschwichtigte er die ungestümen und wollüstigen Wünsche seiner Gefährtin mit sanftem Zureden und sagte: ‚Man muß bedenken, liebste Schwester, daß es für Christen nicht gut ist, sich nach heidnischer Weise ehelich zu verbinden. Vielmehr ist es notwendig, sich drei Tage zu enthalten und unter Tränen Gott zu bitten, daß er bei der Vereinigung rechte Frucht gibt; denn eine Frau darf man nicht um der Fleischeslust willen nehmen, sondern zur Erzeugung von Nachkommenschaft muß man heiraten.‘ Als sie dies gehört hatte, kehrte sie voller Verachtung ihr Gesicht zur Wand, und unter der Decke des Bettes entfernte sie sich traurig von dem frommen Manne. Die Müdigkeit überwältigte sie, und sie schlief ein.

Er aber betete aus tiefstem Herzensgrund unter Tränen zu Gott, der erhabene Schöpfer möchte gnädig seiner Not beistehen. Daß solche Not ihn wegen des Bittganges zu dem großen Mann und Märtyrer Gottes Emmeram bedrückte, sollte bei jenem unvergessen sein; darum möchte er dem armen Betrübten seine Barmherzigkeit nicht vorenthalten. Seinem Gebet folgte so rasch das Erbarmen, daß, kaum war er eingeschlafen, ein sehr schöner Mann von hoher Gestalt vor seinem Bette stand. Der trug in den Händen einen Stab, stieß damit den Schlafenden in die Seite und sagte: ‚Stehe auf und geh zur Kirche des heiligen Märtyrers, wohin zu gehen du gelobt hast.' Der Alte antwortete: ‚Wie soll ich ohne Wegzehrung so große unbekannte Strecken durchwandern?' Ihm antwortete wiederum jener, der neben ihm stand: ‚Steh auf und zaudere nicht; hole dir im oberen Stock das Brot, das dort liegt; es wird dir zur Nahrung ausreichen bis zur Vollendung deines Weges.' Der Mann aber erwachte von solchem Traum und wußte, wieder zu sich gekommen, nicht, ob er im Wachen oder im Schlaf die Aufforderung erhalten hatte; dennoch stand er auf, wie der Mann, der bei ihm stand, es geheißen hatte, und fand im oberen Stock ein herrliches Brot, das er niemanden hatte hinlegen sehen; es war schöner als jenes, das er in der gleichen Nacht mit der Frau im selben Hause gegessen hatte. Als er es gefunden hatte, barg er es in seinem Gewand. Um nicht seinem zeitlichen Herrn etwas von seinem eigenen Besitz wegzunehmen und ihm dadurch Schaden zuzufügen, ließ er alles, was ihm dort zu gehören schien, zurück, ausgenommen sein einziges Gewand und eine zweischneidige Axt, die er in der Hand trug.

Dann ging er fort in die Wildnis, eilte, so schnell er konnte, von dannen und betete ohne Unterlaß unter Tränen zu Gott, daß ihm durch das Verdienst seines heiligen Märtyrers die Flucht gelingen möge, da er auf ihn hoffe. Und in fünfzehn Tagen ständiger Märsche führte ihn der himmlische Schöpfer mit solchem Glück und so sicher, mit dem einen Brote täglich seinen Hunger stillend, zum Ziel seiner Fahrt, daß er in der dritten Stunde des fünfzehnten Tages mit müden Gliedern auf dem Berge oberhalb der Weinpflanzungen stand, zwischen Donau und Regen, wo sie zusammenfließen. Von diesem Gipfel erblickte er die Kirche von Gottes heiligem Märtyrer und die weit ausgedehnte, mit

Mauern und Turmbauten bewehrte Stadt. Als er sie erkannte, pries er Gott und stieg den Pfad zu dem Anlegeplatz am Fluß hinab. Es war aber ein Sonntag, zu dessen feierlichem Meßgottesdienst die Einwohner mit großer Andacht zur Kirche des heiligen Märtyrers gingen. Ihrem Zuge schloß sich der fromme alte Mann unbemerkt an, und als sie an den Anlegeplatz kamen, stieg er auf das Schiff, setzte nach dem schutzgewährenden Hafen auf der Stadtseite über den Strom und ging weiter bis zur Kirche von Gottes heiligem Märtyrer – wie der Mann, der zu nächtlicher Zeit vor seinem Bette stand, es ihm in Gottes Namen befohlen hatte. Dort trat er ein, warf sich zu Boden und brachte unter Tränen Gott die höchsten Lobpreisungen dar, der den auf ihn Hoffenden um der Verdienste seines heiligen Märtyrers willen gnädig solchen Nöten entriß. Als nun die Feier der Messe vollendet war, trat der fromme Alte wieder aus dem Tor der Kirche. Von dem Brot, das er in seinem Gewande geborgen und durch dessen Kraft er einen so weiten Weg vollbracht hatte, hatte er ein Drittel zur ausreichenden Nahrung seines Leibes gebraucht; die zwei Drittel des Brotes hatte er in seinem Gewand mitgebracht und teilte sie vor den Augen aller Umstehenden stückweise den Armen aus …“

Diese Geschichte spielte sich um das Jahr 750 ab. Arbeo bezeichnet die Gegend, wohin der Alte als Sklave verkauft wurde, als nördlichen Teil des thüringischen Stammesgebietes, nahe der Grenze der Porothanen. Die Porothanen sind sonst nicht überliefert, eine Verwechslung mit den Pomoranen ist schwer vorstellbar, denn diese wohnten damals östlich der Oder. Vielleicht sind die Porothanen ein sonst unbekannter Teilstamm der slawischen Obodriten. Der Herr des Alten war Christ. Er hatte den Sklaven von einem Franken gekauft. Er selbst wird ebenfalls ein Franke gewesen sein, denn an Ausländer durfte man Christen nicht als Sklaven verkaufen. Der fränkische Herr besaß einen größeren Gutshof mit einer Mühle und einer Anzahl Sklaven, die mit ihren Familien in seinen Häusern wohnten. In der Nachbarschaft dieses fränkischen Gutshofes, das heißt in den umliegenden Dörfern, wohnten heidnische Sachsen. An sie, so drohte er dem Alten, wollte er ihn verkaufen, wenn er sich geweigert hätte, die junge Witwe zu heiraten. Auch in den Nordthüringgau, in die Gegend um Hornhausen, waren nach Radulfs Sieg im Jahre 641/42, wie wir sahen, Sachsen gekommen. Es ist gut vorstellbar, daß der Reiter auf dem Hornhausener Stein so ein fränkischer Herr war. Der Alte in der Geschichte war ein Spezialist für Häuser- und Mühlenbau, und deshalb schätzte der Herr dessen Arbeitskraft, vielleicht genauso, wie der fränkische Reiter die des Hornhausener Steinmetzen.

III.

„... eine klare Kenntnis des gesamten Reiches“
Die Geographie Thüringens und Sachsens

Wege durchs Land

Der alte Mann der Emmeramlegende brauchte fünfzehn Tage, um vom Nordthüringgau nach Regensburg zu gelangen. Die Strecke von Magdeburg bis Regensburg beträgt etwa 500 Kilometer, soviel könnte man in 15 Tagen schaffen, wenn man auf der Flucht ist. Leider hat Arbeo keine Einzelheiten über diese abenteuerliche Reise des Alten erzählt, denn dann wüßte man heute etwas mehr über die damaligen Verkehrswege. Wir wären dann sogar besser unterrichtet als die fränkischen Könige. Diesen Schluß muß man ziehen, wenn man eine eigenartige Bemerkung des Geschichtsschreibers Nithard liest. Nithard war Graf und hatte im Jahre 842 die Aufgabe, zusammen mit anderen Adligen im Auftrag der Söhne Ludwigs des Frommen die Aufteilung des fränkischen Reiches vorzubereiten. Darüber schreibt er:

„Als sich die von Ludwig und Karl geschickten Männer unter mancherlei Klagen an die Reichsteilung machten, erhob sich die Frage, ob jemand von ihnen eine klare Kenntnis des gesamten Reiches besitze. Und da sich niemand fand, fragte man, warum die Gesandten jener nicht in dem vergangenen Zeitraum das Reich bereist und eine Auf-

nahme desselben veranstaltet hätten; und als man ihnen erwiderte, Lothar habe dies nicht gewollt, erklärten Lothars Gesandte, ohne etwas zu kennen, sei eine gleichmäßige Teilung unmöglich.“

Es gab also im Jahre 842 scheinbar niemanden mehr, der über das ganze Reich Bescheid wußte. Keiner kannte die einzelnen Herzogtümer und Grafschaften, ihre Grenzen und Hauptstädte. Man mußte erst, wie Nithard schrieb, Abgesandte durch das ganze Reich senden und dasselbe aufnehmen lassen. Das bedeutet allerdings nicht, daß es davor genauso gewesen sein muß, daß beispielsweise zur Zeit Karls des Großen am Hof zu Aachen keine schriftlichen geographischen Aufzeichnungen vorhanden gewesen wären. Zwar gab es weder Landkarten im heutigen Sinn noch Wegepläne, wie sie einst die römischen Legionäre besaßen. Davon ist jedenfalls in den Quellen nirgends die Rede. Aber es gibt beispielsweise im „Capitulare de villis“ die Anweisung an die Verwalter, über die Einnahmen Buch zu führen. Diese Anweisung legt nahe, daß es am Hof in Aachen ebenfalls Bücher gab, in denen die einzelnen Güter und deren Erträge verzeichnet waren. Diese Güter waren über das ganze Reich verstreut. Zwischen ihnen gab es Verbindungen, überregionale Heer- und Handelsstraßen. Sowohl diese königlichen Listen als auch die ähnlich gearteten Güterverzeichnisse der Klöster bildeten das Gerüst des damaligen geographischen Wissens. Das Hersfelder Zehntverzeichnis beispielsweise ist solch eine Art Landkarte. Die untereinander geschriebenen Zehntorte geben den Wegeverlauf an, die Absätze markieren die einzelnen Burgbezirke. Die Besitzverzeichnisse der Klöster sind teilweise erhalten, die staatlichen Listen aus der Zeit Pippins und Karls des Großen müssen in den Kämpfen und Wirren um die Nachfolge Ludwigs des Frommen abhanden gekommen sein. Im groben aber wird die Struktur des Reiches, werden die Hauptverbindungslinien zwischen den wichtigen Gegenden bekannt gewesen sein. Grundkenntnisse über Geographie gehörten zum damaligen Allgemeinwissen. Wenn Karl der Große dem Abt von Niederalteich befahl, an einem gewissen Tag nach Staßfurt zu kommen, und dies nicht näher erläuterte, ging er davon aus, daß der Weg allgemein bekannt war. So auch alle anderen wichtigen Wege. Man kann sie rekonstruieren. Die schriftlichen Quellen geben genügend Hinweise auch für Sachsen und Thüringen. Zu den namentlich erwähnten Wegestationen kommen die -hausen- und -heim-Staatssiedlungen. Außerdem beschränkt die Natur die Möglichkeiten der Haupttrassen durch Flüsse, Sümpfe und Berge.

An einem Heereszug sei im folgenden versucht, solch eine überregionale Heer- und Handelsstraße durch Thüringen und Sachsen aufzufinden. Bei diesem Heereszug handelt es sich um den Weg Pippins im Jahre 747 von Frankfurt am Main nach Ohrum an der Oker. Fränkische Annalen berichten zu diesem Jahr, daß Pippins rebellierender Halbbruder Gripho *„mit einem Haufen seiner Leute"* bei den Sachsen Zuflucht gefunden hatte. Sie hatten sich bei dem Ort Ohrum an der Oker, südlich von Hannover, verschanzt. Pippin fürchtete, Gripho könnte mit Hilfe der Sachsen sowie der Alamannen und Bayern, deren Aufstände im Jahr zuvor niedergeschlagen worden waren, einen Putsch vorbereiten.

„Pippin rückte mit dem Heer der Franken durch Thüringen gegen seinen Bruder in Sachsen ein und lagerte sich an der Meißau in Schöningen." Auf diesem Weg *„kamen ihm die Führer der Friesen und Wenden zu Hilfe"*. Danach kam er durch *„das Gebiet der Sachsen, die sich Nordschwaben nennen, und zwang sie, sich taufen zu lassen"*.

Pippins Zug

Versuchen wir anhand dieser spärlichen Angaben, diesen Weg auch mit Hilfe späterer Nachrichten zu rekonstruieren. Anfang Mai setzte sich Pippins Heer von Paris aus in Marsch. Er mußte den kürzesten Weg nehmen. Der führte zunächst nach Mainz, Frankfurt und weiter durch die Buchonia nach Thüringen. Diese uralte römische Handelsstraße zog werraaufwärts bis Eisenach. Von hier aus folgte sie der bereits beschriebenen Route ins ehemalige Zentrum des Thüringer Königreiches nach Herbsleben. Sie überschritt hier die Unstrut und bog hinter (Bad) Tennstedt nach Nordosten über Gangloffsömmern und Schilfa nach Weißensee.

Etwa einen Kilometer östlich der späteren Runneburg teilte sich der Weg. Heute steht an dieser Kreuzung zweier Feldwege noch ein verwitterter Postmeilenstein, der diese Wegeführung über Jahrhunderte hindurch bewahrte. Ein Strang führte von hier aus über Günstedt, Kindelbrück und Kannawurf, um dahinter die Enge der Porta Thuringica zu durchqueren. Beim Chausseebau Mitte des 19. Jahrhunderts wurde auf dieser Strecke ein römischer Münztopf gefunden. Er belegt, daß dies eine uralte Handelsstraße war.

Der andere Weg zog vom Meilenstein aus direkt zur Unstrut in der Nähe des Ortes Griefstedt. Hier befand sich eine Furt, die durch ein fränkisches Kastell gesichert war. Die Gräber der Wachmannschaft wurden im Jahre 1968 beim Bau eines Wasserbeckens entdeckt. Von hier aus führte der Weg als „Heerstraße" zum Schmückepaß bei Harras. Der Anstieg ist verhältnismäßig gering, ebenso die anschließende Steigung zu einem Paß über die Schrecke. Im Dorf Gehofen erreichte der Weg, heute noch als Wald- und Feldweg erkennbar, das Tal der Unstrut. Zu normalen Zeiten konnte man dieses Tal trockenen Fußes überqueren. Bei dem fast jährlich wiederkehrenden Hochwasser allerdings war hier der Weg zu Ende.

Daß aber Hochwasser war, merkte man bereits bei der ersten Überquerung der Unstrut in Herbsleben. In diesem Fall mußte ein Heer einen großen Bogen um das gesamte Unstrutgebiet machen.

Der Umweg führte von Herbsleben aus über (Bad) Tennstedt nach Norden. In Mittelsömmern befand sich eine Wachstation, die im Jahre 1963 durch ein in der Nähe liegendes fränkisches Gräberfeld entdeckt wurde. Weiter verlief dieser Weg zwischen Großenehrich und Greußen, vorbei an der Funkenburg bei Westgreußen, einer altgermanischen befestigten Höhensiedlung. In Greußen selbst sind Franken durch eine Martinskirche bezeugt. Der Weg streifte die altthüringischen -engel-Dörfer und ging nach Oberspier. Von dort aus gelangte man durch den Geschlingpaß nach Sondershausen.

Dieser Heerweg ist auch bekannt aus den Kämpfen Heinrichs IV. gegen die Sachsen und Thüringer. Im Jahre 1075 kamen

Heinrichs Truppen vom damaligen Kloster Homburg bei (Bad) Langensalza und lagerten in Oberspier am südlichen Ausgang dieses Geschlingpasses. Die Sachsen und Thüringer kamen von Sondershausen im Norden und bezogen im Oberspier benachbarten Hohenebra Stellung. Angesichts der königlichen Übermacht ergaben sich damals die Thüringer und Sachsen *„mit gesenktem Haupt und entblößten Füßen"*, wie Lampert von Hersfeld schrieb.

Der Geschlingpaß schlängelt sich, wie sein Name sagt, durch die Hainleite. Er ist auch heute noch einer der wichtigsten Verbindungswege zwischen dem Thüringer Becken und dem Südharzgebiet. Eine Wallburg auf der östlichen Seite des Passes kontrollierte den Verkehr. Auf der Westseite hatten die Franken in mäßiger Höhe ebenfalls eine Siedlung errichtet. Diese Wüstung trägt den bezeichnenden Namen Hausen. Auch am Nordausgang des Geschling waren die Franken präsent. Das bezeugen die Wachstation auf der Jechaburg sowie die beiden -hausen-Orte Stockhausen und Sondershausen.

Von hier aus zog der Weg die Wipper entlang nach Osten. Er umging die Höhen der Windleite und bog vor Göllingen, einem der ältesten Tochterklöster Hersfelds, nach Norden. Im Tal zwischen der Windleite und dem Kyffhäuser lag die durch zahlreiche fränkische Soldatengräber nachgewiesene Militärsiedlung von Steinthaleben, das ursprünglich Talheim hieß. Von hier aus führte der Weg am Fuße des Kyffhäusers entlang nach Kelbra, wo er auf den späteren „Kaiserweg" der Ottonen stieß, der von Nordhausen kam und nach Merseburg führte. Von Kelbra aus reihte sich auf dieser Strecke ein fränkischer Königshof an den anderen: Tilleda, Wallhausen, Sangerhausen, Riestedt, Eisleben, Helfta. Die meisten von ihnen blieben Reichsgut und wurden später ottonische Königspfalzen. Im fränkischen Königshof Helfta vereinigte sich dieser Umweg mit der von der Unstrut kommenden regulären Straße.

Kehren wir zur Trockenzeit zurück und verfolgen von der Unstrut bei Gehofen aus den kürzeren Weg. Jenseits des Flusses liegen heute dicht beieinander die beiden Orte Kalbsrieth und Ritteburg. Beide enthalten die Wortwurzel „riet". Hier, am Einfluß der Helme in die Unstrut, befand sich auf einer erhöhten Stelle die Burg und spätere Pfalz Riade, in der, wie erwähnt, im Jahre 933 das Heer Heinrich I. vor seinem Feldzug gegen die Ungarn rastete. Der Weg folgt dem Lauf der Helme flußaufwärts nach Norden.

Das Helmetal selbst war versumpft, es bildete die staatliche Grenze zwischen dem Friesenfeld im Osten und dem Helmegau im Westen. Kirchlich teilte es das Bistum Halberstadt von Mainz. Der Heerweg führte am Talrand entlang durch Heygendorf und (Mönch-)Pfiffel. In Allstedt, dem Altstediburg des Hersfelder Zehntverzeichnisses, erreichte der Heerweg wiederum fränkisches Königsgut.

Auf einem Bergsporn im Nordosten erhebt sich heute die spätmittelalterliche Burg, die einstige Königspfalz. Die ottonischen Könige und Kaiser stellten hier 29 Urkunden aus. Mit ihrem Hofstaat verbrachten sie in Allstedt zahlreiche Weihnachts- und Osterfeste. Im Jahre 777 hatte Karl der Große, wie schon erwähnt, die Kirchen in Allstedt, Riestedt und Osterhausen dem Kloster Hersfeld geschenkt. Es waren königliche Eigenkirchen, Kapellen für das fränkische Militär, das an diesen drei wichtigen Raststätten stationiert war. Von der Allstedter Kirche, die später wahrscheinlich an gleicher Stelle am Rande der ehemaligen Altstadt erbaut wurde, steht noch der Turm. Das Kirchenschiff ist eine Ruine. Dieses Gebäude ist übrigens auch in einer anderen Hinsicht berühmt. Zu Ostern des Jahres 1523 wurde an dieser Kirche Thomas Münzer versuchsweise als Pfarrer angestellt. Allstedt wurde eine entscheidende Station in seinem Leben. Hier heiratete er Ottilie von Gersen, eine entlaufene Nonne, die ihm 1524 einen Sohn gebar. Herzog Johann von Weimar, dem Allstedt gehörte, forderte Münzer auf, seine Ideen in einer Predigt in der Schloßkapelle zu erläutern. Münzer tat dies, aber die zu befürchtenden Konsequenzen bewogen ihn, in der Nacht vom 7. zum 8. August heimlich über die Stadtmauer zu steigen und in die damalige Reichsstadt Mühlhausen zu fliehen.

Der fränkische Heerweg führte in Allstedt am Fuße des Kastells, d. h. der späteren Pfalz und des heutigen Schlosses, vorbei und bog dann nach Osten. Spätestens hier mußte sich Pippins Heer vergrößert haben. In Allstedt, der Hauptstadt des Friesenfeldes, werden sich die bei Fredegar genannten Friesen angeschlossen haben. Die Wenden taten dies irgendwo auf dem sich anschließenden Weg. Die Grenze ihres Gebietes, die Saale, war nur ein bis zwei Tagesmärsche entfernt.

Pippin durchzog von Allstedt aus ein Gebiet, das sich durch die Ortsnamen Westerhausen (heute wüst), Mittelhausen sowie (Groß- und Klein-)Osterhausen als fränkisches Staatsgut erweist. Die benachbarten Dörfer Wolferstedt, Farnstädt und Winkel gehörten ebenfalls den Franken, sie waren noch bis ins späte Mittelalter Allstedter Tafelgüter. In Rothenschirmbach, dem „Scrimbechi" des Hersfelder Zehntverzeichnisses, bog der Weg nach Norden, überquerte einen mäßigen Höhenzug und führte direkt zum Königshof Helfta, das im Hersfelder Zehntverzeichnis „Helpideburch" genannt wird.

Hier stand die bereits erwähnte, von Otto I. veranlaßte Radegunde-Kirche. Diese Nachricht verdanken wir dem Merseburger Bischof Thietmar. Er sagt aber nicht, woher Otto den Namen Radegunde kannte. Hatte er oder einer seiner Hofkapläne bei Gregor von Tours oder Venantius Fortunatus von Radegunde gelesen? Oder war Helfta einst Altthüringer Königsgut? Wollte der Sachse Otto den Einheimischen dieser Gegend durch dieses Patrozinium entgegenkommen? Diese bisweilen geäußerten Vermutungen treffen wohl nicht zu. Bei der Radegundekirche in Helfta handelt es sich nämlich nicht um einen Neubau Ottos, sondern lediglich um eine Erweiterung einer alten fränkischen Kapelle. Sie besaß ein Doppelpatrozinium, Radegunde und Gertrud. Die heilige Gertrud lebte im 7. Jahrhundert, sie war Äbtissin des Klosters Nivelles und vor allem die Tochter des ostfränkischen Hausmeiers Pippin des Älteren. Ihr Kult war ein Bestandteil der karolingischen Ideologie, und erst mit der Herrschaft der Karolinger kam dieses Gertrudenpatrozinium hinzu. Als die Ottonen diesen fränkischen Königshof zu ihrer Pfalz ausbauten, erwies sich die dortige Kapelle als zu klein. Beim Um- oder Neubau blieben die Weihenamen erhalten.

Von Helfta aus führte der Weg nach Aschersleben. Es gab zwei Wege, von Helfta dorthin zu gelangen. Beide führten zunächst nach Eisleben, dem Tafelgut Helftas, und von hier aus nach Siersleben. Hier bog ein westlicher Strang ab, der in Hettstedt die Wipper überquerte. Im unweit von Hettstedt gelegenen schwäbischen Walbeck, das nicht zu verwechseln ist mit Walbeck an der Aller, dem Grafensitz der Nordmark, erreichte der Weg ebenfalls einen fränkischen Königshof. Auch er gelangte später in ottonischen Besitz, Otto I. schenkte ihn seiner Frau Adelheid, die diese „curtis regia Uualbisci" im Jahre 997 ihrer Tochter Mechthild für den Bau eines Klosters überließ. Von Walbeck aus führte dieser westliche Strang nach Quenstedt und erreichte die Burg Aschersleben an ihrem östlichen Ende. Dieser Weg entspricht heute in etwa der Bundesstraße 180.

Der zweite Strang von Siersleben nach Aschersleben führt über ein berühmtes Schlachtfeld des Mittelalters, das Welfesholz. Hier trafen im Jahre 1115 die Truppen Heinrichs V. auf ein sächsisches Heer. Die Kaiserlichen unterlagen, und die Sachsen errichteten später dort eine Bildsäule, einen geharnischten Krieger. Sie sollen ihn aus Unkenntnis des altsächsischen Schlachtrufes „tiod-ute!" (ziehet aus!) Jodute genannt und ihn abergläubisch verehrt haben. Nachdem ihn Rudolf von Habsburg entfernen ließ, wurde an jener Stelle eine Wallfahrtskapelle, später eine Kirche errichtet. Ihr Besuch war seit dem 14. Jahrhundert mit einem Ablaß verbunden. Nach der Reformation wurde aus der Pilgerherberge ein Gasthof für die von Erfurt nach Magdeburg Reisenden.

Dieser Weg führte nach Sandersleben und folgte dann dem Lauf der Wipper bis zur Burg Aschersleben. Zur Kontrolle stand auf einem Bergsporn im Wippertal, hoch über dem Ort Freckleben, eine karolingische Burganlage.

Aschersleben war, wie schon erwähnt, die Hauptstadt des Schwabengaus. Es ist *„das Gebiet der Sachsen, die sich Nordschwaben nennen"*. Von den Franken wurden die Schwaben zu den Sachsen gezählt. Die Unterschiede zwischen den Schwaben, Sachsen und Friesen sind gering. Weder archäologisch noch sprachlich lassen sich Eigenheiten feststellen. Lediglich der Sachsenspiegel, die im 13. Jahrhundert aufgezeichnete Sammlung sächsischer Gesetze, erwähnt einige wenige rechtliche Besonderheiten der Schwaben. Ihr eigenes Stammesbewußtsein kommt in der Schrift „Von der Herkunft der Schwaben" zum Ausdruck. Sie entstand im 12. Jahrhundert und ist nichts anderes als die sogenannte sächsische Stammessage auf schwäbisch – „Sachse" wird nur durch „Schwabe" ersetzt.

Pippin *„zwang sie, sich taufen zu lassen"*. Damit ist sicher nur die schwäbische Oberschicht gemeint. Die Gliederung ihres Gaues in Burgbezirke und ihre Verwaltung wird der des Hassegaues, die im Hersfelder Zehntverzeichnis überliefert ist, entsprochen haben. Es ist durchaus möglich, daß die späteren Archidiakonate auf solche ursprünglichen staatlichen Burgbezirke zurückgehen.

Von Ascherleben aus zog Pippin weiter nach Nordwesten. Der Weg führte am einstigen Ascherslebener See vorbei über Nachterstedt, Gatersleben und Hedersleben nach Gröningen. Hier erreichte Pippin wiederum eine fränkische Heerstation. Sie lag an einer Kreuzung zweier wichtiger Wege: der soeben geschilderten Süd-Nord-Verbindung und der Straße von Halberstadt nach Magdeburg. Letztere überquerte hier vor Gröningen die Bode. Urkundlich erscheint Gröningen erst als Besitz der Ottonen, den Heinrich I. im Jahre 934 einem Grafen Siegfried überließ. Der stiftete zwei Jahre später ein Kloster, eine Filiale von Corvey, das heutige Kloster Gröningen.

Von Gröningen aus gab es nur eine Möglichkeit, ins nördliche Sachsen zu gelangen. Der Weg führte parallel zur Bode über Groß-Alsleben, den späteren Stammsitz des Grafen Gero, nach Oschersleben. Das Altthüringer Dorf eines Asker oder A(n)sger (1083 Oskersleuo) stand auf einer mäßigen Erhebung nördlich des Bodeknicks. Die Franken hatten daneben einen befestigten Hof errichtet, die spätere Burg. Im Mittelalter war dieser Bodeübergang zusätzlich durch einen Knüppeldamm gesichert und mit einer Brücke versehen.

Die Hochseeburg

Nach dem Überschreiten der Bode betrat Pippins Heer das eigentliche Sachsen. Der Gau besaß zwar in den Urkunden noch seinen alten Namen aus der Thüringerzeit, Nordthüringgau, seine Einwohner aber werden in den Quellen „Osterliudi", Ostleute, Ostphalen oder einfach Sachsen genannt. Nur hier kann ein relativ selbständiger sächsischer Stammesherzog regiert haben. In dieser Gegend also wird man diese ominöse Hochseeburg des dux Theoderich/Dietrich, von der bereits bei den Feldzügen Karlmanns und Pippins die Rede war, zu suchen haben.

Der englische Kirchenhistoriker Beda, der im 7./8. Jahrhundert lebte, bezeichnet die Fürsten der Sachsen als „satrapae", als Satrapen. Das waren nach damaliger Auffassung vom König eingesetzte Verwaltungsbeamte. Solch ein Satrap wird dieser Theoderich gewesen sein. Da er sich dem rebellierenden Gripho angeschlossen hatte, mußte er von Pippin bestraft werden.

Die Hochseeburg des Theoderich lag aller Wahrscheinlichkeit nach nördlich des Großen Bruchs, bei der fränkischen Siedlung Jerxheim. Der Weg von Oschersleben nach Ohrum an der Oker, wo sich Gripho mit den Sachsen verschanzt hatte, führte genau unterhalb dieser Burg vorbei. Die Burgstelle heißt heute Heeseberg. Noch heute ist diese Anlage gut an ihrem rechteckigen Graben- und Wallsystem erkennbar. Jüngste Ausgrabungen des Museums Braunschweig scheinen die Identität des Heeseberges und der westlich vorgelagerten Hüneburg mit der Hochseeburg des Theoderich bestätigt zu haben.

Nach der Belagerung durch das Heer Pippins hatte sich Theoderich ergeben. Ebenso hatten die Sachsen in Ohrum kapituliert. Gripho, nun allein gelassen, verhandelte mit seinem Halbbruder Pippin in dem nahen Königshof Schöningen an der Meißau. Er liegt nur etwa fünf Kilometer nördlich der Hochseeburg. Danach traten beide den Heimweg an, Pippin nach Franken und Gripho, wie oben angeführt, nach Bayern, um den dortigen Herzog zu entmachten.

Grabstein oder Altarschranke?

Auf dem Weg von Oschersleben nach Schöningen über die Hochseeburg muß Pippin durch Hornhausen gekommen sein. Etwa drei Kilometer hinter Oschersleben, kurz vor Hornhausen, steigt rechterhand des Weges das Gelände leicht an. Dieser Hügel heißt Salberg, und genau hier wurde im Jahre 1874 der Reiterstein gefunden.

Salberg heißt Berg, der zu einem Salhof, einem Herrenhof, gehört. Herrenhöfe waren damals befestigt, um sich sowohl vor den eigenen Unfreien als auch vor fremden Eindringlingen zu schützen. Sie trugen die Bezeichnung Burg. In Hornhausen sind zwei Burgstellen bekannt. Zum einen ist es die Buntenburg, die südlich von Hornhausen am ehemaligen Bahnhof lag. Von ihr ist außer dem Geländenamen nichts mehr bekannt.

Zum zweiten ist es die Keseburg, sie liegt im Westen des Ortes. Noch heute sieht man um diesen mäßig großen Hügel Andeutungen eines Graben- und Wallsystems. Innerhalb der Keseburg befand sich eine St.-Peter-Kapelle. Dieses Patrozinium ist älter als das des heiligen Stephan, das erst mit der Bistumsgründung von Halberstadt eingeführt wurde. Fränkische Herrenhöfe besaßen die ersten Kirchen, es waren Eigenkirchen des Gutsherrn, sie standen gewöhnlich auch auf herrschaftlichem Eigengut. So wird die Keseburg der fränkische Herrenhof gewesen sein.

Hornhausen wird um das Jahr 1100 als Horenhusen bezeichnet. Horo bedeutet Sumpf und meint das Große Bruch. Dem Namen nach ist der Ort ein fränkisches Fiskalgut. Als Militärstation sicherte er den soeben beschriebenen Heerweg vom südlichen Schwabengau in das nordwestliche Sachsen. Der gesamte Ort wurde später dem Bistum Halberstadt geschenkt. Der Bischof ließ eine Dorfkirche St. Stephan erbauen und den Ort durch Ministeriale verwalten.

An der Stelle auf dem Salberg, an der der Reiterstein gelegen haben soll, fand Hans Hahne in einer Tiefe von einem Meter das Doppelgrab eines Mannes und einer Frau. Bei dem Mann lag ein Messer, sonst nichts. Ein paar Holzreste ließen vermuten, daß beide in einem Sarg beerdigt worden waren. Zwischen den beiden lagen am Kopf- und am Fußende noch zwei Steine. Sie waren aus dem gleichen Material wie der Reiterstein. Auf dem einen Stein war ein Fähnchen mit einem Kreuz, auf dem anderen ein Tierkopf zu erkennen. Etwas entfernt davon lag noch ein dritter Stein ohne Bild. Außerdem entdeckten die Ausgräber dicht neben dem Grab „eine Anzahl faustgroßer Pflastersteine". Bei weiteren Grabungen fand Hahne insgesamt 67 Gräber, darunter drei Pferdegräber. Behauene Steine aber fand er dort keine mehr.

Im Dorf hatte sich während der Grabungen herumgesprochen, daß man für Steine Geld bekommen konnte. Die Bauern schleppten heran, was sie beim Pflügen gefunden hatten. Darunter waren auch Bruchstücke, auf denen ebenfalls Spuren einer Bearbeitung zu erkennen waren, Ornamente und Reste von Bildern. Sie alle kamen in das Museum nach Halle.

Im Jahr 1914 wurden die Arbeiten in Hornhausen unterbrochen. Die Spatenforscher wurden zu anderen Grabungen herangezogen, zum Bau von Schützengräben. Erst im Jahre 1922 kam Hans Hahne dazu, seine Funde zu veröffentlichen. Noch heute bildet sein Aufsatz die Grundlage jeder wissenschaftlichen Erörterung des Hornhausener Reitersteins.

Hans Hahne deutet in seinem Artikel den Reiter als Abbild des hier Begrabenen. Er war ein Adliger, der Herr des fränkischen Hofes. Neben ihm hatte man seine Frau beerdigt. Ihre Kinder hatten nach dem Tod der Eltern einen Steinmetz beauftragt, diesen Grabstein herzustellen. Vielleicht war es ein wandernder Handwerker oder ein geschickter Sklave, wie in der Geschichte der Emmeramlegende. Steinmetze brauchte man damals vor allem für Mühlsteine. Solch ein Spezialist wird dieser Steinmetz gewesen sein, denn figürliche Darstellung von Reitern und Pferden schienen, wie der Reiterstein verrät, nicht seine Sache gewesen zu sein.

Neben den vorn erwähnten Erklärungen für den Reiter als Odin, den Gott der Germanenkrieger, oder als den heiligen Georg, den urchristlichen Reiterheiligen und Schutzpatron der Merowinger, gab es noch einen anderen Deutungsversuch. Er stammt von dem Archäologen Kurt Böhner, der bezweifelte, daß es sich bei dem Reiterstein um einen Grabstein gehandelt habe. Nachdem er noch einmal alle in Hornhausen gefundenen Steine und Bruchstücke zusammengestellt hatte, versuchte er, sie gedanklich zu ergänzen. So kam er auf ursprünglich acht Bildsteine. So viele Grabsteine, meinte er, wären im frühen Mittelalter ungewöhnlich. Er hielt eine andere Funktion der Bildsteine für möglich: ihre Nutzung als sogenannte Altarschranke. In einem Aufsatz hat er mehrere solche Schranken aus dem Frankenreich zum Vergleich herangezogen. Sie hatten in der Kirche die Aufgabe, den Altarraum vom Kirchenschiff zu trennen. Die Toten auf dem Salberg waren Christen – die Grabrichtung West-Ost und die fehlenden Beigaben legen es nahe. Friedhof und Kirche bildeten früher immer eine Einheit. Auf dem Salberg stand tatsächlich eine Kirche. Im 16. Jahrhundert, so die Ortschronik von Hornhausen, waren auf dem Salberg noch Ruinen einer kleinen Kapelle zu sehen. Von diesem Bau stammt, so meinte Kurt Böhner, vielleicht die „Anzahl faustgroßer Pflastersteine".

Die Maße jedoch, die Böhner ausgehend vom Reiterstein für alle acht Platten und damit für die Größe des Altarraumes errechnete, ergäben einen etwa zehn bis zwölf Meter breiten Altarraum. Wenn man die damals üblichen Proportionen für einen Kirchenbau zugrunde legt, ergeben sich für diese Kirche auf dem Salberg Maße, die denen einer größeren Dorfkirche aus dem 11./12. Jahrhundert entsprechen. Eigenkirchen fränkischer Adliger aus dem 8. Jahrhundert aber waren gewöhnlich kleine Kapellen.

Nimmt man die Kapelle St. Peter in der Keseburg hinzu, fragt man sich, wozu solch eine große Kirche? Die Einwohnerzahl von Hornhausen, errechnet aus den Gräbern des zwar nicht vollständig, aber zum größten Teil ausgegrabenen Friedhofes, rechtfertigte solch einen großen Bau nicht.

Auch eine andere Tatsache scheint der Theorie der Altarschranken zu widersprechen: Nach der Entdeckung der Steine in Hornhausen fand man auch in anderen Orten dieser Gegend ähnliche Bildsteine, so in Gutenswegen, Groß Twülpstedt, auf dem Friedhof der Wüstung Marsleben bei Quedlinburg und in Morsleben. Es waren ausschließlich Einzelstücke, die nur als Grabsteine gedeutet werden konnten.

In Morsleben hatte seinerzeit der Dorflehrer einen behauenen Stein hoch oben im Kirchturm entdeckt. Er informierte einen jungen Mitarbeiter des Museums für Volkheitskunde, der sich damals zufällig in Morsleben aufhielt. Es war der später berühmt gewordene Pfalzen- und Burgenforscher Paul Grimm. Sie besorgten sich eine Leiter, und Paul Grimm stellte bereits auf den ersten Blick eine Ähnlichkeit mit dem Stein aus Hornhausen fest. Aber viel war auf dem Morslebener Stein nicht mehr zu sehen. Der Kirchturm war um das Jahr 1000 herum erbaut worden, und diesen Stein hatte man auf der Wetterseite eingemauert. Fast eintausend Jahre lang mußte er also Wind und Wetter trotzen. Paul Grimm bemerkte aber noch verschlungene Ornamente, wohl Schlangen, und darunter ein Tier, das dem Hornhäuser Pferd glich. Vor diesem Tier hing etwas herab. An seinen Füßen befand sich ein großer und noch gut sichtbarer Stern. Paul Grimm deutete dieses Tier als Schaf und die darüber eingehauene Linie als Balken eines Kreuzes. Es waren hier wohl drei biblische Bilder dargestellt, das „Lamm Gottes", der „Weinberg des Herrn" und der „Stern Davids", drei beliebte und häufig abgebildete frühchristliche Symbole. Mit Hilfe eines Maurers entfernten sie diesen Stein, ersetzten ihn durch einen anderen und brachten das Original ins Museum nach Halle. Auf der Rückseite der Kirche hatte Paul Grimm noch einen anderen behauenen Stein entdeckt. Darauf war ein Kreuz, von dem strahlenartig Linien und Zacken ausgingen. Diesen Stein aber ließ er im Mauerwerk. Er befindet sich noch heute dort.

Ob der Reiter aus Hornhausen nun zu einer Altarschranke gehörte oder ein Grabstein war, ob er Odin, Georg oder den Toten vom Salberg darstellte, wird wohl für immer ein Geheimnis bleiben. Ebenfalls wird man nie erfahren, ob der Steinmetz naiv und ungeschickt war oder ob er sich nur verstellte. Vielleicht hat er eine Botschaft auf diesem Stein hinterlassen?

Schauen wir uns den Reiter an, dieses kleine Männchen! Sein Speer ist doppelt so groß wie er. Ein Gesicht hat er nicht, nur eine Maske. Wenn dieses Männchen vom Pferd herabstiege, was wäre er für eine lächerliche Erscheinung! Nur auf dem Pferd stellt er etwas dar. Nur dort oben scheint er stark. Das Pferd ist seine Macht, die Staatsmacht, dargestellt durch den wuchtigen Körper. Aber was hat dieses Pferd für einen kleinen Kopf! Ist es das Urteil des Steinmetzen über seine Herren? Spiegelt es die Meinung der Sachsen und Thüringer über ihre fränkische Besatzungsmacht wieder?

Das Urteil der Geschichte, wenn es so etwas überhaupt gibt, fällt etwas günstiger aus: Das Leben der mitteldeutschen Bauern hatte sich in diesen vierhundert Jahren fränkischer Besatzung nicht wesentlich verändert. Es wurde geprägt von der Landwirtschaft, von den vier Jahreszeiten. Es bestand in der täglichen Anstrengung, der Natur so viel abzuringen, um satt zu werden. Es war ein ständiger Kampf ums Überleben. Dabei stellte sich trotz aller Belastung durch Heeresdienste, Steuern und Fron die fränkische Fremdherrschaft als hilfreich heraus. Die Franken brachten die römische Landwirtschaft, Technik und Kultur in den Osten. Die Erträge wuchsen, und die Bevölkerungszahl in Thüringen und Sachsen hatte sich nach diesen vier Jahrhunderten vervielfacht. Am Ende dieser Epoche hatte der Osten den Westen wirtschaftlich, militärisch und kulturell überholt. Thüringen und Sachsen wurden zum Kerngebiet Ostfrankens, des neu entstehenden deutschen Reiches.

Literaturverzeichnis

,*August, O., Schlüter, O. (Hrsg.):* Atlas des Saale- und Mittleren Elbegebietes. Mitteldeutscher Heimatatlas. Leipzig 1958

Ausgewählte Quellen zur deutschen Geschichte des Mittelalters, Bd. IV–VII. Darmstadt o.J.

Behm-Blancke, G.: Gesellschaft und Kunst der Germanen. Die Thüringer und ihre Welt. Dresden 1973

Bleiber, W.: Das Frankenreich der Merowinger. Berlin 1988

Böhner, K.: Der Reiterstein von Hornhausen. In: Jahrbuch des Römisch-Germanischen Zentralmuseums, Bd. 23/24, Mainz 1976/77

Bosl, K.: Franken um 800. Stuttgart 1969

Caemmerer, E.: Vor- und Frühgeschichte Arnstadts und seiner weiteren Umgebung. Jena 1956

Dobenecker, O.: Regesta diplomatica necnon epistolaria Thuringiae, 4 Bde., Jena 1896–1939

Donat, P.: Haus, Hof und Dorf im Mitteleuropa vom 7. bis 12. Jahrhundert. Berlin 1980 Gebesee – Klosterhof und königliche Reisestation des 10.–12. Jahrhunderts. Stuttgart 1999

Eberhardt, H.: Das Krongut im nördlichen Thüringen von den Karolingern bis zum Ausgang des Mittelalters. In: Zeitschrift des Vereins für thüringische Geschichte und Altertumskunde, Bd. 45, Jena 1943

Eckhardt, K. A.: Die Gesetze des Karolingerreiches. Weimar 1953

Franz, G.: Geschichte des deutschen Bauernstandes vom frühen Mittelalter bis zum 19. Jahrhundert. Stuttgart 1970

Fredegar: Die Chronik des Fredegar und der Frankenkönige. Essen/ Stuttgart 1987

Friese, A.: Studien zur Herrschaftsgeschichte des fränkischen Adels. Der mainländisch-thüringische Raum vom 7.–11. Jahrhundert. Stuttgart 1979

Gockel, M.: Die deutschen Königspfalzen. Göttingen 1984 ff.

Gregor von Tours: Zehn Bücher fränkische Geschichte. Stuttgart/Essen 1986

Gringmuth-Dalmer, E.: Die Entwicklung der frühgeschichtlichen Kulturlandschaft auf dem Territorium der DDR unter besonderer Berücksichtigung des Siedlungsgebietes. Berlin 1983

Grimm, P.: Die vor- und frühgeschichtlichen Burgwälle der Bezirke Halle und Magdeburg. Berlin 1958

Hahne, H.: Der Reiterstein von Hornhausen. In: 25 Jahre Siedlungsarchäologie. Leipzig 1922

Hanappel, W.: Das Gebiet des Archidiakonats Beatae Mariae Virginis Erfurt. Jena 1941

Herrmann, J.: Die Slawen in Deutschland. Ein Handbuch. Berlin 1974

Hessler, W.: Mitteldeutsche Gaue des frühen und hohen Mittelalters. Berlin 1957

Hilling, N.: Beiträge zur Geschichte der Verfassung und Verwaltung des Bistums Halberstadt im Mittelalter. Lingen 1902

Lampert von Hersfeld: Annalen. Wissenschaftliche Buchgesellschaft. Darmstadt 1957

Löwe, H.: Die Iren und Europa im frühen Mittelalter. Stuttgart 1982

Lütge, F.: Die Agrarverfassung des frühen Mittelalters im mitteldeutschen Raum, vornehmlich in der Karolingerzeit. Jena 1937

Patze, H., Schlesinger, W.: Geschichte Thüringens. Köln/Graz 1968

Rau, R.: Die Briefe des Bonifatius. Willibalds Leben des Bonifatius nebst einigen zeitgenössischen Dokumenten. Darmstadt 1992

Reischmann, H.-J.: Willibrord – Apostel der Friesen. Seine Vita nach Alkuin und Thiofrid. Sigmaringendorf 1989

Rübel, K.: Die Franken, ihr Eroberungs- und Siedlungssystem im deutschen Volkslande. Bielefeld/Leipzig 1904

Schmidt, B.: Die späte Völkerwanderungszeit in Mitteldeutschland. Halle (Saale) 1961. Katalog Südteil: Berlin 1970. Katalog Nord- und Ostteil: Berlin 1976

Schulz, W.: Der Reiterstein von Hornhausen. In: Jahresschrift für Mitteldeutsche Vorgeschichte, H. 40, Halle 1956

Stengel, E. E.: Urkundenbuch des Klosters Fulda. Marburg 1913, 1956 und 1958

Stöbe, H.: Die Unterwerfung Norddeutschlands durch die Merowinger und die Lehre von der sächsischen Eroberung. In: Wissenschaftliche Zeitschrift der Universität Jena, Gesellschaftswissenschaftliche Reihe 6, Jena 1956/57

Timpel, W.: Das Altthüringer Wagengrab von Erfurt-Gispersleben. In: Alt-Thüringen, H. 17, Weimar 1980
Das fränkische Gräberfeld von Alach, Kreis Erfurt. In: Alt-Thüringen, H. 25, Weimar 1990

Walter, H.: Namenkundliche Beiträge zur Siedlungsgeschichte des Saale- und Mittelelbegebietes bis zum Ende des 9. Jahrhunderts. Berlin 1971

Weirich, H.: Urkundenbuch der Reichsabtei Hersfeld. Marburg 1936

Wieczorek, A., Périn, P., von Welck, K., Menhgin, W. (Hrsg.): Die Franken (2 Bde.). Mainz 1996

Orts- und Burgnamen

Aachen 164, 168, 173, 186, 210, 223, 229
Ackenhausen 215
Alach 49, 144
Allstedt, Altstediburg 77, 179 *f.*, 233 *f.*
Almensleben *(Wüstung)* 189
Alteich, s. Niederalteich
Alten- *oder* Appenheilingen *(Wüstung)* 54
Altenbergen 136
Altenburg *(Burg am Harz)* 197
Altenburg *(Burg bei Hordorf)* 198
Altendorf *(heute Kaltenwestheim)* 109
Altenweddingen 205
Altstediburg, s. Allstedt
Alvensleben, s. Bebertal
Ammern 51
Amöneburg 122 *f.*, 125
Antwerpen 111
Apolda 140, 213
Appen- *oder* Altenheilingen *(Wüstung)* 54
Arneburg 183
Arnstadt, Arnestadi 106, 109, 111, 113 *f.*, 128, 133
Artern 140, 187
Arvern, Arverna 25 *ff.*, 62, 68
Ascgaresleiban, s. Aschersleben
Aschaffenburg 107, 169
Aschara, Asgori 58 *f.*
Aschersleben, Ascgaresleiban 63, 181, 206 *f.*, 235
Asgori, s. Aschara
Asolveroth *(Wüstung)* 128
Athies 31
Attigny *(Pfalz)* 161
Atzum, Etlovesheim 195
Augsburg 203
Avignon 61
Bablide, s. Mönchpfiffel
Bad Frankenhausen, s. Frankenhausen
Bad Gandersheim, s. Gandersheim
Bad Kissingen, Chizziche 108
Bad Langensalza, s. Langensalza
Bad Tennstedt, s. Tennstedt
Badersleben, Badesleva 47
Ballenstedt 181
Ballhausen, Ballenhusen 52 *ff.*
Bebertal (*aus* Alvensleben *und* Dönstedt) 200 *f.*, 204
Beesenstedt, Bisinstidi 46
Berga 141
Berka 20
Bernburg 84,181,184 *f.*
Beyernaumburg 179
Bingen 19
Bisinburg, s. Bösenburg
Bisinstidi, s. Beesenstedt
Bitterfeld 84
Blankenburg 128, 196
Bornstedt 179
Bösenburg, Bisinburg 46
Bothenheilingen 55
Bourges 28
Braga, s. Prag
Braunschweig 189 *f.*, 195, 237
Bremen 75
Brüheim 58
Brunshausen 216

Buntenburg *(frühere Burg in Hornhausen)* 238
Büraburg 123 *ff.*, 142
Burdschin, s. Wurzen
Burg Anhalt 181
Burgscheidungen, Scheidungen 67 *f.*, 73, 179
Burgstaden 179
Burgtonna 51
Burgwenden 115
Burgwerben 179, 187
Butlar 20, 109
Byzanz 31
Calbe, Kalbe 185
Calvörde 190
castra Regina, s. Regensburg
Châlons-sur-Marne 192
Chindeshusen, s. Kühnhausen
Chizziche, s. Bad Kissingen
Clermont-Ferrand 26
Cluj 21
Corvey 80, 200, 236
Dachwig 18, 50 *f.*
Dagarichsheim, s. Deersheim
Dankelsheim 215
dannistath, villa ~, s. Tennstedt
Dardesheim 196, 198, 200
Deersheim, Dagarichsheim 47, 198
Derenburg, Tarneburc 196
Dessau 84, 181
Dirihlari *(alter Ortsname)* 154
Ditfurt 148
Döllstädt 18, 50
Domburg *(in Halberstadt)* 199
Dönstedt, s. Bebertal
Dorla, s. Oberdorla
Dorndorf 109
Drei Gleichen 46, 113
Dussina, s. Teutschenthal
Ebeleben 140
Echternach 111, 121
Eichstätt 145
Eihola *(alter Ortsname)* 155
Eilenstedt, Eylenstide 196, 199
Eilwardesdorf *(Wüstung bei Gröningen?)* 206
Eilwardesdorf *(Wüstung bei Querfurt)* 206
Eindorf *(Wüstung)* 179
Eisenach 20, 32, 56, 128, 140, 230
Eisleben 46, 163, 192, 208, 232, 235
Embrun 61
Emseloh 209
Erdeborn, Hardabrunno 163
Erffa, s. Friedrichswerth
Erfurt, Erphesfurt 22, 48 *f.*, 51 *f.*, 58, 94, 128, 134, 139, 141–146, 172 *f.*, 213, 235
Eschenrode 200 *ff.*
Estoublon 61
Etlovesheim, s. Atzum
Eylenstide, s. Eilenstedt
Fahner 18, 50
Falken 141
Fargala, s. Vargula
Farnstädt 234
Feldengel 72
Fladungen 109
Fontanetum 211
Frankenhausen, Bad Frankenhausen 13, 141
Frankenheim 109
Frankfurt (am Main), Frankonofurt 19, 213, 215, 230
Freckleben 235
Freising 166 *f.*, 223
Friedrichswerth, Erffa 58

Fritzlar 124 *f.*, 132, 136, 153, 155, 216
Fulda 10, 20, 55 *ff.*, 68 *f.*, 74 *f.*, 77–80, 108, 129, 133, 145 *f.*, 153–158, 161–164, 206, 216, 223
Funkenburg *(Burg bei Westgreußen)* 231
Gandersheim, Bad Gandersheim 215 *f.*
Gangloffsömmern 52 *ff.*, 230
Gardelegen 190
Gatersleben, Gatersleve 206, 236
Gebesee, villa gebise 17, 50, 52, 157
Gehofen 231 *f.*
Gehringsdorf 200, 202
Geisa 109, 145 *f.*
Geismar 111, 124
Geldersheim, Geltresheim 108
Gelnhausen 19
Geltresheim, s. Geldersheim
Georgenthal 128
Gerburgoburg 179
Gerstungen 20, 55 *f.*
Gierstädt 18, 50
Gifhorn 190
Gisbotisleyben, s. Gispersleben
Gleina 163
Goddenhusen *(Wüstung)* 196
Göllingen 44, 139, 232
Görmar 141
Goseck 179, 187
Goslar 189
Gotha 58, 128, 136 *f.*, 140
Gräfentonna, Tonna 51, 59, 89
Greifenhagen 207
Greußen 129, 141, 231
Griefstedt 231
Grone 182, 188
Gröningen 206 *f.*, 223, 236
Groß Twülpstedt 241
Groß-Alsleben 236
Großenehrich 231
Großengottern 157
Großenlupnitz, s. Lupnitz
Großmölsen, s. Mölsen
Großmonra, Monra, Monhore 114 *f.*, 141
Großörner 46 *f.*
Großosterhausen, s. Osterhausen
Großvargula, s. Vargula
Großwechsungen 140 *f.*
Gudensberg 124
Günstedt 231
Gutenswegen 241
Guthmannshausen 141
Hachenhausen 215
Hackerode, Hardaredesrod *(Wüstung)* 163
Hadeln, Haduloh 67, 73
Hadmersleben, Hathumareslevu 206
Haduloh, s. Hadeln
Haina 57 *f.*, 157
Halberstadt, Halverstidi 47, 75, 77–80, 178, 181 *f.*, 185 *f.*, 189–192, 195 *f.*, 198 *f.*, 201, 203, 205–208, 233, 236, 238
Halle 11 *f.*, 182, 184, 186 *f.*, 239, 241
Halverstidi, s. Halberstadt
Hamburg 32
Hamersleben 200, 205, 208
Hammelburg 108
Hannover 63, 73, 215, 230
Hardabrunno, s. Erdeborn
Hardaradesrod, s. Hartenrode
Hardaredesrod, s. Hackerode
Harras 231

Hartenrode, Hardaradesrod *(Wüstung)* 163
Hasselfelde 207
Hathumareslevu, s. Hadmersleben
Hausen *(Wüstung)* 232
Haussömmern 52
Havelberg 183
Hedersleben 236
Helfta, Helpideburch 46, 163, 179, 207, 232, 234 *f.*
Herbsleben, Herfridesleiban, Herminafridesleiban 17, 44, 49–55, 59, 89, 106, 141, 230 *f.*
Heringen 20
Herleshausen, Herleicheshuson 20, 55 *f.*
Herminafridesleiban, s. Herbsleben
Hersfeld 10, 52 *f.*, 56–58, 68 *f.*, 75–79, 128, 137, 153, 155–158, 163 *f.*, 172 *f.*, 177 *f.*, 180 *f.*, 192, 197, 207 *f.*, 216, 223, 232 *f.*
Hettstedt 46, 207, 235
Heygendorf 179, 187, 233
Hildagsburg 183
Hochseeburg, Hocseoburch, Hohenseeburg, Hohseoburg, Ohseburg, Saochseburg, Seoburg 70, 148 *f.*, 237 *f.*
Hohenebra 232
Holleben 179, 187
Holzengel 72
Holzhausen 49
Homburg *(Kloster bei Langensalza)* 232
Hordorf 196 *f.*
Hornhausen, Horenhusen 9, 11 *ff.*, 54, 85, 217, 223, 228, 238–242
Hornsömmern 52
Hörschel, Hursilagemundi 20, 56
Hüneburg 237
Hünfeld 20, 163
Hursilagemundi, s. Hörschel
Ilversgehofen 141
Ingelheim 166
Issersheilingen 55
Izvoru Crisului 21
Jecha 139
Jechaburg 139 *f.*, 202, 232
Jericho 144
Jerusalem 144
Jerxheim 237
Käfernburg 128
Kains 167
Kakelingen, s. Kecklingen
Kalbe, s. Calbe
Kalbsrieth 72, 187, 232
Kalme 195
Kaltenborn 192, 208
Kaltennordheim 109
Kaltensundheim 109
Kaltenwestheim 109
Kannawurf 141, 231
Kastel *(Stadtteil von Mainz)* 19
Katharinenrieth 187
Kaufungen, Kloster ~ 56
Kecklingen, Kekeligge, Kakelingen *(Wüstung)* 206 *f.*
Kelbra 232
Keseburg *(Burg in Hornhausen)* 238, 240
Kieselhausen *(Wüstung)* 189
Kindelbrück 44, 231
Kirchengel 72
Kirchheilingen 54 *f.*
Kirchremda 140
Kirchscheidungen 141
Kissenbrück 195
Kleinosterhausen, s. Osterhausen
Kölleda 128, 172 *f.*
Köln 31, 96, 110, 195, 203, 212

Köthen 181
Kreien(hau)sen 215
Kuckenburg 179
Kühnhausen, Chindeshusen 49
Langensalza, Bad Langensalza 18, 51, 140, 232
Langenweddingen 205
Lettin 179, 187
Leubingen 141
Lorsch, Kloster ~ 213
Lucgenheim, s. Lucklum
Lupnitz, Lupentia, Großenlupnitz 56 *f.*, 136, 140 *f.*, 223
Lützensömmern 52
Madifurg, s. Magdeburg
Magdeburg, Madifurg, Magadaburg 11, 32, 100, 182–186, 191, 195, 203, 205, 207 *f.*, 228, 235 *f.*
Mainz, Moguntiacum 19 *f.*, 55, 75, 77–80, 84, 107, 109 *f.*, 125, 133, 137, 139, 145, 155 *f.*, 163, 172 *f.*, 184, 189, 195, 230, 233
Maraghisleiban, s. Merxleben
Marburg 125
Marienzell, Kloster ~ 206
Markwerben 179
Marsleben *(Wüstung)* 241
Martinsrieth 187
Meine 195
Mellrichstadt 109
Memleben 208
Merseburg 33, 66, 179 *f.*, 182, 186 *f.*, 192, 203, 205, 208, 214, 217, 232
Merxleben, Maraghisleiban 51
Metz 19, 36, 78, 84, 92 *f.*, 98, 113, 165
Mihla 141
Minden 213
Mittelhausen *(bei Allstedt)* 234
Mittelhausen *(bei Erfurt)* 49
Mittelsdorf 109
Mittelsömmern 52, 54, 231
Möbisburg 145
Moguntiacum, s. Mainz
Molinhusen, s. Mölsen
Molschleben 141
Mölsen, Molsen, Großmölsen, Molinhusen, Mulinhuso 49, 54
Mönchpfiffel, Pfiffel, *alt:* Bablide 179, 187, 233
Monhore, Monra, s. Großmonra
Monraburg 114
Montecassino 150
Morsleben 241
Mücheln 179
Mühlberg, Mulenberge 106, 109 *ff.*, 113 *f.*, 133
Mühlburg 46, 113
Mühlhausen 18, 51 *f.*, 54, 140, 213, 233
Mulenberge, s. Mühlberg
Mulinhuso, s. Mölsen
Nachterstedt 236
Nägelstedt 134
Naumburg 47, 72, 187
Nebra 73
Nemoris 206 *f.*
Neuenburg 53
Neunheilingen 55
Neustadt an der Saale, *alt:* Salz 108 *f.*, 182
Neu-Ummendorf 204
Niederalteich 159, 208, 229
Niederdorla 35, 140, 202
Nienburg, Nub Grad 63, 185
Nikolausrieth 187
Nilkheim 107
Nivelles, Kloster ~ 234
Nizza 61

Nordhausen 22, 54, 141, 232
Nordheim 109
Nottleben, Nottheleybin 94
Noyon 42
Nub Grad, s. Nienburg
Oberdorla, Dorla 139 *ff.*, 202
Oberkriegstedt 179
Oberröblingen 187
Oberspier 231 *f.*
Oberwiederstedt 207
Ochsendorf 195
Ohrdruf, Ordorf 114, 128, 134, 136 *f.*, 155
Ohrum (an der Oker) 67, 73, 149 *f.*, 189, 195, 230, 237
Ohseburg, s. Hochseeburg
Oradea 21
Ordorf, s. Ohrdruf
Orleans 90
Orxhausen 215
Oschersleben, Oskersleuo 63, 190, 195, 197, 200, 202, 204 *f.*, 236 *ff.*
Oßmannstedt 46, 141
Osterburg 190, 194 *ff.*
Osterhausen, Klein- und Großosterhausen 77, 180, 233 *f.*
Ostertonna *(Wüstung)* 51
Osterweddingen 205
Osterwieck 192, 195 *f.*, 205
Ostheim 109
Ottenheilingen *(Wüstung)* 55
Paderborn 77, 191
Paris 90, 92, 96, 101, 107, 113, 138, 230
Pavia 60, 117
Pfalzel 121
Pfiffel, s. Mönchpfiffel
Plötzkau 181, 207
Poitiers 142
Prag, Braga 185
Quedlinburg, Quitilingaburg 185, 196 *f.*, 206, 241
Quenstedt 235
Querfurt 66, 179, 206
Quitilingaburg, s. Quedlinburg
Räbke 195
Rasdorf, villa Rostorp 20, 163
Regensburg, castra Regina 97, 100, 117 *f.*, 129, 167, 213, 228
Reifenheim, Rifenheim *(Wüstung)* 51, 59, 89
Reims 19 *f.*, 90
Reinsdorf 140 *f.*
Riade 134, 179, 200, 233
Riesa 82
Riestedt 77, 180, 209, 232 *f.*
Riethnordhausen 49
Riez 61
Rifenheim, s. Reifenheim
Ritteburg 72, 179, 187, 200, 232
Rohrsheim 198
Rom 74, 111, 117, 119, 122, 127, 131, 139 *f.*, 150, 152, 155, 167, 170, 173, 216
Ronneburg bei Hannover 73
Rostorp, villa ~, s. Rasdorf
Rothenschirmbach, *alt:* Scrimbechi 234
Rouen 87
Rüdenschwinden 109
Rudolstadt 128, 140
Runibergun 67, 73
Runneburg (Weißensee) 73, 231
Sachsenburgen 44, 114, 148
Salingenstede, s. Seligenstadt
Salz, s. Neustadt an der Saale
Sandersleben 235
Sangerhausen 163, 187 *ff.*, 232

Saochseburg, s. Hochseeburg
Schafstädt 66
Schalkenburg 52
Scheidungen, s. Burgscheidungen
Schilfa 53, 230
Schlanstedt 199 *f.*
Schlotheim 54
Schlüchtern 20
Schöningen, Sconingi 148 *f.*, 195, 203 *f.*, 230, 237 *f.*
Schöppenstedt 195
Schraplau 179
Schwarzburg 128
Schweinfurt 108
Schwerstedt 18, 28, 50
Sconingi, s. Schöningen
Scrimbechi, s. Rothenschirmbach
Seeboldshausen 215
Seeburg, Seoburg *(Burg am Süßen See bei Eisleben)* 70, 148 *f.*
Seeburg *(Ort am Süßen See)* 149, 179
Seehausen 200, 202 *ff.*
Seleske, s. Selschen
Seligenstadt, Salingenstede *(zeitweise für Osterwieck)* 192, 195
Selschen, Seleske *(Wüstung)* 200, 204
Sens 101
Seoburg, s. Hochseeburg *und* Seeburg
Siersleben 235
Sievershusen *(Wüstung)* 196
Soissons 19, 31, 90, 152
Sömmerda 52, 141, 213
Sondershausen 44, 54, 128, 139 *f.*, 231 *f.*
Sondheim 109
St. Gallen 113
Staßfurt 63, 158 *f.*, 185, 190, 206 *ff.*, 229
Steigra 163
Steinthaleben, *früher:* Talheim 232
Stockhausen, Stochusen 56 *f.*, 232
Stockheim 109
Stößen 47 *f.*
Stötterlingsburg 195
Stotternheim, Stutenheim 49, 54
Straßburg 211
Straußfurt 52, 129
Stutenheim, s. Stotternheim
Sülzenbrücken 133, 145
Sundhausen 52, 54
Sußra *(Wüstung)* 140
Talheim, s. Steinthaleben
Tangermünde 183
Tarneburc, s. Derenburg
Tennstedt, Bad Tennstedt, villa dannistath 18, 28, 50, 52 *ff.*, 141, 230 *f.*
Teutschenthal, Dussina 179
Thamsbrück, Tungesbrucgen 52, 55
Thankmarsfelde 185
Tilleda 232
Tolbiacum, s. Zülpich
Tonna, s. Gräfentonna
Trebra 129
Treffurt 141
Tretenburg 17 *f.*, 27 *f.*, 43 *f.*, 50 *f.*, 53 *f.*, 89, 98 *f.*, 134, 139
Trier 19, 96 *f.*, 110 *f.*, 121
Tungesbrucgen, s. Thamsbrück
Tunzenhausen 52
Ufhoven 140
Ummendorf 204
Unterwiederstedt 207
Utenbach 140
Utrecht 110 *f.*, 118

Utzleben, Uttislevo *(Wüstung)* 196
Uualbisci, s. Walbeck *(bei Hettstedt)*
Vacha 20, 163
Vargula, Fargala, Großvargula 18, 28, 50, 133, 156 *f.*, 162
Vehra 52
Veltheim 198, 200
Veltheimsburg 200
Verdun 211 *f.*
Virteburch, s. Würzburg
Vitzenburg 179
Vogelsberg 141
Wahlwinkel 140
Waladala, s. Waldau
Walahhusen, s. Wallhausen
Walbeck *(an der Aller)* 202, 214, 235
Walbeck *(bei Hettstedt)*, Uualbisci 235
Waldau, Waladala 185 *f.*
Wallhausen, Walahhusen 188 *f.*, 232
Wandersleben 141, 145
Wangenheim 58
Wanzleben 200, 205
Wartburg 53
Watenstedt 195
Weddingen 200, 205
Weimar 51, 129, 140 *f.*, 233
Weißenburg 52
Weißensee 53, 73, 230
Welfesholz 235
Werden / Ruhr 192
Werla 57
Werningshausen, Wuremgershusen 52
Westerengel 72
Westerhausen *(bei Quedlinburg)* 196
Westerhausen *(Wüstung bei Allstedt)* 234
Westerode 195
Westgreußen 231
Wiederstedt 206 *f.*
Wieghusen *(Wüstung)* 196
Wiehe 141
Wildeshausen 74 *f.*
Wileheresrode *(Wüstung)* 128
Wiltaburg 111
Windischholzhausen 105
Winkel 234
Wittingen 190, 195
Wogastisburg 102 *ff.*
Wolferstedt 234
Wolkramshausen 44
Wolmirstedt 183
Worms 161
Wuremgershusen, s. Werningshausen
Würzburg, Virteburch 92, 96, 106, 108, 110 *f.*, 142 *ff.*, 151, 162, 168 *ff.*, 172
Wurzen, Burdschin 185
Zerbst 181
Zülpich, Tolbiacum 31, 36, 48

Prof. Hermann Größler
Sagen der Grafschaft Mansfeld

280 Seiten, 1 Abb., kt., EUR 14,90

Prof. Hermann Größler
Nachlese von Sagen und Gebräuchen der Grafschaft Mansfeld …

56 Seiten, 1 Abb., kt., EUR 5,00

Prof. Hermann Größler
Urkundliche Geschichte Eislebens bis zum Ende des 12. Jahrhunderts

33 Seiten, 1 Abb., kt., EUR 4,50

J. G. Th. Gräße
Der Sagenschatz des Königreichs Sachsen

Band 1

192 Seiten, geb., EUR 15,90, ISBN 3-928498-56-8

Band 2

224 Seiten, geb., EUR 15,90, ISBN 3-928498-62-2

Band 3

192 Seiten, geb., EUR 15,90, ISBN 3-928498-73-8

„Ich kann sagen, daß meine Arbeit, so mangelhaft sie auch vielleicht sein mag, jedenfalls der erste Versuch ist, die sächsischen Sagen in ihrer ursprünglichen Form, so wie dieselben in Chroniken und Zeitbüchern sowie in andern Werken und im Munde des Volks erhalten sind, wiederzugeben. Darum vermeide ich es auch, hier weitläufiger von den von mir benutzten Quellen zu sprechen, da dieselben bei jeder einzelnen Sage angegeben sind, nur das will ich erwähnen, daß wesentliche Vorarbeiten nicht existieren …“

Dr. J. G. Th. Gräße, am 25. November 1854. Aus dem Vorwort zur ersten Auflage

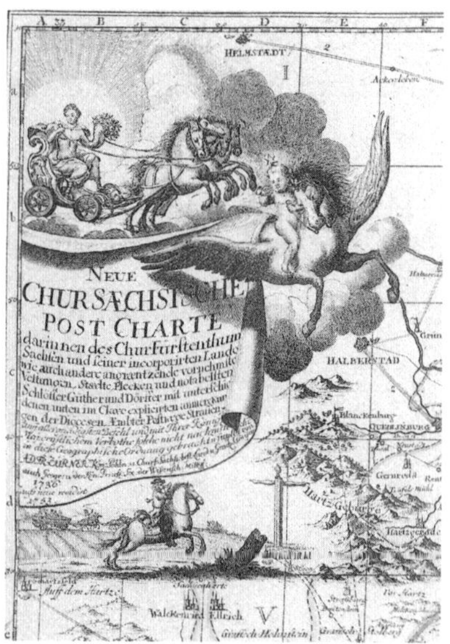

Neue Chursächsische Postcharte von 1753

Vierfarbig, 96 x 57,8 cm, EUR 13,00, ISBN 3-928498-20-7

Diese kartographische Arbeit stammt von dem „Königlichen Land- und Grenzkommissar“ Adam Friedrich Zürner, der im Auftrag August des Starken die kursächsischen Straßen vermaß.

Das Stift Naumburg und Zeitz

Vierfarbig, 56,8 x 49,4 cm, EUR 13,00, ISBN 3-928498-21-5

Nach der um 1760 entstandenen Originalkarte von Johann Georg Schreibern. Mit 120 Kirchenabbildungen.

Geschichtliche Karte des Kreises Querfurt aus dem Jahre 1908

Vierfarbig, 53 x 45 cm, EUR 7,90, ISBN 3-928498-51-7

Die
Mansfelder
Seeen und die
Vorgänge an denselben im Jahre 1892
von
Dr. Willi Ule.

Eisleben
Druck u. Verlag von Ed. Winkler
1893.

Dr. Willi Ule
Die Mansfelder Seen

und die Vorgänge an denselben im Jahre 1892

86 Seiten, 5 Abb., 2 Karten, geb., EUR 12,90, ISBN 3-928498-29-0

Clara Förstner
Aus der Märchenwelt des Harzes

Band 1

184 Seiten, broschiert, EUR 11,00, ISBN 3-928498-08-8

Band 2

176 Seiten, broschiert, EUR 11,00, ISBN 3-928498-10-X

Clara Förstner (1850–1907) besitzt einen feinen Sinn für alles Märchenhafte und zum Fabulieren nicht nur Luft, sondern auch Talent. Ihr Prosabuch „Aus der Sagen- und Märchenwelt des Harzes“ ist sinnig und anmutig und findet auch den verdienten Beifall.

Erschienen im DINGSDA-VERLAG

Der 23. Mai 1968 ist als Schicksalstag in die Geschichte der Stadt Leipzig eingegangen. An diesem Tag faßte die Leipziger Stadtverordnetenversammlung den Beschluß, die alte Universitätskirche zu sprengen. Nur ein einziger Abgeordneter wagte es, gegen diesen barbarischen Akt, mit dem ein bedeutsames Kulturdenkmal vernichtet wurde, zu stimmen: der Pfarrer Hans-Georg Rausch. Für diese couragierte Tat wurde er später als „unser letzter Held" gerühmt. Der Schriftsteller Erich Loest machte den Vorschlag, ihm die Ehrenbürgerschaft der Stadt Leipzig zu verleihen. Als jedoch bekannt wurde, daß Rausch als informeller Mitarbeiter mit der Staatssicherheit der DDR zusammengearbeitet hatte, ging die öffentliche Meinung auf Distanz zu ihm.

Im Mittelpunkt der literarischen Darstellung, die auf der Grundlage umfangreichen authentischen Quellenmaterials entstand, stehen jene verschiedenen Leben, die für Rauschs Biografie charakteristisch sind. Breiten Raum nimmt der Konflikt mit der Sächsischen Landeskirche ein, der im Jahre 1955 zur Verselbständigung der Probstheidaer Kirchgemeinde und zur Ausrufung des achtundzwanzig Jahre währenden kirchlichen Notstands sowie zum Ausschluß des Pfarrers aus der Sächsischen Landeskirche führte – ein widerspruchsvoller Vorgang, der seinesgleichen sucht.

256 Seiten
Geb., EUR 24,80
ISBN 3-928498-85-1